나는 왜
  사랑할수록
불안해질까

지은이 제시카 바움 Jessica Baum

심리치료사이며, 커플 및 가족 상담과 중독 치료를 다루는 팜비치인간관계연구소
의 설립자다. 건강하고 장기적인 관계 맺기를 원하는 이들에게 온라인 코칭과 강
의를 제공하는 비셀프풀(beselffull.com)도 운영하고 있다.

어둡고 혼란스러운 이십 대를 보낸 뒤, 자신이 불안 애착 유형에 속하며 모든 연애
에서 이 애착 패턴이 되풀이되고 있음을 깨달았다. 과거의 상처를 들여다보고, 사
랑은 이래야만 한다는 잘못된 기대와 오해를 바로잡고 나서야, 나 자신을 잃게 만
들었던 불안으로부터 빠져나올 수 있었다. 지금은 한결같은 애정과 지지를 서로
주고받는 짝을 만나 더없이 행복한 관계를 이어가고 있다. 독자들 역시 자기 마음
을 먼저 돌보고 채워서 혼자서든 관계 안에서든 안정적인 사람이 될 수 있도록 돕
기 위해 이 책을 썼다.

누군가 우리 인생에 등장하는 데에는 다 이유가 있으며, 모든 관계로부터 우리는
배우고 성장할 수 있다고 믿는다.

제시카 바움 지음
최다인 옮김

나는 왜
사랑할수록
불안해질까

이유도 없이 상처받는 관계를 반복한다면
애착 유형 심리학

부·키

옮긴이 최다인

연세대학교 영문학과를 졸업하고 7년간 UI 디자이너로 일하다 글밥 아카데미를 수료한 후 바른번역 소속 번역가로 활동 중이다. 옮긴 책으로 《지식의 탄생》《사랑은 어떻게 예술이 되는가》《필로소피 랩》《여자(아이)의 심리학》《부모의 말, 아이의 뇌》 등이 있다.

나는 왜 사랑할수록 불안해질까

초판 1쇄 발행 2023년 4월 18일 | 초판 20쇄 발행 2024년 8월 28일

지은이 제시카 바움 | **옮긴이** 최다인 | **발행인** 박윤우 | **편집** 김송은, 김유진, 박영서, 성한경, 장미숙 | **마케팅** 박서연, 정미진, 정시원 | **디자인** 이세연 | **저작권** 김소연, 백은영 | **경영지원** 이지영, 주진호 | **발행처** 부키(주) | **출판신고** 2012년 9월 27일 | **주소** 서울시 마포구 양화로 125 경남관광빌딩 7층 | **전화** 02-325-0846 | **팩스** 02-325-0841 | **이메일** webmaster@bookie.co.kr | **ISBN** 978-89-6051-971-8 03180

만든 사람들 편집 김유진 | 디자인 room 501 | 조판 김지희

내 영혼의 짝 스벤에게,
가능하리라 상상조차 못한 방식으로
내가 지지를 얻는다고 느끼게 해 준 것은
다름 아닌 당신의 꾸준한 사랑입니다.

추천의 말

━━━◆◆◆━━━

타인의 사소한 행동과 말투 하나에도 쉽게 예민해지는 불안형, 부담을 느끼면 숨으려 하고 속마음을 털어놓지 않는 회피형. 정반대처럼 보이는, 그래서 오히려 서로 끌리는 두 유형은 사실 똑같이 마음속 깊은 상처를 안고 있습니다. 이 책은 각자의 상처를 안은 두 사람이 함께할 때 필연적으로 맞닥뜨릴 수밖에 없는 관계의 파도를 헤쳐 나가는 법을 알려 주는 책입니다.

지금 당신이 힘든 이유는 눈앞의 상대방이 아니라 훨씬 오래전에 생긴 상처가 건드려졌기 때문일지도 모릅니다. 안정된 애착, 오래가는 관계를 만드는 일은 이 상처를 알아차리고 애착 회로의 빈 부분을 채우는 데서 시작됩니다. 불안에 휘청이며 자신을 잃어버리는 대신, 내면의 힘을 길러 더 단단하게 사랑하고 사랑받는 길을 찾도록 이 책이 든든한 안내자이자 러닝메이트가 되어 줄 것입니다.

유은정 정신건강의학과 전문의, 《혼자 잘해주고 상처받지 마라》 저자

'내가 만약 이 책을 십 년 전에 읽었더라면, 좀 더 빨리 내 연애 문제의 핵심을 알아차리고, 뿌리 깊은 불안 속에서 상대를 향하던 시선을 나 자신에게로 돌릴 수 있지 않았을까.'

상담가이면서도 내 연애가 가장 어려웠습니다. 뒤늦게 소울메이트를 찾고 결혼하기까지 맨땅에 헤딩하는 시행착오를 매번 처음처럼 겪었습니다. 이 사람일까, 정말 이 사람이 맞나. 헷갈리는 만남, 스치는 인연에 몸과 마음이 흔들렸지만, 관계가 파국으로 치닫기 전까지는 끊어 내지도 못했지요. 혼자 있으면 외롭고 연애를 하면 괴로웠습니다.

내게 사랑이 이렇게 어려웠던 건 샘플이 없었기 때문입니다. 부모님의 잦

은 다툼을 보며 자란 나는 서로 사랑하는 관계란 어떤 것이고, 갈등이 생길 때는 어떻게 해결해야 하는지를 전혀 몰랐습니다. 심지어 내게 상처를 줬던 부모님의 말과 행동을 내가 무의식적으로 연인에게 반복하고 있다는 걸 깨달았죠. 어떤 희망도 방향도 보이지 않는 캄캄한 길 위를 텅 빈 나를 끌고 걸어가는 기분이었습니다.

오랫동안 심리 상담을 받으면서 내가 어떤 사람이고, 어떤 사람과 함께해야 행복한지 조금씩 알게 되었습니다. 사랑에 대한 두려움이 잦아들수록 실패한 것 같아서 숨고만 싶던 날들이 차츰 버틸 만해졌고, 용기 내어 뛰어든 모험 끝에 내 인생의 마지막 퍼즐 조각 같은 사람을 한눈에 알아볼 수 있었습니다.

솔직담백한 책 제목처럼, 저자는 연애와 결혼의 우여곡절 끝에 몸소 깨달은 진정한 친밀감 형성의 비결을 자세히 풀어놓습니다. 친밀감을 추구하는 우리의 본능에 내재된 근본적 불안을 애착 이론을 바탕으로 분석한 뒤, 실용적인 해결책을 알려 주죠. 어린 시절부터 내면화된 애착적 결핍을 되짚고 치유하는 '자기 채움'의 여정을 거치면, 당신이 과거에 어떤 관계를 경험했든 지금부터 새롭게 안정된 애착을 위한 신경망을 만들 수 있습니다. 치유는 결코 늦지 않았습니다.

단언컨대, 독자들은 이 책에서 '친밀한 관계' '연애 문제'의 해답을 분명히 얻게 될 겁니다. 자기 내면에 프로그래밍된 애착적 결핍을 알아차리고 그 빈칸을 채우려는 노력이 왜 중요한지, 안전한 관계를 찾고 평정심을 유지하는 것이 얼마나 강력한 힘을 발휘하는지도 알게 될 겁니다. 내가 아직 좋은 짝을 만나지 못한 이유를, 함께 있어도 나만 외롭고 공허한 원인을 자신이나 운명 탓으로 돌리고 있다면, 더 이상 혼자 고민하지 마세요. 저자가 해냈듯, 그리고 내가 해냈듯, 여러분도 머지않아 스스로의 힘으로 흔들림 없는 사랑, 인생의 짝을 찾을 수 있습니다.

이유정 상담 심리 전문가, 유튜브 '앤드쌤의 사랑방' 운영자

프롤로그

성인이 될 즈음 내 연애는 엉망진창이었습니다. 혼자 있기 싫어서 계속 누군가와 사귀려 했는데, 만나는 남자마다 감정적으로 소홀할뿐더러 내 욕구에는 신경도 쓰지 않았죠. 비참했습니다. 그들의 무관심한 태도에 거부당하는 느낌이 들었고, 나한테 무엇이 필요한지 물어볼 마음조차 없어 보인다는 데에 화가 났고요.

특히 나를 뼛속까지 뒤흔들고 내 뿌리 깊은 애착 패턴의 스위치를 눌렀던 두 가지 경험을 들려 드릴까 합니다. 이 두 사건은 같은 상처를 건드렸지만, 겉으로 보기에는 상당히 달랐습니다.

열아홉에 나는 자기 회사를 운영하느라 일에 푹 파묻혀 사는 남자 친구를 사귀었습니다. 초반의 열렬한 시기가 지나고 흥분이 다소 사그라지자 그는 다시 일로 관심을 돌렸습니다. 지금 생각하면 그럴 수밖에 없었을 것 같네요. 그는 나쁜 남자가 아니라 이제 막 자기 사업을 꾸려 나가느라 스트레스를 많이 받는 사람일 뿐이었거든요.

하지만 그가 조금씩 뒤로 물러나자, 버려질지 모른다는 내 마음속 두려움이 자극되면서 불안이 찾아왔습니다. 살이 빠지고 삶이 무의미하게 느껴지기 시작했죠. 더럭 겁이 났습니다. 시간이 갈수록 감정적 동요가 감당하기 어려울 지경에 이르렀고, 결국 심각한 불안 증세로 입원까지 하게 되었습니다. 의사가 어쩌다 여기까지 왔는지 물었을 때, 나는 그냥 이렇게 대답했죠.

"남자 친구가 저를 사랑하지 않아서요."

혼자가 된다는 두려움은 줄곧 수면 아래에 도사리고 있었습니다. 그와 찰싹 달라붙어 있을 때는 괜찮다가, 조금 멀어지자 바로 내면의 깊은 불안이 깨어난 거죠. 뭐가 뭔지 알 수가 없었고, 미쳐 가는 듯한 기분이 들더군요. 인간관계에 매달리는 상태를 가리키는 공의존codependency에 관한 책을 닥치는 대로 읽었습니다. 그게 꽤 도움이 되긴 했지만, 내 몸 안에서 무슨 일이 일어나고 있는지는 여전히 알 수 없었답니다.

몇 년 뒤 나는 도통 곁을 내주지 않는 남자와 결혼했습니다. 처음 만나기 시작할 무렵에는 그가 문자 메시지에 답장하지 않아도 별로 개의치 않았죠. 하지만 점차 아주 사소한 어긋남까지 신경 쓰이기 시작했습니다. 그는 멀어지고 나는 연락에 매달리는 패턴이 두어 달마다 반복되었거든요. 끝없는 굴레에 갇힌 기분이었지만, 결혼이라는 울타리가 생기면 어떻게든 이런 관계가 바뀌고 나도 안정감을 찾게 될 거라고 믿었습니다.

이제는 나도 알지만, 우리 사이가 아주 가까워지면(그래서 내가 안정감을 느끼기 시작하면) 곧 남편이 뒤로 물러섰던 것은 친밀한 관계를 꺼리는 그의 두려움 탓이었습니다. 그럴 때 남편은 문자를 아예 끊었고, 대화는 알맹이 없이 건성으로 변했지요. 남편이 멀어질수록 그를 바라보아도 그 자리에 아무도 없는 것처럼 느껴졌고요. 그가 연결을 끊으려는 모습을 보이면 내 몸 전체가 반응했습니다. 순식간에 심장 박동이 빨라지고 무언가가 내게서 뜯겨 나가는 것처럼 간이 철렁했죠. 시야는 흐려지고 금방이라도 공황 발작이 일어날 것 같았고요. 그와 다시 연결되지 못할 때면 나는 태아처럼 옹송그리고 누워서 아주 어릴 때와 똑같이 길을 잃고 버려진 듯한 느낌을 곱씹었습니다. 나를 차단하는 태도, 특히 그의 텅 빈 시선이 버려진다는 원초적 두려움을 자극했죠. 구명 밧줄이나 산소가 끊기는 것만 같았습니다.

이렇듯 내 이십 대 초반은 어둡고 혼란스러웠습니다. 내 몸과 마음에 무슨 일이 벌어지는지 이해하지 못했기에 불안정할 수밖에 없었죠. 그런 상황이 달라진 것은 애착 패턴과 신경계 반응, 핵심 상처에 관해 알게 되면서부터였습니다. 과거를 돌아보며 내가 평생 끊임없는 분리 불안에 시달렸음을 깨달았죠. 그제야 비로소 내 신체 반응을 이해하고 연민과 치유의 토대를 마련할 수 있게 되었습니다.

이 책을 쓰면서 전하고자 하는 핵심이 바로 여기 있습니다. 자기 몸에 실제로 어떤 일이 일어나고 있는지, 왜 자신이 종종 자포자기 상태에 빠지는 어른으로 자랐는지를 깊이 이해하는 것. 이런 이해를 바탕으로 우리는 만족스러운 관계를 맺는 데 필요한 내면의 안정감을 찾는 치유의 길로 함께 접어들 수 있습니다.

❤ 나도 불안 애착 유형일까?

간단한 체크리스트로 출발해 보죠. 자신의 애착 유형이 불안형인지 아닌지 궁금하다면 다음 목록을 찬찬히 훑어봅시다. 어느 정도 감이 잡힐 테니까요. 여기 제시된 감정과 행동은 특히 어린 시절 누군가가 곁에 있어 줄지 어떨지 몰라서 강한 불안을 느낄 수밖에 없었던 이들이 경험하기 쉬운 것들입니다. 불안 자체에 관한 것도, 그런 불안에서 자신을 지키려고 쓰는 방법에 관한 것도 있습니다. 자신을 가만히 다독이면서 차근차근 하나씩 점검해 보세요.

- ☑ 나도 모르게 다른 관심사를 제쳐 두고 현재의 파트너에 관해 계속 생각한다.
- ☐ 그 사람과의 애정 관계를 주제로 친구들과 끊임없이 이야기를 나눈다.

- ☐ 상대가 원할 것 같은 일을 하기 위해 자신이 하고 싶은 일을 포기한 적 있다.
- ☐ 처음에는 마냥 긍정적인 시선으로 파트너를 바라보다가, 그 사람이 내 욕구를 완벽하게 채워 주지 못하면 실망하게 된다.
- ☐ 상대가 문자 메시지에 곧장 답하지 않으면 불안감이 든다.
- ☐ 빨리 답이 오지 않는 것이 무슨 의미인지 자꾸 확대 해석하려고 한다.
- ☐ 상대에게 답을 받을 때까지 계속해서 연락을 시도한다.
- ☐ 사람에게 쉽게 마음을 주고, 그런 다음에는 관계가 지속될지 어떨지 몰라 불안해한다.
- ☐ 내가 기대하는 만큼 자주 연락하지 않는다고 파트너에게 잔소리와 비난을 가한다.
- ☐ 상대가 소통하고 싶은 내 욕구를 채워 주지 못하면 그 사람과 거리를 둔다.
- ☐ 내가 원하는 만큼 관심을 주지 않으면 헤어지겠다고 파트너에게 겁을 준 적이 있다.
- ☐ 갈등이 생기면 서둘러 관계를 봉합하려 하고, 다시 마음이 통한다고 느껴질 때까지 대화를 이어 가야 한다고 고집한다.
- ☐ 파트너의 잘못에 계속 점수를 매긴다.
- ☐ 내가 원하는 만큼 상대가 시간을 내주지 않으면 자기 자신 또는 파트너에게 쉽게 화가 난다.

- [ ] 파트너가 질투하게 하려고 바람을 피울 생각을 하거나 실제로 그런 적이 있다.
- [ ] 파트너의 일거수일투족을 알고 싶어서 온라인 스토킹을 한 적이 있다.
- [ ] 그 사람이 누구와 연락하는지, 나한테 거짓말하지는 않는지 알아보려고 휴대전화를 몰래 확인한다.

우선 이 질문 전체 또는 일부에 "그렇다"라고 대답했더라도 다 괜찮다는 점을 미리 말씀드립니다. 이제 곧 당신이 왜 이런 성향을 보이는지 이해하고 자신에게 연민을 느끼게 될 테니까요. 자신의 감정과 행동을 정면으로 마주하는 것은 괴롭거나 수치스러울 수도 있습니다. 하지만 함께 차근차근 나아가다 보면 지금 당신이 고통과 두려움 속에 있으며, 사랑하는 사람과의 관계에서 이런 식으로 반응하게끔 하는 상처를 치유하기 위해 도움을 받을 수 있다는 걸 깨닫게 될 겁니다.

♥ 상처받는 관계를 반복하는 이유

약간 이상하게 들릴지도 모르는 지점에서 시작해 보기로 하죠. 만약 관계의 질을 높이고 싶다면 당신 자신에게 더 많은 관심을 쏟아야 한다고 말한다면 어떨까요? 이건 아마도 상대를 사랑하고 배려하는 파트너가 되려면 어떻게 해야 하는지 여태까지 배워 온 상식과는 정반대일 겁니다. 어쩌면 당신은 심지어 사랑받으려면 계속 줘야만 한다고, 사랑이란 어떤 대가를 치르고 얻는 것이라고 믿고 있을지도 모르겠네요.

하지만 내가 틈만 나면 강조하는 인생 지침이 하나 있습니다. 건강한 관계를 일구고 싶다면 먼저 이 끔찍한 악순환에 우리를 붙잡아 두는 상처를 치유하고, 자신을 더 깊이 이해하는 법을 배워야 한다는 것이죠. 그래야 더 자신 있고 안정된 상태로 다음번 관계를 시작할 수 있으니까요. 나는 이러한 변화 과정을 '자기 채움self-full'이라고 부릅니다.

단단히 다져진 토대 위에서 연애를 시작하면 이제 게임을 하려 들고 관심을 요구하는 전략에는 매력을 느끼지 못하게 됩니다. 그와 더불어 좀 더 당신과 잘 어울릴 만한 상대에게 매력적으로 비치는 사람이 되죠. 어떤 어려움이 찾아오더라도 헤쳐 나갈 수 있는 기술과 균형 감각, 떠나야 할 때인지 아닌지 구분하는 지혜도 갖추게 됩니다.

십 년 이상 커플 상담사로 일하면서 나는 남녀 수천 명이 자기 채움을 배우고 서로 도움이 되는 친밀한 관계를 맺도록 도왔습니다. 내가 이 일을 시작한 것은 자기 치유 과정을 통해 우리가 관계 맺는 방식을 바꿀 수 있다는 점을 알았기 때문이죠. 이 깨달음은 나 자신이 '불안 애착' 유형에 속하는 사람이고, 내 모든 연애에서 이 패턴이 되풀이되고 있었음을 이해한 데서 출발했습니다. 이런 식의 관계는 깊이 뿌리 내린 불안정함에서 생겨나며, 일종의 연애 중독 형태로 나타나기도 합니다. 마음만 아프다는 걸 알면서도 관계에 계속 매달리거나, 계속 똑같은 패턴의 연애만 반복하면서 혼란스럽고 기진맥진하게 된다면 그건 당신이 이런 관계에 갇혀 버렸다는 증거죠.

내가 어릴 때 겪었던 부모님과의 상호작용이 신경계에 이런 에너지 패턴을 만들었고, 그 패턴이 연애에서도 나타났음을 배운 것은 정말 큰 도움이 되었습니다. 이 점을 똑바로 알고 나서야 연애를 통해 내 안의 망가진 부분을 '고치거나', 모자란 부분을 채우려고 해 봤자 더 깊은 실망과 좌절에 빠질 뿐이라는 사실을 직시하게 되었죠. 나는 속도를 줄이고, 나를 도와줄 믿음직한 사람을 주변에 두고, 의도만큼은 좋았던 우리 부모님이 내게 새겨 넣은 불안을 차근차근 치유해야 했습니다.

부모님 탓을 하자는 게 아닙니다. 부모님 또한 자신이 받은 것을 토대로 최선을 다하셨을 뿐이니까요. 그리고 틀림없이 자신이 배운 방식대로 우리를 사랑하셨겠지요. 하지만 사랑만으로 튼튼한 자아를 키우는 단단한 토대가 만들어지는 것은 아닙니다. 부모는 아이가 말썽을 부리고 골을 내고 슬퍼해도 있는 그대로 받아들이며 곁에 있어 줘야 하죠. 더불어 아이가 자기 자신의 모든 측면을 받아들이면서 어떤 인간으로 자라나는지 애정과 호기심 어린 눈으로 지켜보아야 합니다. 아이를 있는 그대로 수용함으로써 부모는 아이의 마음을 읽어 주고, 실수를 저지르더라도 만회할 채비를 갖출 수 있습니다. 이 모든 것이 모여 아이가 당당하게 진정한 자신으로 자라나게 해 줄 안전함을 형성하지요.

부모와의 이런 경험은 문자 그대로 우리 뇌를 빚어냅니다. 뇌는 우리가 친구를 사귀고 연인을 만날 나이가 되었을 때 딱 어린 시절 부모와의 관계만큼 만족스러운 관계를 맺도록 돕는 방식으로 발달하죠. 더욱 중요한 것은 우리가 평생에 걸쳐 자신을 지지해 줄 내적 공동체의 핵심으로서 부모를 내면화한다는 점입니다. 이에 관해서는 나중에 더 자세히 다룰 예정입니다.

물론 아이에게 이런 안전함을 제공하는 데 필요한 것을 얻지 못한 부모도 많습니다. 그런 부모를 내면화한 우리는 그들의 불안이나 분노, 결핍까지 떠안게 됩니다. 그런 다음에 진지하게 치유 작업에 임하는 것은 우리 몫이죠. 이 치유 과정이야말로 내가 해 본 경험 중에 가장 어려운 일이었다는 사실을 고백해야겠네요. 과거의 상처를 되짚어야 했고, 관계란 이래야 한다는 뿌리 깊은 기대를 하나하나 바꿔야 했으니까요.

이 힘든 작업을 시작하게 한 가장 큰 촉매는 내 첫 결혼이 불행하게 끝난 것이었습니다. 혼자여도 괜찮다고 자신을 설득하려 애쓰면서 엄청난 외로움과 혼란, 두려움에 휩싸였죠. 전남편과의 관계를 통해 내 잠재의식 속의 깊은 상처가 겉으로 드러났고, 그래서 이제 그 상처를 치유할 수 있게 되었다는 점을 당시에는 깨닫지 못했습니다.

치유 과정에서 나는 감정적으로 의지가 되는 우정을 찾기 시작했고, 다정하고 변함없는 친구들에게 기댈 수 있었습니다. 내 면세계를 돌보는 데 힘쓰는 동안 그들의 보살핌은 큰 힘이 되었죠. 치유 작업에 필요한 안정감을 주었고, 내 신경을 차분히 가라앉히는 데도 도움이 되었습니다. 더불어 나는 이 친구들을 성공적으로 내면화했습니다. 이 책을 쓰는 지금도 친구들의 따뜻한 지지로 이루어진 '공동체'가 내 안에서 느껴지고 있죠.

그렇게 천천히 회복하면서 나는 예전처럼 연애에서 나 자신을 잃어버리지 않게 되었습니다. 이 과정은 내면의 차분함과 안정감으로 이어졌고, 가능하리라 상상조차 못 했던 방식으로 내 욕구를 알아차리고 나 자신을 믿을 수 있게 되었습니다. 결국 그 덕분에 사랑하는 사람을 만나 훨씬 안정된 애착을 형성할 수 있었죠. 이 새로운 관계의 울타리 안에서 나는 지금까지의 성장과 새로 얻은 깨달음을 하나로 통합하기 시작했고, 우리 둘은 진정한 충족감을 주는 친밀함이라는 더 깊은 단계에 도달했습니다. 그 결과 그 사람에게서 지금까지 한번도 경험해 보지 못했던 지지를 받는 느낌이 들었죠. 나 또한 그에게 같은 수준의 지지와 인정을 돌려줄 수 있게 되었고요.

지금 치유 여정의 어느 단계에 있든 나와 함께 이 책을 통해 자신을 변화시키는 과정을 거치고 나면, 당신 또한 옛 상처를 치유해서 건강하고 애정 넘치며 오래가는 관계를 일구기 위해 무엇이 필요한지 알아내게 될 겁니다. 그런 바람이야말로 내가 이 책을 쓴 이유입니다.

🌱 나를 잃지 않고 사랑하는 법

이 책의 1부에서는 우리 자신, 그리고 관계 속에서 우리가 하는 행동을 더 깊이 이해하는 데 초점을 맞춥니다. 이 과정을 통해 우리는 지혜를 얻고, 지금껏 스스로 잘라내고 싶다고 여겼을 자신의 일부분에 연민을 느끼게 될 겁니다. 이러한 인식과 수용은 곧 변화의 토대가 되죠.

맨 처음에는 두 가지 애착 유형을 중점적으로 살펴봅니다. 두 패턴은 각각 어린 시절에 발달해서 성인이 된 뒤의 관계, 특히 가장 친밀한 관계에 막대한 영향을 미치죠. 우선 내 사례와 비슷하게 '불안형 애착' 패턴을 발달시킨 사람들이 있습니다. 초반에는 모든 게 낯설고 새로우므로 역학 관계가 표면으로 드러나지 않을 때가 많습니다. 사람은 각자 다른 여러 감정을 느끼고, 때로는 마음을 열어 자신의 취약한 부분을 드러내도 괜찮은지 망설이기 마련이죠. 그러나 불안형이 느끼는 감정은 새로운 관계를 시작할 때 누구나 느끼는 이런 가벼운 불안과는 다릅니다. 행복하고 설레는 기분으로 연애를 시작했다가 친밀감 공포가 고개를 들고 핵심 상처가 되살아나 이러지도 저러지도 못하게 되면 몹시 당황스러울 수밖에 없습니다.

불안형 애착은 자신이 반복해서 버려질 거라고 걱정하게 하는 오래된 상처 탓에 뿌리 깊은 '내적 불안정성'이 형성되면서 생겨납니다. 이런 감정은 역설적으로 상대를 더 멀어지게 할 뿐인 행동을 낳기도 하죠. 메시지 수십 개를 연달아 보낸다든가, 휴대전화를 몰래 뒤진다든가, 소셜 미디어에 올린 내용에 집착한다든가, 질투하며 숨 막히게 군다든가. 이 모든 행동 아래에는 상대방의 시간과 관심을 붙들어 둬야 한다는 절박한 욕구와 두려움이 숨어 있습니다. 그 결과는 어떨까요? 질풍노도 같고 고통스럽고 결국 얼마 못 가는 관계겠죠.

이 책은 불안형 애착이 있는 사람들을 위해 쓰였지만, 스펙트럼의 반대편에 자리한 유형을 이해하는 데도 도움이 됩니다. '회피형 애착' 역시 부모가 곁에 있어 주지 않았거나 감정적 지지를 충분히 제공하지 못했던 어린 시절의 경험에서 비롯하지만, 이 유형의 대처 방식은 불안형과 상당히 다릅니다. 관계에서 타인에게 의지하면 위험하다고 믿게 된 회피형은 친밀감에 거리를 두는 방식으로 자신을 지키는 법을 배웠죠. 이들은 대부분 일에 온 힘을 쏟으며, 누가 너무 가까이 다가오면 뒤로 물러납니다. 상대의 비난은 이들에게 관계를 끝낼 핑계가 될 뿐이죠. 나는 이 유형에 속하지 않지만, 여기에 들어맞는 상대를 만난 경험은 아주 풍부합니다. 두 유형은 대개 불꽃에 뛰어드는 나방처럼 서로 끌리므로 우리는 이 둘에 초점을 맞출 예정입니다.

다음 장에서는 우리 자신의 가장 어린 부분, 즉 '내면아이Little Me'가 부모와 소통을 유지하기 위해 몸에 익힌 행동 패턴을 탐색합니다. 자기 행동 가운데 가장 싫었던 부분이 실은 삶에서 가장 중요했던 사람과 애착 관계를 유지하는 데 절대적으로 필요했음을 알게 되면 자신을 향한 연민이 들죠. 어린 시절의 이런 상실감은 핵심 상처가 되고, 우리는 대부분 스스로 인식하지 못한 채로 성인이 된 뒤에도 그 상처에서 생겨난 패턴을 반복합니다.

이 점을 이해하고 난 뒤, 이제 1부의 마지막 장에서는 불안형과 회피형이 어떤 상호작용을 펼치는지 자세히 들여다봅니다. 애정 어린 관계를 원하는 두 사람은 어린 시절의 상처 탓에 각자 자신을 방어하려는 익숙한 패턴을 따라가죠. 이는 심리학 베스트셀러 저자인 멜로디 비티Melody Beattie가 '공의존'이라고 부르는 관계로 이어지기 쉽습니다.

간단히 정의하자면 공의존은 자신의 고통스러운 감정을 감당하지 않기 위해 상대방의 감정과 행동을 통제하려 하는 상태입니다.[1] 불안형은 이렇게 생각하죠. '당신을 내 곁에 붙들어 두면 내 마음속에 도사린 버려진다는 두려움을 느끼지 않아도 될 거야.' 반대로 회피형의 생각은 이렇습니다. '당신과 멀찍이 거리를 두면 내 안의 텅 빈 블랙홀을 느끼게 하는 취약함을 겪지 않아도 될 거야.' 두 사람은 각자 자신을 보호하기 위해 상대방에게 의존하지만, 그럴수록 양쪽을 더 큰 고통에 빠뜨릴 뿐입니다. 회피형은 관계란 피해야 할 것이라고 더더욱 확신하고, 감정을 예민하게 느끼는 불안형은 상대방을 붙잡으려고 자신을 희생해 가면서 버려진다는 고통에 몸부림치게 되죠. 이것이 우리가 상세하게 살펴볼 역학 관계입니다.

이 장의 마지막 부분에서는 한층 심각한 상처로 연애 중독에 빠진 불안형과 자기애가 더해져 나르시시스트가 된 회피형의 더욱 파괴적인 관계에 대해서도 알아봅니다. 이런 종류의 관계를 직접 겪어 본 사람으로서 거기 따르는 고통, 그리고 불안형들을 취약하게 만드는 상처를 반드시 치유해야 한다는 사실을 나는 누구보다 잘 알고 있죠.

그런 다음에는 이 책의 심장부, 즉 핵심 상처를 치유하고 자신을 채우는 실제 작업으로 넘어갈 차례입니다. 우리가 함께 끝까지 차근차근 밟아 나갈 과정이죠. 불안 애착을 인정하고 받아들이면서 내가 배운 가장 중요한 교훈은 버려진다는 크나큰 두려움과 외로움, 나는 사랑받을 가치가 없다는 믿음을 똑바로 마주하는 것이야말로 건강한 자기 채움과 균형 잡힌 관계로 나아가는 열쇠라는 점입니다. 자기 내면의 취약하고 상처받은 부분을 계속 무시하면 어린 시절에 겪어서 이미 익숙해진 '유기 공포'를 연애에서도 똑같이 겪는 가슴 아픈 일이 연장될 뿐입니다.

인간이기에 우리는 고통을 견디기 어려워하고, 마음속의 아픔을 마주하는 불편함을 피하기 위해서라면 뭐든지 하는 경향이 있습니다. 어디가 아픈지 정확히 짚어 내고 그 아픈 부분을 다정하게 돌보는 일 등 자신을 채우는 내면 작업도 예외는 아닙니다. 그래서 차라리 평생 고통을 외면하면서 사는 편을 택하는 사람도 많죠. 건강하지 못한 애착에서 벗어나려면 어떻게 해야 하는지 본능적으로 느끼면서도, 여기에 필요한 도움을 받지 못해서 망설이다 포기하는 경우도 적지 않습니다. 우리 사회는 사람들에게 이 어려움을 홀로 헤쳐 나가라고 등을 떠밀지만, 상담사가 됐든 비난하지 않고 따뜻하게 귀 기울여 줄 친구 한두 명이 됐든 적절한 도움을 구하는 것은 매우 중요합니다. 물론 이 책을 통해 당신 손을 잡아 준다는 보람찬 임무를 맡은 나도 있지요.

우리는 함께 내적 지원 체계를 새로이 만들어 내게 될 겁니다. 다른 이들에게 기꺼이 도움을 받고 속내를 털어놓음으로써 안전하다는 느낌을 받을 수 있고, 이는 자기 채움에서 매우 중요하면서도 놓치기 쉬운 요소입니다. 이 외부 안전망은 신경을 가라앉히고, 내적 지지 공동체를 형성하고, 애착 욕구를 느낄 때 예전과는 다르게 반응할 수 있도록 인식을 바꾸게 도와줍니다. 시간이 지나면서 당신은 스스로 훨씬 안정되었다고 느끼게 되지요.

처음에는 '내수용감각interoception'을 키우는 데 도움이 되는 자기 성찰 연습부터 시작합니다. 내수용감각이란 자기 내면세계와 접촉하게 해 주는 신체 감각을 가리킵니다. 내면세계는 치유를 도와줄 누군가가 나타날 때까지 핵심 상처가 꼭꼭 숨어 있는 곳이죠. 우리는 여기서 어린 시절의 자신인 '내면아이'와 함께 예전 경험을 들여다보고, 자신을 지키는 '내면파수꾼Inner Protector'과 자신을 보살피는 '내면양육자Inner Nurturer'를 만나게 됩니다. 이 탐색 과정에는 나뿐만 아니라 당신이 찾은 다른 동반자(상담사나 믿음직한 친구)도 함께할 테니 틀림없이 이 단계에서 당신이 필요한 것을 찾게 될 겁니다.

내면의 소리에 귀 기울이는 능력을 키운 뒤 다음 장에서는 내면아이의 치유 여정을 시작합니다. 앞으로 살면서 자신의 내면아이에게 도움이 필요하다고 느낄 때면 언제든지 이 부분으로 돌아와서 내가 안내하는 연습을 반복해도 좋습니다. 치유 과정에서 이 부분은 특히 힘들지 모릅니다. 아주 어릴 때부터 당신을 괴롭혔던 두려움과 고뇌를 건드려야 하기 때문이죠. 하지만 내면에 귀 기울이며 자신을 따뜻하게 보살피고, 평생 가져갈 만한 내적 자원을 든든히 쌓는다면 얼마든지 가능한 일입니다. 자기 채움으로 가는 이 여정을 가능케 하는 것은 이 작업을 해내기로 마음먹은 당신의 용기입니다.

2부의 마지막 장에서는 자기희생에서 자기 채움으로 가는 방법을 탐색합니다. 이 여정의 궁극적 목표라고도 할 수 있죠. 잠깐 우리가 어디까지 왔는지 점검해 본 다음, 내면아이의 회복을 돕고 강력한 내면양육자 공동체를 계속 만들어 나가면 어떤 식의 충만함을 누릴 수 있는지 살펴봅니다. 자기 채움을 강화하고 새로 마련한 이 든든한 토대에 감사하는 마음을 키우는 실천법도 안내하려 합니다.

이제는 3부로 넘어갈 차례입니다. 사랑하는 사람과 건강한 '상호의존interdependence' 관계를 이룬다는 것은 어떤 의미일까요? 이런 관계에서는 두 사람 모두 충분한 내적 안정감을 갖추고 있으므로 유대감을 느끼려고 상대방에게만 의존하지 않습니다. 점점 커지는 친밀감도 편안하게 받아들이죠. 동시에 서로 관심을 쏟으며 도움을 제공하고요. 상대를 방치하지도, 상대의 영역을 침범하지도 않는 관계라고 할 수 있습니다. 이 새로운 방식의 애정 관계를 엮어 내는 것은 쉽지 않지만 보람된 일입니다. 그러려면 우리의 내적, 외적 경계선을 새롭게 마련하고(7장), 둘 사이의 문제를 해결하는 과정이 관계를 망치지 않고 오히려 강화할 수 있도록 만드는 기술을 갈고닦으며(8장), 모든 자원을 활용해서 사랑을 실현하는 역량을 끊임없이 키우는 삶을 가꿔야 합니다(9장).

✦✦✦

누군가 우리 삶에 등장하는 데는 다 이유가 있으며, 살아가며 만나는 사람들은 각각 우리에게 귀중한 교훈을 선사한다고 믿습니다. 그 교훈을 얻으려면 마음을 열기만 하면 되죠. 그렇기에 자기 채움으로 가는 길은 온전한 자신을 향한 정신적 여정인 동시에 말로 표현할 수 없을 만큼 커다란, 조건 없는 사랑과 지지의 원천에 연결되는 과정이기도 합니다.

인간관계를 다루는 신경과학 관점에서 봐도 우리 인간은 안전하고 따스하고 서로 도움이 되는 관계, 즉 안정된 유대와 관련한 호르몬이 분비되게 하는 관계를 맺도록 만들어져 있습니다.[2] 이런 정신적 유대와 타인의 적절한 도움을 마음으로 받아들이면 한결 자연스럽고 창의성 넘치는 자신이 될 수 있고, 충족감 가득한 사랑이 찾아올 기회도 그만큼 늘어나지요. 마음이 치유될수록 당신은 세상 속에서, 인간관계에서, 자기 안에서 훨씬 큰 안정감을 느낄 것입니다.

당신은 상처를 이해하고 치유해서, 더는 안정감과 온기를 외부에서만 찾을 필요가 없게 하는 여행을 이제 막 시작하려 합니다. 지금까지 내가 건넨 말이 그런 당신에게 든든한 격려가 되기를 바랍니다. 이 책에 실린 조언은 모두 당신의 내면에서 따뜻하고 애정 어린 손길이 필요한 부분에 초점을 맞추고 있습니다. 동시에 과거의 관계에서 일어났던 일들이 사실은 이 쓰라리고 연약한 부분에 내내 빛을 비추고 있었음을 깨닫도록 도울 것입니다. 당신의 가장 깊은 감정적 상처와 욕구를 보듬을 수 있게 이끌어 주는 연습과 명상법도 포함되어 있지요.

이 책의 내용이 마음속 깊숙이 스며들도록 부디 당신에게 맞는 속도로 충분히 시간을 들여 나아가기를 바랍니다. 함께라면 우리는 해낼 수 있습니다.

1부

관계 안에서
길을 잃고 헤맨다면

1장

우리는
　사랑하도록
태어났다

고통스럽게 끝나는 연애를 반복해서 겪었다면

그건 당신이 또 잘못된 사람을 골랐다는 뜻이 아닙니다.

그저 자신이 어떤 사람인지, 무엇이 필요한지,

어디를 치유해야 하는지 더 알아봐야 한다는 뜻이죠.

그렇게 생각하면 연인과의 다툼이나 가슴 아픈 이별은

"치유를 위해 일시 정지"라고 적힌

표지판이나 마찬가지입니다.

　무엇보다 중요한 사실은 관계를 맺고자 하는 우리의 욕구가 지극히 자연스럽다는 점입니다. 인간은 누구나 타인과 친밀한 관계를 맺도록 만들어졌으니까요. 우리는 말 그대로 유일한 생명의 원천이자 삶 그 자체를 유지해 주는 마법의 끈인 탯줄로 어머니와 몸이 연결된 채 태어납니다. 어린 시절에는 부모와 다른 가족에게 의지해야 살아남을 수 있고요. 자라난다는 것은 어떻게 보면 생존에 필요한 요소를 알아서 해결하게 될 때까지 자신을 챙기는 법을 배우는 과정이기도 합니다.

　우리 사회는 자라서 어른이 되면 자주성과 독립심이 중요하다고 강조하지만, 불안형 애착을 가진 사람의 내면에서는 관계에 필사적으로 매달리지 않으면 버려지고 만다고 속삭이는 목소리가 들려옵니다. 사실 이 둘 사이의 적절한 중간 지점인 '상호의존'의 청사진은 우리가 세상의 빛을 보기 전부터 이미 마련되어 있지요. 인간은 태어나서 세상을 떠날 때까지 항상 자신이 기댈 수 있는 동시에 자신에게 기대게 해도 될 만큼 안전한 사람을 찾아 손을 뻗는 사회적 존재입니다. 다른 사람과 진정으로 연결될 때 우리는 마음 깊이 '안전하다는 느낌'을 받습니다.

그런데 세상에 나가 가족 바깥에서 관계를 맺으려 할 때 내가 믿고 감정을 내보이려는 사람이 우리 관계에 진지한지, 내가 열어 보인 연약한 마음을 짓밟지는 않을지 어떻게 알 수 있을까요? 어른이 된 우리는 이런 불확실성을 마주하면 과할 만큼 독립적으로 변해서 연결되고 싶은 욕구를 억누르거나, 아니면 외로움으로 고통받는 마음을 달랠 임시방편으로 짧은 연애를 되풀이하는 경향이 있습니다.

이제 더는 나를 먹이고 입히고 재워 줄 사람이 필요하지는 않지만, 성인이 된 이후의 인간관계는 이와는 다른(하지만 똑같이 중요한) 두 가지 역할을 합니다. 하나는 타인의 눈을 통해 자신을 바라보며 느끼는 든든함과 안정감, 다른 하나는 타인과 장기적으로 친밀한 관계를 맺는 데서 오는 만족감이죠.

가장 친밀한 관계, 즉 진정한 자신을 내보일 만큼 안전하고 편안하다고 느끼는 관계에서 우리는 더 깊이 있게 인생을 맛보며 진실한 자기 모습이 받아들여진다는 즐거움을 발견합니다. 이런 식으로 가까운 인간관계는 자신의 '온전한' 모습을 만나게 해 주는 거울 역할을 하죠. 온전한 자신을 찾아 안정감을 느끼면, 자신의 숨은 욕구를 알아내 그것을 채우려고 노력하는 동시에 세상에서 당당하게 자기 영역을 표시할 수 있게 됩니다.

그냥 '자기 자신'으로 있어도 된다는 허락만큼 인정 욕구를 채워 주고 사람을 자유롭게 하는 것은 없습니다. 건강한 관계에서는 아무 조건 없이 인정과 공감을 계속 주고받으면서 서로 이런 허락을 건넵니다. 이런 관계에서는 갈등마저 공감과 이해를 쌓아 더욱 가까워질 기회로 볼 수 있죠. 이 모든 것은 우리가 친밀한 관계를 편안하게 받아들이고 더 쉽게 애정을 주고받을 수 있도록 도와줍니다.

하지만 자라면서 부모에게서, 혹은 문화에서 받은 영향 탓으로 이렇게 안정되고 건강한 애착을 형성하는 데 애를 먹는 사람도 적지 않습니다. 무관심 속에 어린 시절을 보내며 혼자 알아서 하는 데 익숙해진 사람도 있죠. 아니면 간헐적인 보살핌밖에 받지 못해 애정이 늘 충분히 주어지리라 믿지 못하고 한 조각의 관심에도 불안해하며 매달리는 사람도 있고요. 관계의 토대가 불안정한 지반 위에 세워졌다면 먼저 그런 핵심 상처를 치유해야 우리가 바라는 안정된 관계를 이룰 수 있습니다.

🌸 애착 이론이란?

인간이 유아기에 관계를 맺는 방식에 관한 과학적 접근법인

'애착 이론'은 1950년대에 심리학자 존 볼비John Bowlby가 처음 개척했습니다.[1] 볼비의 설명에 따르면 인간은 누구나 아기일 때 기본 욕구를 채우기 위해 보호자(부모, 조부모, 형제자매 등)에게 의존하며, 보호자가 아이의 욕구에 관심을 보이는 방식에 따라 '애착 유형'이 생겨납니다. 이 유형은 어린 시절은 물론 성인기까지 우리가 타인과 소통하는 방식에 영향을 미치죠.

볼비와 그의 동료 메리 에인스워스Mary Ainsworth는 애착 유형을 불안, 회피, 안정의 세 가지로 분류했습니다. 이 세 가지 관계 패턴을 이해하는 것은 커플 상담사로서 내가 하는 일의 토대를 이룹니다. 첫 결혼이 고통스러운 이혼으로 끝난 이후 나 자신의 연애 성향을 파악하는 데도 큰 도움이 되었고요. 감정적으로 바닥을 치고 나서야 나는 달라져야 할 때가 왔음을 알았죠. 불행의 핵심에 불안형 애착이 숨어 있다는 사실을 발견하면서, 평생 나와는 인연이 없었던 내면의 안정감을 다질 필요가 있음을 깨달았던 겁니다.

앞에서 설명했던 대로 부모가 일관성 없이 들쑥날쑥 관심을 보이는 것을 경험한 불안형은 늘 버려질까 봐 두려워합니다. 그런 상황에서 자신을 보호하기 위해 연애에 모든 에너지를 쏟아붓는 경향이 있죠. 연결을 유지하고자 하는 이런 욕구는 종종 사랑하는 사람을 감정적으로 숨 막히게 하기도 합니다. 이들은 상대가 자신에게 쏟는 관심의 수준에 끊임없이 집착하지 않고는 못 배기기 때문이죠. 상대가 거리를 두기 시작하면 자신은 사랑받을 자격이 없다는 감정이 수면 위로 올라옵니다. 자신이 사랑받을 만한 사람임을 증명해 줄 관계를 찾아 하염없이 헤매지만, 두려움과 불안 탓에 계속 확인받으려고 욕심을 부리다 결국 스스로 가장 두려워하던 대로 버려지는 결말을 맞고 말죠.

한편으로 회피형에 속하는 이들은 관계가 가까워지려는 낌새만 보여도 냅다 탈출 버튼을 누르고 싶은 강렬한 충동을 느낍니다. 이 경우에도 '나는 내게 필요한 사랑을 받지 못할 거야'라는 핵심 신념은 똑같지만, 이 믿음의 원인은 아이의 감정적 욕구를 채워 주지 않는 태도를 '일관성 있게' 유지한 부모입니다. 자연스럽게 이들은 스스로 알아서 해야 한다는 결론을 내리고, 독립성과 자급자족을 그 무엇보다 소중히 여기는 법을 배우죠. 어차피 자신의 감정적 욕구를 채워 줄 사람은 아무도 없다고 생각하니까요.

반면 안정형은 친밀한 관계를 더 편안히 받아들이고, 자신의 감정적 욕구가 채워지리라 믿습니다. 어린 시절 이들의 부모는 일관성 있게 애정과 보살핌을 제공했고, 그럼으로써 '너는 사랑받을 만한 사람이야'라는 뜻을 전했죠. 덕분에 이들은 건강한 상호의존 관계를 기대하고 원하는 성인으로 성장합니다. 나다움을 잊지 않은 채 상대에게 사랑과 지지를 표현할 줄 알기에, 관계가 끝나 버릴까 두려워하지 않고도 긴밀히 연결된 상태와 좀 더 자신에게 집중하는 상태를 쉽게 넘나들 수 있습니다.

어린 시절 한 가지 이상의 애착 유형을 경험하는 사람도 많습니다. 어쩌면 어머니는 불안하고 일관성 없는 모습을 보이고, 아버지는 신문 뒤에 숨어 침묵을 지켰을지도 모르죠. 우리 내면에는 이런 두 가지 패턴이 다 들어 있고, 지금 누구와 관계를 맺느냐에 따라 그중 하나가 겉으로 드러나기도 합니다. 친구나 연인이 자신에게 매달린다는 느낌이 들면 아버지가 보였던 회피가 발동해서 거리를 두게 되죠. 반대로 멀어지려는 성향이 있는 사람과 사귀고 있다면 어머니가 보였던 불안이 갑자기 튀어나올지도 모릅니다. 이 책을 읽으며 함께 문제를 풀어 나가다 보면 여러 상황에서 자신이 보이는 성향과 패턴, 욕구를 더 명확히 파악할 수 있습니다. 그러다 보면 자연스럽게 당신이 어떤 낭만적 파트너를 원하는지도 더 자세히 알게 되죠.

안정적 보살핌을 받고 자란 이들도 왜 자신이 여전히 때때로 불안한 감정을 느끼는지 의아하게 여기기도 합니다. 친밀한 관계에서 거리를 두려는 성향이 강한 상대를 만나면 누구나 불안을 느낄 수도 있다는 점을 이해해야 합니다. 그런 불안은 두 사람 사이에 무슨 일이 일어나고 있는지 더 신경 쓰라고 알려 주는 맞춤형 조기 경보 같은 것이니까요. 이 점을 알고 자기 감정을 살피면, 애착이란 늘 두 사람이 함께하는 경험임을 잊지 않을 수 있습니다.

애착 유형 가운데 어느 하나가 다른 것보다 더 '낫다'고 할 수는 없습니다. 관계를 맺는 방식은 우리 자신을 자기답게 하는 요소 중 하나죠. 불안이든 회피든 안정이든 우리가 타인과 연결되는 방식은 지금까지 살아오면서 가족 등 주변 환경에 맞춰 최선을 다해 적응한 결과니까요. 진짜 필요한 것은 무언가를 하루아침에 바꾸는 것이 아니라, 마음을 보살피면서 자신의 애착 유형 특유의 욕구를 이해하고 '받아들이는' 법을 배우는 데 있습니다. 그래야 '자기 모습 그대로' 행복해지는 관계를 맺는 데 집중할 수 있기 때문이지요.

이 책에서는 불안형 애착을 주로 살펴볼 예정입니다. 제목을 보고 마음이 끌려 이 책을 집어 들었을 당신이 가장 깊이 공감할 게 틀림없는 바로 그 유형이죠. 당신은 아마도 몇 번이고 상처받은 마음을 달래며 '왜 나는 자꾸 혼자 있기를 좋아하거나 자기밖에 몰라서 내 감정적 욕구를 채워 주기는커녕 나를 이해하지도 못하는 것 같은 사람만 만날까' 한탄했겠지요. 당신이 보기에 연애란 그런 것이 아닙니다. 사랑하고 사랑받기 위해서는 자기가 가진 모든 것, 때로는 그 이상을 내놓아야 한다고 생각하죠. 관계를 위해 자신을 '희생'하는 것이야말로 가치 있다고요. 설득력 있다고 느낄 수도 있지만, 이건 사실 사랑에 빠져 자신을 잃어버리는 지름길입니다. 낭만적으로 들릴지는 몰라도, 성인의 친밀한 관계가 해야 할 진짜 역할인 자기 발견과 수용으로 가는 탄탄대로와는 정반대로 향하는 길이죠.

가까워지려 할수록 멀어지는 관계

성인의 낭만적 애착 이론을 1980년대에 처음 내놓은 이들은 심리학자 신디 하잔Cindy Hazan과 필립 R. 셰이버Phillip R. Shaver입니다.[2] 이들의 획기적 연구에서 우리 중에 56퍼센트가 안정형에 속하며, 25퍼센트는 불안형, 19퍼센트는 회피형이라는 사실이 밝혀졌습니다. 이후 수십 년이 흐르면서 이 비율은 약간 달라졌는데요. 일상생활의 스트레스가 심해진 탓인지 안정 애착은 줄어들고 불안정 애착 두 가지는 늘어났죠. 하잔과 셰이버는 어린 시절의 애착 경험이 성인기의 관계, 특히 가장 친밀한 관계에서 우리가 취하는 태도에 강력한 영향을 미친다는 점도 알아냈습니다. 관계가 친밀해질수록 어린 시절 애착에 품었던 기대가 자극된다는 뜻이죠.

이 연구는 특정한 애착 유형이 서로 끌릴 가능성도 제시했습니다. 앞서 언급했던 대로 불안형과 회피형은 서로 끌릴 때가 많습니다. 회피형은 자신이 무슨 수를 써서라도 피하려 하는 것, 즉 친밀함을 간절히 원하는 불안형에게 매력을 느낍니다. 한편 불안형은 회피형이 줄 수 없는 것, 즉 안정감을 애타게 갈구합니다. 나와 전남편의 관계를 예로 들어 이런 관계가 어떻게 흘러가는지 좀 더 자세히 살펴보기로 하죠.

처음 만났을 때는 모든 게 다 좋았습니다. 그는 사려 깊었고, 재미있는 데이트 계획을 잔뜩 세워 왔죠. 무엇보다 내게 일관성 있게 관심을 보였습니다. 감정을 솔직하고 자유롭게 표현하며 서슴없이 나를 사랑한다고 했죠. 하지만 우리가 가까워질수록 '관계에 대한 각자의 두려움'이 점점 고개를 들었습니다. 이 두려움은 우리의 애착 유형에 따라 각각 다르게 나타났고요.

두려움을 느끼면 그는 뒤로 물러나는 반면, 나는 안정과 확신을 얻으려고 덤벼듭니다. 불안 탓에 내가 그에게 손을 뻗을수록 회피가 그를 뒤로 잡아당기죠. 그가 멀어지는 것을 느끼면 나는 공황 상태에 빠져 문자 메시지를 연달아 몇 개씩 보내는 등 그의 관심을 끌려고 안간힘을 씁니다. 그러면 회피 모드에 들어간 그는 내 집착과 감정 표현 양쪽에서 위협을 느낀 나머지 마음의 문을 닫고 연락을 차단해 버립니다. 그런 다음 헤어지자는 말을 꺼내고요. 시간이 지나서 부담감이 덜해지면 그는 내가 자기를 얼마나 사랑했는지 떠올리게 되죠. 그러면 다시 나한테 돌아와서 백오십 퍼센트의 관심을 쏟아붓습니다. 하지만 상황이 원래대로 돌아가는 순간, 이 격렬한 밀고 당기기는 처음부터 다시 반복됩니다.

이 시나리오에 무릎을 치며 공감하시나요? 아마 그럴 겁니다. 불안형은 대부분 이런 악순환에 매우 익숙하니까요. 우리는 두려움에 잘 휘둘리는 사람들이고, 어떤 대가를 치르든 관계를 꼭 붙들고 놓지 않으려고 갖은 애를 쓰죠.

이런 말을 들어 봤을 겁니다. "난 나를 잘 챙겨 주는 남자가 좋아." 혹은 "일단 결혼만 하면 다 괜찮아질 거야." 건강한 관계가 한 사람에게서 최고의 모습을 끌어내는 것은 사실이지만, 낭만적 파트너가 모든 문제의 해결책이라는 뜻이 담긴 이런 표현에는 문제가 있습니다. 이런 식으로 생각하다 보면 짝을 찾겠다는 마음은 곧 자신에게 부족하다고 여기는 무언가를 손에 넣으려는 필사적인 탐색으로 변하고 말죠. 나를 더 깊이 이해하기 위한(그러면서 만족스러운 친밀감을 공유하는) 여정으로 관계를 바라보는 대신, 자신을 완성해 줄 연인을 갈구하게 된다는 뜻입니다.

그러다 보면 우리는 상대의 에너지에 의존하기 시작하고, 결국 그 사람의 사랑과 관심이 없으면 일상생활이 불가능한 지경에 이릅니다. 어려울 때 자신의 내적 자원을 활용하는 대신 그 사람에게 나를 다시 채워 달라고 하는 거죠. 실제로 얼마 동안은 이 방법이 통합니다. 안정감을 느끼는 동시에 슬슬 이 안정감을 잃을까 봐 두려운 마음이 들기 시작하면 우리는 자신에게 이렇게 되뇌죠. "이 사람이 바로 내가 찾던 사람이야." 여기에는 곧바로 이런 생각이 따라옵니다. "그가 떠나면 난 살 수 없어. 이 사람을 꼭 붙잡아야 해." 그래서 이런 상실을 막으려고 자신이 '그에게' 의지하듯 그도 '나한테' 의지하기를 바라며, 자신을 완전히 내팽개치고 상대의 욕구를 우선시하게 됩니다.

을의 연애

자신을 잘 챙길 줄 아는 사람처럼 보였던 내담자 샘의 이야기를 살펴봅시다. 광고 업계에서 일하던 샘은 활달하고 사교적인 여성이었습니다. 자신이 늘 꿈꿔 왔던 이상형인 마크와 만나기 시작했죠. 그는 잘생기고, 직업도 좋고, 다정하고, 재미있었어요. 샘은 금세 푹 빠져들었습니다. 마크 또한 샘에게 잘 맞춰 주었고요. 고급 레스토랑에 데려가고, 하루에도 여러 번 문자를 보내고, 샘의 가족에게도 잘하고, 심지어 두 사람의 미래를 이야기하기도 했죠.

두 사람은 모든 것을 함께했습니다. 샘은 원래 다니던 운동 강습마저 그만두고 마크가 계획을 세워 오기만 기다렸죠. 친구들 모임에도 빠지기 시작하고, 주말마다 언니를 만나러 가던 것도 듬성듬성해졌습니다. 샘이 마크에게 깊은 애착을 느끼면서 자기 삶의 소중한 부분을 너무 많이 포기하고 있다는 게 내 눈에는 뚜렷이 보였죠. 샘은 마크가 원하는 것을 해 주려고 모든 에너지를 쏟아부었습니다.

두어 달이 지나자 샘은 마크가 운명의 짝이라고 백 퍼센트 확신했는데, 그 순간 마크는 몸을 뒤로 빼기 시작했습니다. 온종일 샘의 안부조차 묻지 않고, 주말이면 친구들과 시간을 보내고, 뭐가 달라졌는지 샘이 물어도 대답하려 하지 않았죠. 아마 마크 자신도 왜 멀어지는지 이유를 설명할 수 없었을 겁니다. 샘의 집착이 그의 어린 시절 경험을 상기시켰다는 사실을 알지 못했을 테니까요.

나는 샘이 천천히 무너지는 과정을 지켜봐야 했습니다. 샘은 뭐가 어떻게 된 건지 이해하지 못하고 이런 말을 했죠. "나는 마크를 위해서 내 삶을 완전히 바꿨다고요. 나한테 결혼하자고 할 줄 알았어요. 그 사람 없이는 어떡해야 할지 모르겠어요." 마크는 샘이 이성을 잃는 것을 보고 한층 더 움츠러들었습니다. 점점 나락으로 떨어지는 샘의 모습은 내 마음을 아프게 했습니다. 샘은 직장에서도 예전만큼 최고의 실력을 발휘하지 못했어요. 처음에는 샘이 제 짝을 만났다고 축하해 주던 가족과 친구들도 샘이 마크와 사귀면서 그들에게 소홀히 대하자 몹시 서운해했고 사이가 예전 같지 않았죠. 샘의 자신감도 크게 꺾였습니다. 샘은 점점 더 불안해하며 자신을 믿지 못하게 되었습니다. 마크는 결국 샘을 완전히 떠났고, 샘과 나는 한동안 그녀의 내면을 추스르느라 애를 써야 했죠.

되돌아보면 이 관계의 배경에는 늘 희미한 불안이 깔려 있었습니다. 연결되고자 하는 샘의 절박한 욕구는 영유아기와 그 이후까지 일관성 있는 보살핌을 받지 못하고 불안과 불확실성에 맞닥뜨리며 형성된 애착 유형의 특징입니다. 그런 과정을 겪으며 샘의 신경 체계는 안전함, 그리고 그때그때 자기 욕구를 채워 줄 주 양육자로 샘 자신이 택한 사람의 관심을 쫓게 되었습니다. 이 경우에는 마크였죠. 불안형 중에는 극도로 민감한 애착 체계를 가진 탓에 자기 시간을 전부 연인에게 투자하는 것을 기본으로 삼고, 다른 욕구와 중요한 일은 모조리 제쳐 두는 사람이 많습니다.

이건 사실 매우 이치에 맞는 이야깁니다. 자라면서 일관성 없는 애착 관계를 경험했다면 어른이 되어서도 관계를 맺을 때 또 그런 일이 일어날까 봐 마음을 졸이며 살아가게 됩니다. 어릴 때 겪은 일을 생각하면 예민하게 구는 것도 당연한 일이죠. 그 결과 항상 신경을 바짝 세우고 상대의 기분을 살피며 뭔가 잘못될 기미가 없는지 끊임없이 경계하느라 연애 초반에 잠시 느꼈던 안정감마저 잃어버립니다. 버려질지도 모른다는 신호가 하나라도 눈에 띄면 신체적 고통마저 느끼는 상태가 되죠. 안정형인 사람이라면 연인이 문자에 즉시 답하지 않아도 '일하느라 바쁜가 보네'라고 생각하겠지만, 불안형은 곧바로 이런 생각을 떠올립니다. '그는 내 생각만큼 나를 사랑하지 않나 봐.' '우리 관계는 뭔가 잘못됐어.' 이 또한 불안형에게는 말이 됩니다. 어릴 때 이미 관계란 믿을 수 없다는 것을 배웠으니까요.

전남편이 거리를 둘 때 내 느낌이 어땠는지 이야기했던 것 기억하시나요? "무언가가 내게서 뜯겨 나가는 것처럼 간이 철렁했다"라고 했죠. 안전과 관련 있는 인간의 '두 번째 뇌'는 복부에 있다고들 합니다. 이 극적인 감각이 내가 버려질 엄청난 위험에 처했다고 느낀다는 사실을 알려 준 셈이죠. 일단 이런 느낌이 들면 이성적 사고는 저 멀리 사라지고 자신을 보호하기 위해 투쟁-도피fight-or-flight 본능의 스위치가 켜집니다. 그리고 자기 딴에는 상대와 연결을 유지하는 데 도움이 되리라고 여기는 행동이 튀어나오기 시작합니다. 끊임없이 문자 보내기, 자기 잘못도 아닌

일에 사과하기, 심지어 스토킹에 이르기까지 문제를 해결하고 관계를 회복시킬 수만 있다면 무슨 일이든 하려 하죠. 나는 예전 남자 친구가 문자에 답을 하지 않자 곧장 차를 몰고 그의 집으로 쳐들어가서 그를 찾아내려 했던 적도 있습니다.

어떤 관점에서 보면 이런 행동이 지극히 비이성적일지 모르지만, 내 어린 시절의 경험과 유기 공포라는 관점에서는 완전히 말이 됐던 거죠. 물론 결과적으로 그를 더 멀어지게 하는 확실한 방법이 되긴 했지만요. 예민하기 짝이 없는 내 애착 체계는 그저 내가 안정감을 느끼게 하려고 수단과 방법을 가리지 않았던 것뿐입니다.

❧ 불안 애착 스위치가 켜질 때

이상적으로는 우리가 자기 모습 그대로 있어도 괜찮다고 느끼게 해 주는 것이 인간관계의 역할이지만, 불안형 애착이 활성화되면 몸 전체가 불편하게 느껴집니다. 전남편이 멀어질 때마다 극단적 신체 반응을 느끼며 나는 내가 미쳐 간다고 생각했습니다. 나중에야 내 신경 체계가 사랑하는 사람과의 연결이 끊기거나 거리감을 느낄 때 그런 식으로 반응하도록 만들어졌을 뿐임을 알았죠. '자율신경계'의 작동 원리를 이해하면서 자신이 왜 그랬는지 공감할 수 있게 되었다는 뜻입니다.

이른바 다중미주신경 이론polyvagal theory을 제시한 과학자 스티븐 포지스Stephen Porges 박사는 이 상황을 명확하게 정리해 줍니다. 포지스의 말에 따르자면 "관계 맺기는 생물학적 필연"입니다.[3] 다시 말해, 인간은 심리적으로는 물론 신경생물학적으로도 관계를 원하도록 타고납니다. 이 점을 아는 것이 왜 그리 중요한지 살펴보기로 하죠.

위험 신호에 반응하는 몸

자신을 안전하게 지키기 위해 타인과 연결된 상태를 유지하는 것이 자율신경계의 임무입니다. 인간으로서 살아남으려면 부족이나 집단의 일원으로 받아들여져야 했던 진화 과정을 거치며 자율신경계는 세 갈래로 나뉘어 발달했습니다. '미주신경'으로 불리는 이 신경계의 영향으로 인간은 내부와 외부 세계의 자극에 세 가지 각각 다른 방식으로 반응합니다. 포지스는 이 과정을 신경지神經知, neuroception라는 용어로 설명합니다.[4] 간단히 말해 우리가 안전하다고 느껴도 되는지 아닌지 자율신경계가 알아서 파악한다는 뜻이죠.

신경계는 마치 주변 환경을 끊임없이 탐지하는 레이더처럼 움직이며 무의식적으로 이런 질문을 던집니다. "너는 내 편이니?" 여기에는 이런 의미가 숨어 있습니다. "지금 이 순간 너는 이것저것 따지지 않고 나를 있는 그대로 받아들이고 있니? 나에게 집중하고 있니? 내 등 뒤를 맡겨도 될까? 우리가 싸우더라도 내게 등 돌리지 않을 거니?"

이 레이더가 상황이 안전함을 알리면, 자율신경계 가운데 우리가 타인에게 따스한 애착을 느끼도록 해 주는 몸 앞면, 즉 배측 미주신경이 활성화됩니다.5 이를 '배 측 상태ventral vagal state'라고 하죠. 이 상태에서는 상대의 말에 귀 기울이고, 목소리가 부드러워지고, 눈가의 근육이 이완되고, 얼굴은 유연하고 표정이 풍부해져 감정을 더 잘 전달할 수 있게 됩니다. 말을 하지 않아도 이런 신체적 변화는 다른 이들에게 가까이 와서 마음을 열고 상호작용해도 안전하다는 신호를 보내죠. 이런 상태는 거짓으로 꾸며낼 수 없습니다. 타인이 옆에 있어도 안전하다고 느낄 때만 이런 변화가 일어나니까요. 그 말은 반대 경우도 참이라는 뜻입니다. 우리가 위협을 느끼면 배 측 상태가 중단되고, 소통할 수도 없게 됩니다.

이것이 바로 전남편이 멀어질 때마다 내가 겪었던 상황이었습니다. 자신이 버려지고 있음을 감지하자 다른 갈래의 자율신경이 활성화되어 나는 '교감신경 흥분'이라 불리는 상태가 되었죠. 외부의 위협에서 나를 안전하게 지키도록 설계된 이 활성 상태는 흔히 '투쟁-도피 반응'이라고 불립니다. 우리 귀는 이제 위험을 감지하는 데 집중하느라 사람들의 말에서 미묘한 의미를 짚어내지 못합니다. 눈가의 근육이 수축하고, 눈초리도 날카로워집니다. 목소리는 위험을 알리는 특정한 어조를 띠게 되죠. 전남편과의 관계에서 내 이런 반응은 끊임없이 문자 보내기, 쫓아다니기 등 그의 관심을 끌기 위한 갖가지 행동으로 이어졌습니다.

더 나쁜 것은 우리가 교감신경 흥분 상태에 들어가면 주변 사람도 거기에 자극받아 비슷한 반응을 보인다는 점입니다. 인간의 신경계는 지극히 민감하며 주위 사람과 공명하도록 만들어져 있기 때문이죠. 내가 전남편에게 위험 신호를 보내자 그도 거기 맞춰 투쟁-도피 반응을 보이기 시작했습니다. 내 성향은 그를 가까이 붙잡아 두려고 애쓰며 행동에 나서서 '투쟁'하는 것인 반면, 그가 학습한 반응은 '도피'였습니다.

이제 우리가 생명을 위협받는다고 느껴 겁에 질리고 무기력해졌을 때만 활성화되는 자율신경계의 세 번째 갈래를 살펴볼 차례입니다.[6] 요람 안에서 아기가 울고 또 우는데 아무도 오지 않는 장면을 떠올려 보세요. 아기는 교감신경 흥분 상태에서 도움을 요청합니다. 그러다 시간이 지나면 조용해지죠. 도움의 손길이 오리라는 희망을 버린 아기의 자율신경계에서 몸 뒷면의 등 측 미주신경이 활성화된 겁니다. 심각한 위험이 예상될 때 우리 몸은 에너지 소비를 최소한으로 줄이기 위해 호흡과 심장 박동을 포함해 모든 신진대사를 느리게 합니다. 얼굴은 창백해지고, 우리는 자신을 최대한 작고 '눈에 띄지 않게' 만들면서 주변 세상과의 연결을 끊기 시작합니다. 어쩔 도리가 없는 상황에서 이런 '사라짐'은 환경이 더 나아질 때까지 자원을 아끼는 일종의 동면이라고 볼 수 있죠.

예를 들어 연애를 하면서 나는 감정적으로 구는 것이 너무 수치스러워 차라리 감정이 없어져 버렸으면 좋겠다고 생각한 적이 여러 번 있었습니다. 요람 안에서 울다 지쳐 무기력해지고 마는 아기처럼, 내가 상대의 반응을 끌어내기를 포기했기 때문에 등 측 신경이 활성화되었고, 그 결과 감정을 닫고 숨고 싶은 마음이 들었다는 사실을 나중에야 알게 되었죠.

흥미로운 것은 이 모든 자율신경 반응이 외부 세계와 내부 세계 양쪽의 상황에 맞춰 일어난다는 사실입니다. 외부적으로 보면 내 교감신경이 활성화된 것은 전남편의 행동으로 두려움이 자극되었기 때문입니다. 하지만 이는 내 내면 상태, 즉 어린 시절의 경험을 기반으로 내가 필요로 하는 사람들은 항상 멀어진다고 믿는 잠재의식 속 핵심 신념에 따른 반응이기도 했습니다. 강력한 신체 반응 탓에 나는 그런 식으로 행동했고, 남편은 남편대로 어린 시절 경험 탓에 점점 더 멀어진 것이죠.

불안형의 내면에서 빠진 퍼즐

그렇다면 이런 반응이 일어나지 않도록 자율신경계를 통제할 수 있을까요? 그렇기도 하고 아니기도 합니다. 자율신경계는 나머지 신경망과 함께 자궁 안에서 발달하기 시작합니다.7 수정된 지 3개월쯤 지나면 태아의 신경계는 엄마의 신경계를 따라가기 시작하죠. 임신 중에 엄마가 편안하고 만족스러워하면 발달

중인 태아의 신경계는 이를 알아차립니다. 태어나기 전부터 이미 세상은 안전하고 친절한 곳임을 배우기 시작하는 셈이죠. 하지만 엄마가 자주 불안해하면 태아의 신경계와 신경전달물질도 엄마와 비슷해져서, 아기는 두려워할 준비를 하며 세상에 나오게 됩니다. 태어나서 엄마와 실제로 만난 뒤에는, 뎁 데이나^{Deb Dana}(다중미주신경 이론을 주장한 다른 학자)가 "소통을 위한 한 쌍의 춤"이라고 부른 상호작용이 시작되죠.

엄마가 임신 중에 어떤 감정을 느끼든, 우리는 모두 나라는 존재가 생겨날 때부터 품고 보살펴 준 이 사람이 나를 따스하게 맞아 줄 거라고 기대하며 태어납니다. 엄마(또는 주 양육자)는 우리가 소통을 시도하는 첫 번째 사람이기도 하죠. 이 소통은 '공동 조절^{co-regulation}'이라는 과정을 통해 이루어집니다.

예를 들어 아기가 불쾌하거나 배가 고프면 아기에게 무엇이 필요한지 신경을 쓰고 있던 엄마는 대개 편안함이나 음식을 제공합니다. 그러면 아기는 의사를 표현하면 욕구가 채워진다는 사실을 배웁니다. 엄마가 돌봐 주면 아기의 기분이 좋아지므로 엄마 또한 따스한 느낌을 경험합니다. 이것이 바로 엄마와 아기의 춤이죠. 아울러 감정적인 면에서 아기는 엄마가 새로 태어난 작은 인간에게 보이는 호기심과 관심을 받으며 자기가 중요한 존재라고 느끼게 됩니다.

공동 조절은 엄마나 다른 주요 양육자들과의 본능적인 무언의 소통을 통해 일어나는 것이 이상적입니다.[8] 바람직한 양육자는 울기나 떼쓰기라는 제한된 소통 방식밖에 모르는 영유아의 욕구에 본능적으로 맞춰 줍니다. 어린 시절에 이렇게 의지할 수 있는 안정감과 소통을 경험한 아이는 '배 측 상태'가 되고, 타인이 나를 따스하게 받아들이고 돌봐 주리라고 믿게 되죠.

더불어 공동 조절이 일어날 때 우리 신경계에서는 두 가지 과정이 진행됩니다. 첫째로는 신경 세포가 실제로 연결되며 감정을 조절하는 능력이 발달하고, 둘째로는 애정을 주는 엄마의 존재가 '영원한 내적 동반자'로서 내면화되죠. 우리가 나이를 먹고 자연스럽게 발달해 점점 독립적으로 변해 갈 때, 이 두 과정은 당장 자신을 돌봐 줄 사람이 아무도 없더라도 '괜찮다'고 느끼는 데 도움을 줍니다.

내 어린 시절에 이런 종류의 연결이 이루어지지 않았다는 걸 어렵지 않게 짐작할 수 있겠죠. 불안형 애착을 가진 다른 사람들도 마찬가지고요. 내가 내면화한 엄마는 불안하고, 우울하고, 두려움으로 가득한 사람이었습니다. 엄마는 나를 낳고 산후우울증에 시달렸을 뿐만 아니라 끊임없이 나를 향한 걱정을 드러냈죠. 게다가 결혼 생활도 몹시 불행하다고 느꼈기에 내게 관심을 두지 않을 때도 많았습니다. 자기 문제만으로도 벅차고, 교감신경과 등 측 미주신경 반응에 갇혀 있어서 나와 꾸준한 조율을 거치지도 못했죠.

그 결과 내 신경계는 욕구란 채워질 수 없고, 사람은 늘 곁에 있어 주는 존재가 아니며, 연결은 예기치 못하게 끊어져 버린다고 예측하기 시작했습니다. 혼자 힘들어하며 변변한 도움도 받지 못한 엄마는 나와 지속적인 공동 조절을 하지 못했고, 그런 이유로 나는 어른이 된 뒤 내 신경계를 다스리는 데 필요한 회로를 구성하지 못했을 뿐 아니라, 내 불안을 부추길 뿐인 부모를 내면화했던 것이죠.

게다가 아버지는 우울증과 약물 중독에 빠져 내게 관심이 없었고, 나는 그런 아버지의 부재마저 내면화했습니다. 양육자에게 본능적으로 손을 뻗었다가 응답받지 못한 아기는 '감각 느낌felt sense'을 받습니다. 어떤 상황에 대한 몸의 알아차림을 뜻하는 감각 느낌을 통해 '나는 뭔가 잘못되었다'라고 느끼는 거죠. 그리하여 나를 포함한 많은 사람이 이 '잘못된' 느낌을 마음속 깊은 곳에 감춘 채로 연애를 시작했다가 관계가 점점 친밀하게 발전하면 더는 이를 숨길 수 없게 되고 맙니다.

다시 채운다는 것

이 모든 것을 배운 뒤에야 나는 통제할 수 없는 감정, 신체 감각, 전남편에게 했던 행동이 전부 아주 어린 시절에 발달한 신경망의 영향임을 이해하게 되었습니다. 내 뇌는 이런 식으로 느끼거나 행동하려고 의식적으로 선택한 것이 아니었습니다. 단순히 신경계가 위협으로 인식한 신호에 반응한 것뿐이었죠. 설상가상으로, 뇌의 나머지 부분은 훨씬 천천히 움직이는 반면 이런 반응은 순식간에 일어납니다. 일단 우리 몸의 경보 체계가 고통스러운 단절을 감지하고 나면 의식적 사고로는 반응을 멈출 수도 없습니다.

하지만 조절 능력, 즉 영유아기에 꾸준한 보살핌을 받지 못해 발달 과정에서 빠져 버린 부분을 다시 채워 넣는 것은 가능합니다.9 신경 회로를 바꾸는 능력인 '신경 가소성neuroplasticity' 덕분에 인간의 뇌는 '나이와 관계없이' 새 회로를 만들어 낼 수 있기 때문이죠.

자기 채움으로 가는 과정에는 어린 시절 자신에게 필요했던 보살핌과 위로를 지금 경험하는 것도 포함됩니다. 책을 읽으며 함께 이 과정을 진행해 나가면서 우리는 과거에서 긍정적 경험을 끌어내 본능적 보살핌을 주는 부모를 새롭게 내면화할 예정입니다. 더불어 현재 자기 삶에 도움을 줄 수 있는 사람들과 소통하는 것의 중요성도 배웁니다. 그 결과 당신은 예전에는 한번도 맛보지 못했던 안전함을 몸으로 느끼기 시작하죠. 그러고 나면 한때는 벼랑 끝에 몰린 기분이 들게 했던 사건이 다시 일어나더라도, 소통이 가능한 배 측 상태를 더 길게 유지하는 데 도움이 됩니다. 인간관계에서 강한 감정이 활성화되더라도 교감신경 흥분 상태로 가지 않고 조금씩 더 의식적인 반응을 보일 수 있게 되죠.

시간이 흐르고 연습을 더 쌓으면 신경계에 새로 만든 연결 고리가 강해져서, 교감신경 흥분 상태가 될 것 같다고 느낄 때도 당신의 일부는 빨라진 심장 박동이나 경직된 복부를 가만히 '관찰'할 수 있게 됩니다. 섣불리 행동에 나서는 대신 이런 신체 감각을 감지하고 그 의미를 이해하는 능력이 생겨나죠. 이것은 새로운 신경 회로가 만들어지고 있다는 신호입니다. 어쩌면 자율신경계가 예전보다 더 쉽고 빠르게 평형 상태로 돌아간다고 느끼게 될지도 모릅니다. 이 또한 신경망이 재구성되고 있다는 확실한 증거죠.

나중에는 신경망이 변하면서 생각도 달라질 수 있습니다. 다음에 찾아올 위협을 끊임없이 과도하게 경계하는 대신, 상대가 문자에 답장하지 않아도 그게 당신과 헤어질 마음을 먹었다는 단서라고 넘겨짚지 않고 그저 일이 바쁜가 보다고 생각할 수 있죠. 결국에는 자신이 가치가 없다는 생각 대신, 사람은 누구나 사랑받을 자격이 있다는 본질적 감각이 자리 잡게 됩니다. 자기 방어 체계를 만들어야만 했던 어린 시절의 자신을 향한 연민도 생겨나고요. 머지않아 한번도 꿈꿔 보지 못한 방식으로 자신을 (그리고 타인을) 단단히 떠받치는 당신을 발견하게 될 겁니다.

◉ 낭만적 사랑과 결혼에 대한 오해

우리는 낭만적 사랑에 관한 환상을 끊임없이 보고 듣습니다. 이런 환상은 낭만적 파트너만이 우리에게 안전과 사랑을 줄 수 있다는 이야기에서 시작되죠. 심리상담사로서 나는 커플과 개인이 인간관계의 어려움을 헤쳐 나가도록 돕는 일을 합니다. 하지만 나를 찾아오는 내담자 가운데 상당수는 진정으로 충만한 사랑, 즉 두 사람의 성장을 돕는 건강하고 상호의존적인 관계를 원하지 않습니다. 전혀요. 이들은 대개 동화 속 로맨스를 기대하고, 영원히 행복하게 해 줄 마법을 꿈꾸며 상담실을 찾아옵니다. 영화에서 봤던 대로 말이죠. 물론 친밀한 관계에서 진정한 행복을 찾는 것은 가능한 일입니다. 하지만 이 '함께하는' 행복은 우선 '자기 자신'과 친밀해지고 나서, 진짜 애정 어린 관계란 어떤 것인지를 새롭게 이해한 다음에야 찾아온다는 사실을 알아야 합니다.

그런데 우리는 지금껏 반대로 배웠죠. 키스로 다시 살아나는 디즈니 공주부터 시작해서 여주인공이 하나뿐인 운명적 사랑을 찾는 수많은 로맨틱 코미디에 이르기까지, 사회는 우리에게 이 두렵고 외로운 삶에서 낭만적 관계가 어떻게든 우리를 구원해 준다고 가르쳤습니다. 그에 따라 불안형들은 "이 사람을 만나서 다행이야"라는 생각으로, 정말 자기에게 맞는 사람인지 아닌지는 따져 보지도 않고 첫 연애에 매달리기도 하지요.

이럴 때 내가 하는 일은 내담자가 자기 연애를 솔직하게 바라보고, 연인이 자신을 구해 주기 위해 존재한다는 환상에 빠져 있지는 않은지, 그 과정에서 자기 자신과의 연결과 신뢰를 잃지는 않았는지 살피도록 돕는 것입니다. 먼저 자신을 받아들이고 내면을 채우면 연애 또한 성숙해져서 만족감을 주는 상호의존 관계로 나아갈 확률이 훨씬 높아진다는 생각을 차곡차곡 함께 쌓아 올려야 하죠.

또한, 우리 사회는 결혼이란 최고의 헌신이자 연인의 사랑을 보여 주는 증거라고 가르칩니다. 하지만 행복과 물질적, 감정적 안정을 가져다주리라는 기대를 잠시 치워 두고 실제 결혼이 어떤 것인지 들여다볼 필요가 있습니다. 결혼이란 관계의 질과는 거의 또는 아무런 관련이 없는 법적 결합일 뿐이죠. 사랑하는 사람과 결혼하고 싶어 하는 마음에는 아무런 문제도 없습니다. 결혼은 인생에서 가장 충족감을 주는 경험이 될 수 있지요. 문제는 사회가 결혼을 궁극적 목표 또는 해결책으로 여기며 지나치게 강조한다는 점입니다. 사실 법적 계약을 통해 다른 사람에게 외주를 맡겨 안정감을 얻으려는 태도는 스스로 자기 내면을 들여다보고 자신만의 탄탄한 기반을 쌓아 가는 노력을 되레 방해하는 걸림돌이 되기도 하죠.

결혼하고 몇 년이 지난 뒤 상담실에 찾아와서 자신이 결혼한 '진짜' 이유를 털어놓는 내담자를 종종 봅니다. 아이를 갖고 싶어서 결혼했다거나, '나이를 먹고 있어서' 지금 아니면 늦는다고 생각했다는 사람도 있고요. 사실은 혼전 계약 얘기로 껄끄러워지는 등 진작에 이건 아니라는 느낌이 들었는데 너무 늦어 버렸다고 고백하는 이들도 있습니다. 청첩장도 이미 다 보낸 마당에 무를 수 없었다고요. 이런저런 요소가 더해져 사람들은 마음 한

구석에서 이런 이유로 결혼하는 건 옳지 않다는 느낌을 받으면서도 결혼에 뛰어듭니다.

많은 사람이 뒤돌아보면 온갖 적신호가 있었다고 고백합니다. 그들의 본능이 이 결합은 뭔가 잘못되었다는 분명한 메시지를 거듭 보낸 것이죠. 나중에 결혼 생활이 삐끗하면 무시했던 문제는 한층 강력해진 채 다시 등장하고, 양쪽 배우자는 각자 온 세상에서 가장 외롭다는 느낌을 받게 됩니다.

결혼이야말로 평생 가는 사랑의 열쇠라는 믿음 또한 흔한 통념입니다. 거의 50퍼센트의 결혼이 이혼으로 끝난다는 사실[10]을 제쳐 두더라도, 모든 관계는 영원하지 않다는 점을 깨닫는 것이 중요하죠. 친한 친구를 포함해 인간관계는 대부분 우리가 개인으로서 끊임없이 성장하고 진화할 수 있도록 자기 자신에 관한 귀중한 교훈을 전해 주는 역할을 합니다. 이런 식으로 생각하면 나중에 그 관계가 어떻게 흘러갈지 확신을 얻고 싶은 마음을 조금 내려놓게 되죠. 두 사람이 함께하는 현재에 충실하며, 서로를 귀한 선물로 여기는 것이 훨씬 중요하니까요.

반지와 프러포즈 대신 두 사람이 함께하면서 개인적으로, 또 커플로서 얼마나 성장하는지를 따져서 관계의 질을 측정한다면 어떨까요? 가끔은 혼자 지내며 자기 내면과 다른 인간관계를 잘 가꾸고 새로운 활력을 얻어 두 사람의 관계로 다시 돌아올 수 있을 만큼 상대방을 믿음직스럽게 여길 때 비로소 이런 성장이 가능해집니다. 모든 것을 사랑하는 사람과의 관계 '안에서' 찾아야 한다고 여기는, 사랑 중독 증상이자 공의존의 원인이 되는(이에 관해서는 3장에서 자세히 다룰 예정입니다) 관점보다 훨씬 바람직한 대안이죠. 자기 채움을 더한 이런 방식의 낭만적 사랑이 우리 사회에서 널리 칭송받게 된다면 정말 좋지 않을까요?

자기 안에서 편안히 쉴 '집'을 발견하고, 자신이 어떤 사람인지 살펴보며, 자기 단점을 받아들이고, 자기 욕구를 이해한 두 사람은 바깥세상에 함께 집을 지을 준비가 된 것입니다. 이 시점에서 법적 결혼 서약은(반지와 드레스는 말할 필요도 없이) 단지 3단 웨딩 케이크 위의 버터크림 장식일 뿐이죠. 상대방의 성장을 돕고 상호의존하는 관계가 되겠다는 마음으로 자연스럽게 맺어진 두 사람에게 결혼은 목적지가 아니라 통과 지점에 가깝습니다. 안전하고 지속적인 방식으로 누군가와 함께 성장한다는 든든함도 느낄 수 있죠. 결혼 서약 뒤에 숨은 안정감과 상호 수용은 서약 자체보다 훨씬 중요합니다.

♥ 공감 능력의 장단점

사랑에 빠진 사람들은 서로 점점 닮아 가서 호흡이 척척 맞는 한 쌍이 된다고들 하지요? 어느 정도는 사실입니다. 친밀한 관계에서 우리는 상대와 에너지 파장이 비슷해지고 '거울 신경(타인의 행동을 보기만 해도 자신이 그 일을 직접 하는 것처럼 활성화되는 신경세포—편집자)'을 통해 연결됩니다.[11] 각자의 감정, 기분, 생각, 두려움, 행동 등이 공유된다는 뜻이죠. 한 사람에게 변화가 일어나면 다른 쪽도 이를 감지합니다. 예를 들어 남편이 회사 일로 불안해하면 부인이 스트레스를 받기도 하고, 연인이 큰 소리로 웃기 시작하면 자기도 모르게 웃음이 터지기도 합니다. 이는 공감 능력을 타고나는 인간의 자연스러운 특성이며, 감정적 소통을 위한 중요한 수단입니다. 타인과 공명하는 이 신경 회로는 불안 애착형에게서 강력하게 발달할 확률이 높습니다. 불안형들은 자신과 일관성 있는 관계를 유지하지 못하는 부모를 쫓느라 엄청난 시간과 에너지를 들였기 때문이죠.

공감이란 단순히 정의하자면 타인이 느끼는 것을 느끼는 능력입니다. 다른 사람의 활력 수준, 분위기, 생각을 감지하거나 고스란히 느낄 수도 있죠. 이 정도로 예민하다는 것은 일종의 축복입니다. 인간은 그 능력으로 관계를 맺고, 남을 보살피고, 좋은 친구가 되죠. 공감할 줄 알면 남을 헤아릴 줄 알게 되고, 다른 사람이 자기 존재를 인정받고 혼자가 아니라는 느낌을 받도록 도울 수 있습니다. 사실 나를 세심한 상담사로 만들어 주는 것도 바로 이 능력이랍니다.

하지만 제대로 통제되지 않은 공감 능력은 부담이 되기도 합니다. 적절한 선을 긋지 않으면 어떤 감정이 자기 것이고 어떤 감정이 상대의 것인지 헷갈릴 수도 있기 때문이죠. 너무 푹 빠져든 나머지 자신의 감정을 완전히 놓치고 마는 겁니다.

불안형 애착을 가진 아이는 최대한 연결되어 있다고 느끼고 싶어 점점 더 타인에게 민감해집니다. 일관성 없는 부모에게 적응하기 위해 부모의 감정에 촉각을 곤두세우며 자라죠. 그러니 어른이 된 후 새로운 사람에게 애착을 느끼면 어린 시절에 배운 대로 반응하는 것이 당연합니다. 배우자나 연인의 감정 상태를 가늠하는 능력을 자신이 버려지지 않기 위한 보호 기술로 쓰는 셈이지요. 자기를 채우라는 말이 예민함이나 공감 능력을 차단하라는 뜻은 아니지만, 적어도 자기 욕구에 귀 기울이고 자신을 돌보는 법을 배워야 더 충만한 상태에서 상대를 배려할 수 있게 됩니다.

불안정하고 두려운 상태에서 연애를 시작하면 사랑하는 사람의 모든 것을 속속들이 알고 싶다는 욕망에 휩쓸리기 쉽습니다. '그 사람은 행복할까? 뭘 원하지? 나를 사랑한다는 말이 진심일까? 아니면 날 놔두고 떠나기 직전인 걸까?' 이렇게 '상대방'의 마음에 관한 정보로 뒤덮인 나머지 자기 감정과 욕구를 깨닫고 이해하는 것이 점점 어려워지죠.

하지만 이런 예민함과 공감 능력을 다루는 법을 배우는 것은 가능합니다. 연습과 치유를 거치면 적절한 곳에 명확한 경계선을 유지하면서도 한껏 사랑할 수 있습니다. 이 말은 당신의 욕구와 상대의 욕구가 별개임을, 자신의 감정과 욕구를 표현하는 것이 균형을 잡는 데 꼭 필요한 부분임을 이해해야 한다는 뜻이죠. 상대의 욕구를 채워 주려 노력하는 만큼 자신의 욕구를 공유해도 안전하다는 점을 배우고 나면, 타인의 감정을 느끼는 당신의 예민함을 이용해 사랑하는 사람과 더 깊이 연결될 수 있습니다. 두 사람의 관계가 더욱 돈독해질 뿐만 아니라 더 크고 보편적인 사랑에도 한 걸음 가까이 다가갈 수 있게 되죠.

그러기 위한 첫걸음은 자기 안의 세계와 흔들리지 않는 관계를 맺는 것입니다. 무엇보다 먼저 자기 자신과 파장을 맞추면, 자신의 욕구와 상대의 욕구 사이에서 자유로이 초점을 옮길 수 있죠. 관계에 에너지를 쏟아야 할 때가 언제인지, 잠깐 물러나 자신을 돌보며 재충전해야 할 때가 언제인지 본능적으로 알게 됩니다.

자기 채움은 신뢰를 배우고, 마음을 의지하고, 치유를 돕는 관계란 어떤 것인지 이해하는 과정이기도 합니다. 현재 낭만적 파트너가 있든 아니든, 이렇게 감정적으로 의지가 되는 사람을 찾는 것은 중요합니다. 상담사든 친구든 지원 단체든 당신이 내면을 가다듬는 동안 외부에서 도움을 줄 사람을 찾으세요. 예전이든 지금이든 주변에 이것저것 따지지 않고 무조건 당신을 지지해 줄 사람이 있는지 생각해 보세요. 그 사람에게 당신이 이 치유 과정을 차근차근 밟아 내적 변화를 겪는 동안 가끔 얘기를 들어 달라고 부탁할지 모르겠다고 미리 귀띔해 두세요.

❤️ 잘못된 짝은 없다

어쩌면 당신은 이 장을 읽으며 속으로 이렇게 말할지도 모르겠네요. "다 좋은 얘긴데, 내 문제는 계속 잘못된 짝을 고른다는 데 있다고요." 지저분한 이별과 짧고 끔찍한 연애를 반복하며 크게 덴 적이 있는 사람이라면 이런 사고방식에 빠지기 쉽습니다. 하지만 올바른 상대를 고르지 못한 탓에 연애가 실패했다고 여기는 건 불공평합니다. 그건 그냥 당신이 사람 볼 줄 모른다는 의미밖에 되지 않기 때문이죠. 이런 연애를 하게 되는 이유는 당신이 어떤 식으로 사랑하고 사랑받기를 기대하는지와 관련이 있습니다. 그리고 이 기대는 어린 시절 깊이 새겨진 애착 유형과 연결되어 있죠.

내담자 중에 서른셋에 독신이고 동성애자이며, 꼼꼼함이 중요한 회계 분야에서 일하는 니나라는 여성이 있었습니다. 니나는 보수적이고 모험을 꺼리는 경향이 있는 사람이었죠. 나를 찾아와 도움을 청하며 자기가 자꾸 '나쁜 여자', 즉 바람을 피우거나 니나가 상대방을 가장 필요로 할 때 연락을 끊고 아무 설명도 없이 훌쩍 떠나 버리는 등 감정적 학대를 일삼는 사람들에게 끌린다고 했습니다. 한동안 쌓인 감정을 풀어내고 탐색한 뒤 니나는 자신이 반항기 있고 태평한 사람에게 매력을 느낀다는 사실을 발견했죠. 내심 자신에게는 그런 부분이 부족하다고 느꼈기 때문이었습니다.

어느 정도 내면을 다지는 작업을 하고 나서, 니나는 아이에게 즐거움이나 모험심을 허용하지 않았던 부모 탓에 자기 안의 자유로운 영혼이 짓눌려 있었음을 깨달았습니다. 이 잃었던 장점을 서서히 되찾는 과정에서 니나는 자신이 조금이라도 외향적으로 변하면 사랑받지 못할까 봐 불안해했죠. 그렇지만 결국 이런 두려움을 헤쳐 나가면서 조금씩 위험을 감수할 수 있게 되었습니다. 모던 댄스 수업을 듣기 시작했고, 단추를 끝까지 채운 옥스퍼드 셔츠 대신 세련된 보헤미안 스타일 원피스를 입으며 자신의 진정한 모습을 드러내는 방향으로 옷차림도 완전히 바꿨습니다. 조그만 초승달 모양 문신까지 새겼고요. 상담 중에도 조금씩 목소리를 높여 가다가 처음으로 건강한 분노를 표현하기도 했습니다. 이 모든 변화 덕분에 니나는 세상에 어떤 식으로 '보여야만' 한다는 자신의 신념 체계에 도전할 수 있게 되었죠. 오래 지나지 않아 니나는 더 다정하고 안정된 사람들과 어울리게 되었고, 정말 오랜만에 장기 연애를 시작했습니다.

니나처럼 고통스럽게 끝나는 연애를 반복해서 겪었다면 그건 당신이 또 잘못된 사람을 골랐다는 뜻이 아닙니다. 모든 연애에서 두 사람은 자기 '잠재의식'의 영향으로 상대를 고르고, 그 선택에는 다 그럴 만한 이유가 있습니다. 이런 역동에 관해서는 다음 장에서 자세히 살펴볼 예정이지만, 어쨌거나 이런 선택이 알려 주는 것은 그저 자신을 더 깊이 들여다봐야 한다는 사실뿐입니다. 자신이 어떤 사람인지, 무엇이 필요한지, 어디를 치유해야 하는지 더 알아봐야 한다는 뜻이죠. 연애를 '좋다'와 '나쁘다', '딱 맞는 사람'과 '잘못된 사람'으로만 바라보면 그 관계에서 자신이 어떤 역할을 하는지 제대로 볼 수 없게 됩니다.

전남편과의 관계에서 나는 내가 이 불행한 결혼의 희생자라고, 모든 일이 '나한테만' 일어나고 내가 상황을 전혀 통제하지 못한다고 자책했습니다. 하지만 이혼 후에는 끊임없이 다른 사람을 사귀며 상처받은 마음을 달래려 하는 대신, 몇 년 동안 내 안을 들여다보는 길을 택했습니다. 외롭지 않았다면 거짓말이겠죠. 그래도 나를 새롭게 알아 가는 동안 옆에서 도와주는 몇몇 친구와 인간관계를 재발견하게 되었습니다.

당신에게도 왜 자신이 불안을 부채질하고 문제가 생길 기미만 보여도 혼란에 빠져들게 하는 그런 사람에게 애착을 느끼는지 더 깊이 들여다볼 기회가 있습니다. 오히려 건강하지 못한 연애는 인생에서 가장 귀중한 교훈을 건네주기도 하죠. 그렇게 생각하면 연인과의 다툼이나 가슴 아픈 이별은 "치유를 위해 일시 정지"라고 적힌 표지판이나 마찬가지입니다.

살펴보고 배울 마음만 있다면 모든 타인과의 상호작용에서 깊은 의미를 발견할 수 있습니다. 나는 가족, 친구, 스승, 동료, 심지어 소셜 미디어에서 댓글을 주고받는 사람들에 이르기까지 우리가 마주치는 모든 인연이 우리에게 귀한 교훈을 준다고 믿습니다. 하지만 자기를 채우는 방법을 배우려고 꼭 연애를 해야 하는 것은 아닙니다. 이 치유의 여정은 어떤 사람과의 친밀한 관계가 끝나고 다음 관계를 시작하기 전, 그 사이에 시작하는 편이 더 쉬울 때도 있거든요. 내면 작업은 스스로 해내야 하고, 의욕 또한 안에서 우러나야 하기 때문이죠.

뒤집어 말하면 다른 사람에게 이 여정을 함께하자고 강요할 수도 없다는 뜻입니다. 파트너에게 권해 볼 수는 있지만, 이런 식으로 말해서는 곤란합니다. "있잖아, 내가 자기 자신을 치유하는 법을 배우는 중인데, 자기도 배우는 게 좋겠어. 당신도 나만큼 문제가 많잖아. 자기 문제점을 고치지 않으면 상황이 나아지지 않을 거야." 관계 전문가가 아니라도 이 대화가 어떻게 흘러갈지 짐작하기는 어렵지 않지요.

결국 당신을 책임질 사람도, 당신이 책임질 수 있는 사람도 당신 자신뿐입니다. 일단 마음을 다잡고 내면을 가다듬고 나면 현재와 미래의 인간관계가 얼마나 나아지는지 틀림없이 놀라게 될 겁니다. 자기 상처를 치유하기만 하면 연애가 늘 꿈꿔 왔던 완벽한 영화 속 로맨스로 순식간에 변한다니, 간단한 해결책처럼 들리나요? 하지만 현실 감각도 잃어서는 안 됩니다. 무엇보다 흠잡을 데 없는 관계란 존재하지 않습니다. 아무리 감정적으로 안정된다고 해도 가끔은 파트너와 충돌할 일이 생기기 마련이죠. 성공적 관계란 아무 문제도 없는 관계가 아닙니다. 관계의 건강함은 갈등이 생겼을 때 두 사람이 그 갈등을 어떻게 다루는지에 달려 있습니다.

2장

당신이 아픈 건
그 사람 탓이
아니다

들여다보지 않고 내버려 두면 어린 시절 형성된
핵심 상처와 거기 연결되어 굳어진 관계 패턴은
어른이 된 뒤의 삶이라는 무대 뒤에서
우리 행동을 계속해서 조종합니다.
아물지 않은 상처가 있으면
그 부분은 언제까지고 성장하지 않죠.

　서로에게 전념하기로 약속한 두 사람에게 결혼 서약은 케이크 위의 장식 같은 것이긴 하지만, 사실 우리는 친밀한 관계를 형성하는 모든 사람과 각각 '감정적 협정'을 맺는 것이나 마찬가지입니다. 서로 가까워지면 사람들은 자기 내면을, 특히 상대가 좋아하지 않을지도 모른다고 염려했던 부분을 조금씩 더 드러내도 괜찮다고 느끼죠. 이를테면 한쪽은 자신이 어떤 일에 짜증을 내는지 머뭇머뭇 밝힙니다. 다른 한쪽은 TV로 스포츠 중계를 보는 것이 얼마나 중요한지 털어놓고요.

　이렇게 취약성이 높아진 상태에서는 각자 어린 시절 배웠던, 사랑하고 사랑받는 방식이 겉으로 나타나기 시작합니다. "내가 ○○○ 해도 나를 사랑해 줄 거야?"라는 질문이 마음 깊은 곳에서 떠오른다는 뜻이죠. 그와 더불어 마지막으로 이만큼 취약하다고 느꼈던 때, 즉 어린 시절에 맺었던 감정적 협정이 관계에서 중요한 부분을 차지하게 됩니다.

💧 관계의 밑바탕에 깔린 약속

생각해 보면 살아가면서 우리가 경험하는 모든 상호작용에는 일종의 교환이 따라옵니다. 식료품을 사고 돈을 낼 때, 출근을 하고 월급을 받을 때, 친구와 가십거리를 주고받을 때처럼 시간이나 에너지, 돈을 투자할 때는 그 대가로 무언가를 얻을 거라는 기대가 있습니다. 그렇다고 우리가 다들 계산적이거나 영악하거나 욕심이 많다는 뜻은 아닙니다. 그건 그냥 세상이 돌아가는 이치일 뿐이죠. 나무가 이산화탄소를 들이마시고 신선한 산소를 대기에 배출하듯 주고받기는 삶의 일부입니다. 이렇게 생각하면 사랑하는 사이에서도 주고받기라는 역학이 기본을 이룬다는 점은 타당하지요.

인생의 동반자가 될 사람과 '계약'을 맺을 때는 누구나 이해와 지지, 조건 없는 사랑을 서로 교환하기를 기대하지만, 이런 상호작용을 감당하는 능력은 각자의 어린 시절 경험과 그 결과로 생겨난 애착 유형에 따라 크게 달라집니다. 우리는 모두 주양육자가 우리 욕구를 채워 주는(또는 채워 주지 않는) 방식에 적응하는 능력을 갖추고 태어납니다. 소통은 생물학적 필연이므로 우리는 부모와 최대한 애착 상태를 유지하기 위해 에너지를 몽땅 투자하죠. 이것이 바로 우리가 친밀한 관계에서 맺으려 하는 감정적 협정의 원본입니다. 이 협정이 어떻게 이루어지는지 좀 더 자세히 살펴보도록 하죠.

아기일 때 인간은 연약하고 상처받기 쉬우며 양육자의 보살핌에 완전히 의지하는 존재입니다. 첫 돌 무렵이면 이미 부모가 어떤 식으로 아기를 돌보는지에 따라 아기에게 상호작용 패턴이 생겨납니다. 부모가 아기에게 필요한 것을 감지하고, 이 작은 존재의 모든 면에 호기심을 품고 따뜻이 받아들이며, 아기가 손을 뻗을 때 응답해 줄 수 있다면 아기는 튼튼한 애착을 형성하게 되죠. 이런 애착은 나중에 타인과의 관계에서 우리가 어떻게 받아들여지고 평가되고 지지받을지 가늠하는 기대치에 그대로 반영됩니다. 이 경우 우리는 사랑받을 만한 존재임이 분명하죠.

이러한 '앎'은 사고나 신념보다는, 관계를 맺으며 몸으로 전해진 느낌에서 생겨납니다. 가슴에 퍼지는 따스함, 부드럽게 풀린 배, 전반적으로 열린 듯한 느낌, 쉽게 나오는 웃음 같은 것들이죠. 걱정이나 인정, 도움을 받았을 때 나오는 눈물도 여기 속합니다. 이 모든 요소는 자율신경계가 계속해서 배 측 상태에 들어가게 하고, 그 결과 감정 조절을 담당하는 신경 회로가 만들어집니다. 인체의 신비란!

하지만 자신의 상처가 너무 깊어 그런 종류의 보살핌을 베풀지 못하는 부모도 있습니다. 한쪽 또는 양쪽 부모가 쉽게 불안해하는 사람이라 치죠. 이들은 가끔은 아이 곁에 있어 주겠지만, 종종 예기치 못하게 내면에 동요가 일어나면 뒤로 물러날 겁니다. 이런 예측 불가능성 때문에 아이는 부모와의 연결이 언제 끊어질지 알 수 없게 되고, 그 결과 두려움과 경계심이 극도로 높아집니다. 자신이 어떤 행동을 하면 부모가 곁을 떠나는지 금세 알아내고 그 부분을 억누르기 시작합니다. 전혀 의식하지도 못한 채 단지 부모를 곁에 붙들어 두기 위해서 기쁨이나 슬픔, 분노 같은 건강한 감정 표현을 억제한다는 뜻이죠.

그러는 동안 자율신경계는 계속해서 교감신경 흥분 상태에 들어가고, 아이는 부모가 사라지거나 부모에게 버려질까 봐 끊임없이 두려워하게 됩니다. 이런 유산은 불안형이 어른이 되어 연애를 시작할 때까지 잠재의식 속에 잠들어 있다가 친밀한 관계가 발전할 기미가 보이면 활성화됩니다. 관계 맺는 법에 관해 '우리가 배운 적 없는 것들'이 모조리 표면으로 떠오르는 것이죠.

일하느라 정신없이 바쁘고 올바른 행동거지와 성공을 무엇보다 가치 있게 평가하는 부모를 둔 아이들은, 일찍부터 관계란 세상에 나가 성공하는 것에 비하면 그리 중요하지 않다고 여기게 됩니다. 혼자 알아서 해야 하는 아이는 대개 생기 없이 조용히 놀고, 부모가 돌아와도 그들과 소통하는 데 큰 관심을 보이지 않습니다. 이런 부모는 대체로 아이의 학습을 돕는 데는 흥미를 보이지만, 아이가 슬퍼하거나 두려워하면 제대로 대처하지 못합니다. 아이의 절반인 지적 측면은 지원받지만, 나머지 절반인 감정과 관계 측면은 방치되는 셈이죠. 아이는 끊임없는 압박과 수치심을 겪을 위기에 너무 익숙해진 나머지 그게 정상이라고 생각하지만, 연구에 따르면 이런 식의 감정적 유기가 이어질 때 교감신경이 계속 흥분 상태에 있게 된다고 합니다.

이렇게 회피형으로 자란 아이가 어른이 되어 연애를 시작하면 친밀함 앞에서 어찌할 바를 모르고 당황합니다. 사회에 나가서는 상당히 유능할지 모르지만, 왜 능력만으로는 사랑하는 사람을 행복하게 하기에 부족한지 잘 이해하지 못하죠. 상대의 감정적 요구가 강해지면 겁을 먹고 자기가 아는 유일한 소통법인 일에 더욱 매달립니다.

물론 우리는 각자 다르고, 어린 시절 관계를 경험한 방식도 모두 다르죠. 하지만 이 책을 읽으면서 당신은 아주 어렸을 때 양육자와 연결되기 위해 자신이 만들어 낸 눈에 보이지 않는 성향을 파악할 수 있게 될 것입니다. 이 연결이야말로 인간의 가장 기본적인 욕구이므로, 우리는 말 그대로 자신을 깎고 비틀어서라도 소속감을 느끼기 위해 애를 썼을 게 틀림없습니다.

♥ 나도 모르는 내 마음속 어린아이

앞서 설명한 내용에서 짐작할 수 있듯 '내면아이'는 우리 안에서 어린아이인 부분을 가리킵니다. 우리가 성장하는 동안에 몸이 뭔가를 느낄 때마다 이 감각은 뇌로 전달되고, 뇌는 우리가 경험한 것을 더 잘 이해하기 위해 '이야기'로 바꿉니다. 예를 들어 누가 자신을 당황하게 해서 슬프거나 두려웠다면 자신이 뭔가 잘못되었기 때문이라고 생각하기도 하죠. 내면아이(지금도 당신의 한 부분으로 존재하고 있죠)는 이런 경험, 느낌, 이야기를 뇌의 잠재의식 속에 기억으로 차곡차곡 저장합니다. 어린 시절에 받은 핵심 상처와 지지도 여기 담겨 있으며, 이렇게 체화된 기억은 어른이 된 뒤의 행동, 특히 인간관계에서의 행동에 커다란 영향을 미칩니다.

앞으로 이어질 내용에서 우리는 내면아이를 상당히 자세히 들여다보게 될 겁니다. 내면아이는 불안정한 애착 유형에서 핵심 역할을 하기 때문이죠. 지금은 이 점만 한번 생각해 보기로 합시다. 내면아이에게는 우리 자신도 종종 전혀 인지하지 못하는 방식으로 행동과 선택에 영향을 미치는 힘이 있습니다. 그렇다면 우리가 연애에서 자기도 모르게 같은 실수를 되풀이하는 것이 이상한 일은 아니지 않을까요? 어떤 상황을 두고 어른 자아는 나쁜 선택이자 적신호라고 '의식적으로' 판단하는 반면, 우리 뇌의 일부분은 이것이 매우 익숙하다고, 알고 보면 "사랑이란 원래 이런 것"이라고 믿습니다. 이게 어떻게 된 일이지 좀 더 알아보기로 하죠.

학교 놀이터에서 4학년짜리 둘이 놀고 있는 장면을 상상해 봅시다. 두 아이 중 하나인 벤에게는 감정을 거의 드러내지 않으며 회사 일에 많은 에너지를 쏟는 엄마가 있습니다. 스트레스가 심한 직장에서 일류 회계사로 일하면서도 엄마는 벤에게 관심을 보이려고 노력합니다. 숙제를 도와주기도 하고, 벤이 뭔가를 잘해내면 칭찬도 하죠. 아들의 축구 시합에 참석하고, 네가 자랑스럽다는 말도 자주 합니다.

하지만 감정적으로는, 특히 벤이 슬픔이나 분노를 표현할 때는 어떻게 대처해야 할지 잘 모릅니다. 솔직히 말해 아들의 감정 상태를 잘 눈치채지 못하기도 하고요. 벤이 속상해하면 엄마는 그냥 귀 기울여 주고 아이의 감정을 인정해 주는 대신 '문제 해결' 방법을 찾도록 도와주려고 애씁니다. 그렇다고 그녀가 '나쁜' 엄마인 것은 전혀 아닙니다. 그저 자신이 어린 시절에 받은 것과 똑같은 방식으로 벤에게 사랑을 줄 뿐이죠. 벤의 엄마 또한 감정적 소통을 어려워하고 자녀의 성취를 칭찬하는 데 초점을 맞추었던 부모 슬하에서 자랐습니다.

어린아이는 부모의 욕구와 가치관에 맞춰 자신을 바꾸기 마련이기에 벤은 사랑받으려면 자기가 항상 '잘해야' 한다고 믿었습니다. 그래서 점점 더 스스로 자랑스럽게 여기는 활동을 하는 데 힘을 쏟았고, 동시에 자신의 감정 상태는 최대한 의식하지 않으려고 노력했죠. 감정을 인정받지 못하고 넘어가면 마음이 아프니까요. 학교에서 벤의 독립적 태도는 자신감 있는 모습으로 비쳤고, 벤과 같은 반인 헌터는 그런 자신감에 호감을 느낍니다.

반면에 헌터네 집은 상황이 매우 다릅니다. 헌터의 엄마는 이미 마음에 걱정이 가득해서 딸에게 시간을 내줄 여유가 별로 없어 보입니다. 집안 살림을 꾸리고 좋아하지도 않는 직장에서 일하느라 엄마는 헌터가 뭘 원하는지 신경 쓰기 어렵지요. 어쩌다 기분이 좋아서 헌터를 꼭 안고 책을 읽어 줄 때도 있지만, 기진맥진해서 정신이 딴 데 가 있을 때가 훨씬 많습니다.

그 결과 헌터는 사랑이란 예측할 수 없는 방식으로 왔다가 사라진다고 믿게 되고, 두려움을 느낍니다. 엄마의 감정적 욕구에 예민하게 촉각을 세우고, 엄마의 관심을 얻을 만한 모습을 보이려고 애를 쓰죠. 큰 소리 내지 않고, 자기 방을 치우고, 많은 것을 요구하지도 않습니다. 가끔 주어지는 자그마한 사랑이 너무 좋아서 헌터는 엄마를 기쁘게 하려고 자기 욕구를 뒷전으로 밀어 두는 법을 배웁니다. 엄마의 사랑을 얻으려면 필사적으로 노력해야 한다고 생각하죠. 하지만 이 방법이 통하지 않을 때는 무시당한다는 느낌이 밀려와서, 절박해진 헌터는 엄마에게 매달리게 됩니다. 한편으로 학교에서 벤은 헌터의 세심함과 친절함, 따뜻한 마음씨에 끌리죠.

시간이 지나면서 헌터와 벤은 친구가 됩니다. 그 과정에서 사랑을 주고받는다는 의미에 관해 이미 자기 안에 새겨진 핵심 신념에 따라 암묵적인 '내면아이 협정'을 맺죠. 헌터는 벤의 독립심에 호감을 느꼈고, 그런 벤에게 선택받았다는 생각에 '특별하고 인정받은 듯한' 느낌을 받습니다. 그 보답으로 헌터는 벤에게 조건 없는 관심을 쏟고, 벤 또한 그로 인해 '특별하고 인정받은 듯한' 느낌을 받죠. 마치 사랑과 인정을 받는다고 느끼려면 상대에게 무엇이 필요한지 각자 본능적으로 아는 것 같습니다.

처음에 둘의 우정은 서로에게 이로운 영향을 주지만, 시간이 지나면서 함께 있는 시간이 조금씩 어색하고 힘들어집니다. 헌터가 더 많은 관심을 갈구하자 벤은 혼란스러워하며 자신감을 잃어버립니다. 헌터는 둘의 관계를 유지하려고 자기가 너무 큰 노력을 들여야 한다는 데 불만을 품기 시작하고, 그런 감정을 드러내며 목소리를 높이면 벤은 부담을 느껴 뒤로 물러나죠. 거부당했다고 느낀 헌터는 벤에게 더 화가 납니다. 결국 둘은 다투게 되고, 우정은 막을 내립니다.

상황이 이렇게 흘러간 것이 아이들 탓일까요? 친구가 되기로 했을 때 이 아이들이 너무 순진했거나 의도적으로 싸움을 자초한 것일까요? 물론 아니죠. 이 아이들은 다른 사람과 애착 관계를 맺는 더 좋은 방법을 모릅니다. 그저 있는 그대로의 모습으로 인정받고 받아들여지고 사랑받기만을 원하며, 자신에게 필요한 애정과 관심을 받는 데 도움이 된다고 배웠던 방법을 실천한 것뿐입니다.

❤ 당신이 아픈 진짜 이유

헌터와 벤의 이야기는 어린 시절 핵심 상처가 어떻게 생겨나며, 나중에 인간관계의 결에 어떤 영향을 미치는지 잘 보여 줍니다. 벤의 가정에는 감정의 인정이 부족했기에 벤은 감정을 드러내지 않는 부모와 연결을 유지하려고 회피형 애착을 발달시키죠. 엄마에게 일관성 없는 관심을 받은 헌터는 상황이 아주 좋을 때만 엄마가 내주는 약간의 관심을 얻으려고 애쓰며 불안형 애착을 형성합니다. 그렇게 해서 둘의 우정은 어른이 된 뒤의 인간관계와 마찬가지로 각자에게 너무도 익숙한 패턴을 따라갑니다. 이들의 친밀한 관계는 모두 똑같은 내면아이 협정을 토대로 이루어지기 때문이죠.

이유가 뭘까요? 들여다보지 않고 내버려 두면 어린 시절 형성된 핵심 상처와 거기 연결되어 굳어진 관계 패턴은 어른이 된 뒤의 삶이라는 무대 뒤에서 우리 행동을 계속해서 조종합니다. 아물지 않은 상처가 있으면 그 부분은 언제까지고 성장하지 않죠. 우리는 다 자란 두 성인으로서 낭만적 관계를 시작한다고 생각하지만, 상처받은 내면아이는 대개 자기가 아는 한 가지 방식으로만 행동한다는 뜻입니다.

핵심 상처는 어린 시절 하나 이상의 감정적 기본 욕구가 채워지지 않을 때 생겨나 뿌리를 내립니다. 아이의 욕구 충족이라는 과녁을 거의 다 맞히는 부모가 있는가 하면 거의 다 놓치는 부모도 있습니다. 인간은 안전, 관심, 반응, 사랑, 여유로운 소통이 필요한데, 앞 장에서 살펴본 대로 영유아기에 우리는 주 양육자에게 의존해 이런 욕구를 채우죠. 하지만 무슨 이유로든 욕구가 채워지지 않으면 감정적 혼란 상태에 빠지게 됩니다.

문제가 별로 없는 가정에서도 이런 일은 일어납니다. 부모도 결국 인간일 뿐이니까요. 현대 사회의 정신없는 속도에 예전과 달리 대가족의 지원이 사라진 상황이 합쳐지면서, 부모가 아이의 욕구를 온종일 백 퍼센트 채워 줄 수는 없게 되었습니다. 하지만 놓치는 부분이 있다고 해도 그 점을 인정하고 조건 없는 사랑과 아이의 존재를 소중히 여기는 마음을 표현하면 안정된 애착을 형성할 수 있습니다. 이와 달리 욕구가 지속적으로 채워지지 않고, 부모가 그 점을 눈치채지 못하거나 문제를 수습하지 못하면 이 욕구를 중심으로 핵심 상처가 생겨납니다.

벤은 감정을 느껴도 안전한 환경이 필요했고, 헌터는 안정감을 느끼게 해 줄 만큼 일관성 있는 엄마가 필요했습니다. 두 아이는 이런 상황에 적응해서 부모가 줄 수 있는 최대한의 관심을 얻어 냈지만, 실제로 필요한 만큼에는 한참 미치지 못했죠. 그래서 둘은 단단히 자리 잡은 상처를 안은 채 어른이 됩니다.

이쯤에서 잠시 멈추고 과거를 되짚어 보기로 하죠. 여기까지 읽으면서 부모님이 당신의 안전, 관심, 반응, 사랑, 여유로운 소통 욕구를 어떤 식으로 채워 주셨는지 깨닫기 시작했나요? 채워 주지 못하셨던 부분도요? 의도가 아무리 좋더라도 부모님 또한 각자의 상처를 안고 있기 마련이고, 자기가 받지 못한 것을 우리에게 주기란 매우 어려운 법이지요. 당신 마음에 어떤 상처가 있는지 가만히 귀 기울이면 우리가 함께하는 여정의 방향을 잡을 수 있습니다.

유기 공포와 감정 방치

부모와의 애착 경험은 뇌가 발달하는 방식에도 큰 영향을 미칩니다.[1] 어떻게 그렇게 되냐고요? 편도체는 뇌의 중요한 부분으로서 위협적인 상황에서 우리가 보이는 감정적 반응을 담당합니다. 이 기능을 수행하기 위해 편도체는 각인된 기억을 활용하는데요. 어린 시절 두려웠던 사건에 반응했던 기억을 토대로 미래에 비슷한 상황에서 어떻게 반응할지 미리 청사진을 만들어 두죠. 이것 또한 뇌가 우리를 안전하게 지키는 방법 가운데 하나입니다.

내가 식탁에서 완벽히 바른 자세를 유지해야 부모님이 나를 받아들여 주었다면, 내 뇌는 구부정하게 앉지 말라고 경고하겠죠. 이건 내가 회사를 차려 CEO가 된대도 변하지 않습니다. 자신의 안전에 즉각적 위협이 된다고 기억하는 상황에 맞닥뜨리면 이 메시지가 워낙 순식간에 전달되므로 우리는 '생각하지 않고' 반응합니다. 당연히 구부정한 자세를 한다고 위험할 리는 없지만, 내 뇌는 현재를 살지 않습니다. 구부정한 자세에 관한 과거의 메시지가 지금까지 생생히 살아 있는 셈이죠.

이건 사소하고 별문제가 되지 않는 예시지만, 구부정하게 앉고 싶은 충동이 아니라 차갑고 매정해 보이는 연애 상대를 '위협'으로 인지한다면 감수해야 할 결과는 훨씬 심각해집니다.

앞서 살펴본 헌터와 벤의 관계에서 버려진다는 핵심 상처는 불안형인 헌터에게서 활성화되었습니다. 불안형들은 자기 욕구에 일관성 있는 관심을 받지 못했던 경험에서 비롯된 유기 공포를 느끼고, 그 결과 교감신경 흥분 상태에서 끊임없이 경계하는 애착 체계가 형성됩니다. 버려질지도 모른다는 신호에 편도체가 극도로 민감해진다는 뜻이죠. 그래서 이들은 자연스럽게 타인의 욕구에 초점을 맞추고, 그게 통하지 않으면 어떻게든 상대방이 자신의 자율신경계를 진정시키게 하려고 필사적으로 매달리는 방향으로 적응합니다.

한편, 회피형의 핵심 상처는 감정 방치와 관련되어 있습니다. 어린 시절 부모가 감정을 알아주지 않았기에 이들의 뇌는 감정적 욕구를 느끼고 욕구가 충족되지 않으면 고통 받는 부분과 역할 수행에 집중하는 부분 사이에 벽을 세웠죠. 나중에 친밀한 관계라는 위협을 느끼면 감정을 인정받지 못하는 엄청난 고통에 노출될 위험이 생기므로 이들의 애착 체계는 문을 쾅 닫고 당면한 과제에 집중합니다.

양쪽 유형에서 이 모든 과정은 핵심 상처로 인한 견딜 수 없는 고통에서 자신을 보호하기 위해 자동으로 진행되죠.

사람 사이의 관계에서 자기 몫을 다하기 위해서는 이 상처받은 내면아이의 존재를 인정하고 그 아이와 무릎을 맞댈 필요가 있습니다. 당신이 어린 시절 겪었던 이 힘든 경험을 직면하는 법을 배울 수 있도록 내가 함께할 겁니다. 과거에 받지 못했던 관심과 보살핌을 스스로 줄 수 있도록 당신 안의 작은 아이에게 귀 기울이는 법도 알려 드리고요. 이것이 바로 자기 채움으로 가는 과정이죠. 이 책의 2부에서 우리는 이 작업을 찬찬히 해 나갈 예정입니다. 하지만 그러려면 먼저 자신이 어떤 핵심 상처를 품고 있는지 알아내야 하죠. 이것이 인간관계 문제의 근본 원인인, 적응을 위해서는 어쩔 수 없었으나 고통스러운 '내면아이 협정'을 다시 쓰는 첫걸음입니다.

🫧 상처를 방치하면 되풀이되는 관계 패턴

간단히 말해 핵심 상처는 기본 욕구 가운데 하나 이상이 계속해서 채워지지 않을 때 생겨납니다. 시간이 지나면서 여기서 자기방어 패턴이 형성되고, 이 패턴은 우리의 행동, 그리고 타인과 관계 맺는 방식에 영향을 미칩니다. 대개 어린 시절에 생겨나는 이 상처는 세월이 흐르면서 딱딱하게 굳어지고, 거기서 비롯된 관계 패턴도 아주 깊숙이 각인되죠. 우리는 어딜 가든 그 상처와 패턴을 짊어지고 다니며, 이를 렌즈 삼아 세상을 바라보고 모든 상호작용을 받아들입니다. 나중에는 핵심 상처를 껴안고 사는 데 너무 익숙해지고, 동시에 그 상처가 우리에게 심은 신념에 지나치게 얽매인 나머지 그런 모습이 원래 자기 자신이라고 여기게 됩니다. 상황에 어쩔 수 없이 적응한 모습을 진짜 나라고 받아들이는 거죠.

사랑을 찾으려고 최선을 다하지만, 상처 탓에 번번이 깊은 관계까지는 가지 못했던 내담자 캐리의 이야기를 한번 살펴보기로 하죠. 자기 연애가 왜 매번 산으로 가는지 곰곰이 따져 보던 캐리는, 구애 기간이 끝나고 남자가 캐리의 외모에 관심을 덜 보이는 대신 더 깊은 소통을 원하는 단계가 되면 자신이 실망감을 느낀다는 사실을 깨달았습니다. 상대가 보이는 관심의 종류가 바뀌면 캐리는 불안해졌고, 길을 잃고 혼자 남겨진 기분이 들었죠.

아주 어릴 때부터 부모는 캐리에게 가끔 관심을 쏟았지만, 관심의 초점은 늘 예쁜 외모였습니다. 그럴 때를 빼면 늘 캐리를 무시하며 바쁜 회사 일에만 집중했고요. 캐리는 자신에게서 유일하게 가치 있는 점은 외모뿐이라고 느꼈고, 혼란스럽거나 슬프거나 두려울 때마다 그런 감정은 신경 쓸 가치가 없다고 여기며 제쳐 두었습니다. 이 패턴은 다음과 같은 사고로 이어졌죠. "중요한 건 내 외모뿐이야." "그것 말고는 나는 가치가 없어."

물론 그건 사실이 아니었지만, 부모가 가치 있다고 인정해 준 측면은 외모뿐이었기에 캐리는 자신의 다른 면을 발달시킬 기회를 얻지 못했습니다. 게다가 어머니가 "울음 뚝 그쳐. 눈이 빨개지면 남 보기 흉하잖아"라고 말하거나, 아버지가 "너는 성적 걱정 같은 건 안 해도 돼. 그렇게 예쁘면 어디든지 다 들어갈 수 있단다"라고 안심시킬 때마다 괴로워했죠.

캐리에게 가장 상처가 되었던 부분은 자기 관심사를 탐색하도록 허락받은 적이 한번도 없다는 점이었습니다. 캐리가 미술 수업을 들어 보고 싶다고 하자 부모는 곧바로 의욕을 꺾어 버렸죠. "뭐 하러? 미술은 먹고 사는 데 하나도 도움이 안 돼. 너는 그거 말고도 지금 할 일이 넘쳐 나잖아." 또, 무슨 일로 속상하다고 말하면 엄마는 이렇게 말했습니다. "속상한 건 알겠는데, 그래도 넌 얼굴이라도 예쁘잖니." 이렇듯 캐리는 자신의 진정한 목소리가 전해졌다고 느낀 적이 전혀 없었습니다.

외모를 유지하는 데만 신경 쓰며 자라다 보니 캐리는 상당히 뛰어났던 예술적 잠재력을 키울 기회도 없었을뿐더러, 슬픔이나 분노 같은 감정 또한 자신의 일부임을 배우지도 못했습니다. 대신 수치심이라는 핵심 상처만 가슴 깊이 새겨졌죠. 시간이 지나고 어른이 되자 자신에게 가치가 없다는 생각은 오로지 아름다운 외모로 사랑받아야 한다는 신념으로 발전했습니다. 이 신념 뒤에는 그러지 못하면 부모가 자신의 감정을 무시했을 때 경험했던 깊은 상실감을 다시 느끼게 된다는 두려움이 숨어 있었죠. 마치 머릿속에서 끊임없이 이런 목소리가 들리는 것 같았습니다. "무슨 수를 쓰든 너한테서 눈을 떼지 못하게 해!"

여기서 잠깐. 그렇다면 그냥 캐리의 외모에 쭉 초점을 맞춰 줄 사람을 찾으면 안 되는 걸까요? 슬프게도 문제는 그리 간단치 않습니다. 이 핵심 상처는 캐리의 일부가 되었으므로 연애마다 계속 따라다니며 상대방에게 이런 메시지를 보내기 때문이죠. "당신은 계속 나를 가장 아름답다고 여겨야 하고, 그 이상을 바라서는 안 돼." 하지만 더 깊이 숨은 속내는 이거죠. "내가 예쁘다는 사실은 알지만, 그것 말고는 내세울 게 아무것도 없어."

무의식적으로 외모에만 관심 있는 사람을 만나면 캐리는 결국 부모에게 받은 것과 똑같은 고통을 겪게 됩니다. 반대로 진심으로 그녀를 더 깊이 알고 싶어 하는 사람를 사귈 때는 상대가 자기 외모에 관심을 잃기 시작하면 겁이 나서 어쩔 줄 모르게 되고요. 그야말로 진퇴양난에 빠지는 거죠.

이 모든 과정이 무대 뒤에서 자기도 모르게 일어난다면 대체 어떻게 해야 이 패턴을 깰 수 있을까요? 가장 먼저 기억할 것은 연인에게는 당신을 고쳐 줄 의무가 없으며, 당신 또한 마법처럼 자신을 이해해 주고 상처를 고치는 법도 아는 사람을 찾아내지 않아도 된다는 점입니다. 우리가 할 일은 스스로 자기 상처를 찾아내고, 그게 어디서 왔는지 알아보고, 상처를 이해하고 치유함으로써 자신의 사고와 행동을 제자리로 돌려놓는 것이죠. 이 숙제를 해내기 전까지 연애에서 반복되는 패턴은 계속 판에 박은 듯한 시나리오를 따라가기 마련입니다.

시간이 지나면 상처에는 딱지가 생깁니다. 캐리의 상처도 그랬죠. 하지만 친밀한 관계에 접어들 때마다 상처가 벌어지고, 우리는 그냥 고통에 익숙해져 버립니다. 더욱 비극적인 것은 '우리 마음 깊은 곳에서는 핵심 상처가 진실이라고 믿기에' 상처를 다시 경험하는 방향으로 자석에 이끌리듯 끌려간다는 점입니다.

어린 시절 관계를 경험하면서 생겨나는 흔한 신념에는 다음과 같은 것들이 있습니다.

- ◆ 나는 버려질 거야.
- ◆ 나는 사랑받을 가치가 없어.
- ◆ 진정한 내 모습을 보이면 거부당할 거야.
- ◆ 나는 망신당하거나 당황하게 될 거야.
- ◆ 다른 사람은 믿을 수 없어.
- ◆ 나는 기준에 미치지 못해.
- ◆ 사랑을 얻으려면 필사적으로 노력해야 해.
- ◆ 나는 사람들이 필요하지만, 남에게 의지할 수는 없어.
- ◆ 다른 사람들을 기쁘게 하는 게 내 의무야.
- ◆ 다른 사람들은 항상 나한테서 받기만 해.
- ◆ 세상은 위험한 곳이야.
- ◆ 나한테는 항상 나쁜 일만 일어나.
- ◆ 사람들은 내가 잘해야만 나를 좋아해.

핵심 상처를 찾아내는 4단계

캐리의 이야기를 예시로 활용하면서 당신의 핵심 상처를 알아 가기 위한 네 가지 점검 단계를 함께 밟아 보기로 하죠.

1단계: 당신이 끌리는 사람은?

연애 이력을 되짚어 보던 캐리는 자신이 항상 비슷한 특징이 있는 상대와 사귀게 된다는 점을 발견합니다. 캐리에게 한눈에 반하고, 직업적 야망이 크고, 연애 초반에는 감정을 잘 드러내지만, 캐리가 자신에게 마음을 쏟는다 싶으면 연락을 끊어 버리는 사람이죠. 조금 더 깊이 들여다보자면 캐리가 사귄 사람들은 성공에 매진하는 경향이 있고, 그들이 다시 자기 일에 초점을 맞추면 캐리는 외롭고 버려진 듯한 기분을 느꼈습니다. 다음 질문에 답해 봅시다.

- ◆ 당신이 사귄 사람들에게는 어떤 비슷한 특성이 있나요?
- ◆ 그들이 당신을 대하는 방식에는 어떤 공통점이 있나요?

2단계: 당신이 소통하는 방식은?

캐리는 산뜻하고 잘생겼으며 높은 성공을 거둔 사업가 유형에게 매력을 느낍니다. 이들 또한 섹시하고 자신감 있어 보이는 캐리에게 끌리죠. 하지만 이들은 처음에는 캐리에게 잘 맞춰 주다가도 이내 일에 파묻히면서 감정적 부분을 우선순위에서 끌어내립니다. 진지한 대화를 나눌 여유도 없고, 자기 감정을 털어놓는 방법도 모릅니다. 그 결과 연인 곁에서 감정적으로 소홀하다는 느낌을 받기 시작한 캐리는 섹시한 옷차림으로 관심을 붙들려고 노력하지만, 이들의 관계에는 깊은 소통이 없으므로 결국 버려진 듯한 느낌을 받지요. 다음 질문에 답해 봅시다.

- ◆ 당신과 상대의 대화에서 비어 있는 부분은 어디인가요?
- ◆ 거리낌 없이 꺼내기 어렵다고 느끼는 주제는 무엇인가요?
- ◆ 당신이 말을 꺼내도 상대가 귀 기울이지 않는 주제는 무엇인가요?
- ◆ 연애에서 당신이 반복해서 경험하는 부정적 감정에는 어떤 것이 있나요?

3단계: 과거 되돌아보기

캐리의 어머니는 매우 아름답고 자기 미모를 중요시하는 사람이었고, 아버지는 거의 전적으로 일에만 신경을 쓰는 일류 변호사였습니다. 기본적으로 캐리가 받은 칭찬과 사랑은 모두 외모에 관련된 것이었고, 온전한 자신을 탐색하도록 시간을 들여 도와준 사람은 아무도 없었죠. 심지어 부모에게 이런 말을 들은 적도 있다고 합니다. "애, 걱정하지 마. 넌 워낙 예뻐서 남자들이 줄을 설 텐데 뭐." 캐리는 종종 부모를 향한 존경과 마음이 텅 빈 듯한 슬픔 사이에서 엇갈리는 심정을 맛봐야 했습니다. 그래서 방치당한다는 핵심 상처가 생겨났고, 이 상처가 캐리의 연애에서 계속 되풀이되며 "사람들은 나를 외모로만 평가하고 결국은 나를 떠난다"라는 신념이 더욱 강화되었죠. 다음 질문에 답해 봅시다.

- ◆ 어린 시절 당신이 받았던 양육에서 부족했던 부분은 무엇인가요?
- ◆ 그렇게 느끼게 된 특정한 사건이 있나요?
- ◆ 그 기억을 다시 건드리면 어떤 신체적 변화를 느끼나요?
- ◆ 이 경험을 토대로 당신이 사랑받는 방식에 관해 어떤 신념이 생겨났나요?
- ◆ 어린 시절의 경험이 현재 당신의 연애에 어떤 식으로 반영되고 있나요?

4단계: 자기 패턴을 표로 만들기

어린 시절 생겨난 핵심 상처가 현재의 관계에서 어떤 영향을 미치는지 정확히 알고 싶다면 그 상처에 관한 표를 만들어 보세요. 먼저 당신이 찾아낸 핵심 상처와 거기 연관된 신념을 전부 적습니다. 그런 다음 어릴 때 그 상처를 어떻게 경험했는지 각각 써 보세요. 마지막으로 어른이 된 뒤의 인간관계에서 이 상처가 어떤 식으로 되살아나는지 기록합니다. 다음은 캐리의 표에서 발췌한 예시입니다.

핵심 상처	나는 항상 버려질 것이다.
어린 시절의 예시	부모님 두 분 모두 내가 나의 다른 측면을 이해하도록 도와주지 않았다.
자신에 관해 학습한 신념	내 욕구는 중요하지 않다. 내 역할은 분수를 아는 것이다.
현재 상처가 반복되는 방식	많은 남자들이 나한테 매력을 느끼지만 아무도 진짜로 나를 알고 싶어 하지 않는다.
상처가 되살아날 때 느끼는 신체 감각과 감정	슬픔, 심장의 통증, 배가 뭉치는 느낌, 우울함.

자기 패턴을 표로 만들어 보면서 캐리는 핵심 상처가 활성화될 때마다 그 느낌을 억누르고 일상생활을 계속해 나간다는 사실도 깨닫게 되었습니다. 적어도 캐리의 연인들은(부모님과 마찬가지로) 늘 의식주는 부족하지 않게 챙겨 주었기에 캐리는 자신이 고마워해야 한다고 생각했습니다. 조건 없는 인정을 받지 못해 마음이 텅 빈 느낌이 들더라도 말이죠.

지나간 연애에서 뭔가를 배우고 싶다면 핵심 상처가 건드려지거나 활성화되었을 때 자신이 어떻게 반응하는지 시간을 들여 생각해 봐야 합니다. 이를테면 도망쳐서 숨는 경향이 있나요? 아니면 분노나 슬픔 같은 감정으로 대응하나요? 감정을 아예 닫아 버리진 않나요? 또는 부정적 혼잣말을 하며 땅굴을 파고 들어가나요?

버려진다는 캐리의 상처는 그저 예시일 뿐입니다. 경제적 곤경에 빠진 부모가 당신의 여름방학 아르바이트비를 생활비에 보탰다고 생각해 보세요. 그 결과 누군가에게 사랑받으려면 경제적 안정을 제공해야 한다는 신념이 생겨서, 직업도 돈도 없이 당신이 보살펴 줘야만 하는 애인을 만나게 될지도 모릅니다. 믿을 사람은 아무도 없다는 핵심 상처 때문에 연애를 시작한 지 석 달만 지나면 어김없이 상대를 밀어내는 사람도 있습니다. 아니면 혼자가 된다는 두려움이 핵심 상처인 사람은 이미 가망이 없다는 게 확실해진 뒤에도 관계를 놓지 못하고 절박하게 매달리기도 합니다.

당신이 파악한 핵심 상처와 거기 딸린 패턴이 무엇이든 간에 얼마든지 함께 치유 과정을 시작할 수 있습니다. 한편으로 상처를 깨닫는 것 자체가 도움이 되기도 합니다. 새로운 관계를 밀어붙이기보다는 속도를 늦추고 치유에 초점을 맞춰야 할 때임을 알려 주기 때문이죠. 깨닫지 못한 상태로 지내다 보면 다음에 나오는 수잔과 댄 커플 같은 처지에 놓이기도 합니다.

💗 참는다고 괜찮아지지 않는다

사람들의 눈에 수잔과 댄은 비교적 행복한 커플로 보입니다. 하지만 닫힌 문 뒤에서 이들은 계속 문제를 겪습니다. 둘 다 외식을 즐기기는 하지만, 수잔은 집에서 요리도 자주 하는데요. 그럴 때면 댄에게 주방을 치우고 식기세척기에 그릇 넣는 것을 도와달라고 부탁하죠. 식사가 끝나면 대체로 댄은 부탁받은 대로 기꺼이 뒷정리를 돕습니다. 하지만 가끔은 깜박 잊어버리기도 합니다. 주로 직장에서 힘든 하루를 보내고 지쳐서 텔레비전 앞에 널브러지고 싶을 때 그렇죠.

이런 상황이 되면 수잔은 속이 상하고 애쓴 만큼 인정받지 못한다는 느낌이 듭니다. 하지만 수잔의 상처받은 내면아이는 댄을 화나게 했다가는 그가 자신을 떠날까 봐 두려워서 차마 실망감을 드러내지 못하죠. 유기 공포가 핵심 상처라는 것은 곧 수잔이 마음 깊은 곳, 잠재의식 속에서 댄을 기쁘게 해야만 자신이 사랑받을 수 있다고 믿는다는 뜻입니다. 불안형에게서 흔히 보이는 신념이죠. 그래서 댄이 주방 뒷정리를 잊으면 짜증이 난다고 말하는 대신, 수잔은 도움과 감사를 원하는 욕구를 꾹 눌러 담고 반대급부로 댄의 욕구에 한층 더 신경을 씁니다.

어느 일요일 저녁 수잔이 공들인 저녁을 준비할 때까지는 별일 없이 지나갔습니다. 수잔은 오후 내내 주방에서 재료를 준비하고, 끓이고, 구웠습니다. 한편 댄은 종일 목을 빼고 기다리던 스포츠 경기가 있었으므로 저녁을 먹자마자 자기 방으로 달려가서 TV를 켰습니다. 수잔은 폭발했죠. 도저히 더는 좌절감을 억누를 수 없었습니다. 그때까지 마음에 쌓였던 분노가 한꺼번에 터져 나왔죠. 수잔은 댄을 비난하고 험한 말을 퍼붓고 접시를 집어 던져 깨뜨렸고, 뒤이은 싸움으로 관계에는 커다란 금이 가고 말았습니다.

댄은 자신이 뒷정리에 착실하게 참여하지 않은 것이 수잔에게 어떤 느낌을 주었는지 눈치채지 못했습니다. 그가 까맣게 몰랐던 것은 나쁜 파트너여서가 아니라 수잔이 자기 마음을 표현하지 않았기 때문이죠. 물론 댄도 수잔이 자기 도움을 고마워한다는 사실은 알았습니다. 하지만 수잔은 댄을 잃는다는 두려움 탓에 자기 욕구와 진짜 감정을 억누르고 있었죠. 막다른 길에 다다를 때까지 갈등을 피했고, 그렇게 분노가 쌓이자 상처받은 수잔의 내면아이는 폭발하는 수밖에 방법이 없었습니다. 무의식적으로 수잔은 댄이 자신을 떠난다는 두려움이 실현되는 방향으로 스스로 시나리오를 완성한 겁니다.

🩵 사람이 바뀌어도 똑같은 연애

이제 내면아이 협정이 성인이 된 뒤의 연애에서 어떻게 작용하는지 살펴볼 차례입니다. 인기 있는 데이트 앱에서 두 사람이 만납니다. 순식간에 마음이 통하죠. 대화도 막힘 없이 흘러가고, 놀라울 만큼 자연스럽게 느껴집니다. 문자 횟수가 점점 늘어나고, 머지않아 둘은 많은 시간을 함께 보냅니다. 처음에는 만나서 커피를 마시죠. 다음에는 술 한잔. 이들은 곧 일주일에 서너 번 만나는 사이가 됩니다.

바깥에서 바라보면 이 관계의 진도는 평범하고 건전해 보입니다. 이런 관계야말로 모든 사람이 원하는 연애 아닌가요? 하지만 사람들은 이 둘에게 각각 내면아이가 있고 그 아이들이 처음부터 관계에 개입한다는 사실을 잘 모르죠. 이 꼬마들이 안정된 애착에 필요한 보살핌을 받으며 자랐다면 이 관계는 아마도 매우 무난하게 흘러가리라 추측해도 좋습니다. 하지만 둘 중 한 명 이상이 심각한 핵심 상처를 품고 있다면, 서로 의식하지 못한 채 상대에게서 어린 시절 익숙했던 무언가를 발견했을 가능성이 큽니다.

다른 사람의 내면에서 무슨 일이 일어나는지 감지하는 인간의 감각은 놀라울 정도로 예민하죠. 한번은 내담자가 이런 말을 한 적이 있습니다. 내가 남자 스무 명을 나란히 세워 두면 자기는 아무 정보가 없는 상태에서도 상습적 바람둥이에게 곧장 다가갈 거라고요. 우리는 모두 자기만의 무의식적 기대를 품고 연애를 시작하고, 이 기대는 관계가 진행되면서 점차 모습을 드러냅니다.

기대의 내용은 가지각색입니다. 어쩌면 어린 시절의 묵은 상처를 되살려서 결국에는 스스로 자신을 고치도록 하려는 것일 수도 있습니다. 아니면 버려질지 모른다는 불안이나 다른 사람의 행복을 온전히 책임져야 한다는 부담감에서 자신을 지키고 싶다는 마음일 수도 있고요. 또는 1장에서 언급했던 대로 건강한 관계에서라면 자기 자신에 관해 더 많이 배우고 정신적으로 성장하는 것일 수도 있지요.

연애 초반에 알아내기는 불가능할 때가 많지만, 당신과 파트너의 내면아이가 처음으로 문제에 부닥쳤을 때 잠재의식 속의 협정을 알아내면, 어느 부분을 더 깊이 탐색해야 할지 파악하는 데 도움이 됩니다.

예를 들어 줄리라는 내담자는 내면아이에 관해 알아 가기 시작하면서 새 연인 스티브와의 관계가 자신의 오래된 상처를 자극한다는 사실을 깨달았습니다. 네 남매 중 막내였던 줄리는 어린 시절 감정적 욕구를 채우지 못할 때가 많았습니다. 부모님이 눈코 뜰 새 없이 바쁜 탓에 충분한 관심을 받지 못했죠. 반면 어른이 되어 만난 스티브는 줄리에게 관심을 쏟으며 항상 곁에 있어 주었고요. 스티브가 줄리의 욕구를 금세 채워 준 덕분에 한동안 줄리의 내면아이는 안전하고 사랑받는다고 느꼈습니다.

하지만 시간이 지나자 스티브는 점점 강압적으로 변했습니다. 자기가 주도권을 쥘 때만 줄리의 감정을 기꺼이 받아줬죠. 그 결과 진정한 욕구와 자주성을 무시당한 줄리는 이제 사랑과 지지가 아니라 통제받는 느낌이 들었습니다. 줄리가 할 일은 그의 관심을 원했던 마음이 내면을 돌보는 자신의 능력을 빼앗았으며 이것이 자포자기로 이어졌음을 알아차리는 것이었죠.

이제 당신의 현재와 과거 연애를 찬찬히 들여다보세요. 자기도 모르게 각기 다른 상대와 반복해서 맺었던 내면아이 협정의 본질이 보이기 시작하나요? 어떤 내면아이는 이렇게 약속했겠죠. "그 사람을 꼭 붙들면 너는 절대 혼자가 되지 않을 거야." 이렇게 말한 아이도 있을 테고요. "당신이 내 곁에만 있어 주면 결정권은 전부 당신한테 줄게."

사람 사이의 관계는 모두 주고받기를 토대로 이루어진다는 기본 개념으로 돌아가면, 나를 '알아주고' 나한테 무엇이 필요한지 아는 사람과 사귀기를 원하는 것은 아주 당연한 일입니다. 하지만 이 협정이 파트너 중 한 명의 온전하고 진정한 자아를 부정해야만 성립된다면 문제가 발생하죠. 이 시나리오에서는 불가피하게 두 사람이 서로를 향해 억울함을 느끼기 시작합니다. 결국 어떻게 되냐고요? 좌절과 적대감, 비난, 그리고 또 한 번의 '망한' 연애로 끝납니다. 게다가 일단 이런 식의 협정이 맺어지면 그 토대가 되는 핵심 상처를 찾아내고 치유하기가 훨씬 어려워집니다. 사랑에 눈이 멀게 되는 것이나 마찬가지죠.

❀ 인간관계에서 끌어당김의 법칙

조금 다른 각도에서 생각해 보기로 하죠. 핵심 상처는 '자석'처럼 작동한다고 표현했던 것을 기억하시나요? 이 원리를 잠깐 살펴봅시다. 양자 이론에서는 우주 만물이 에너지로 이루어져 있다고 설명합니다.[2] 인간의 사고와 감정 또한 각각 고유한 전자기적 전하電荷를 띠고 있죠. 이 말은 우리의 생각(의식적 사고와 잠재의식 속 핵심 패턴 모두)에는 자신의 에너지 특성에 맞는 상황을 '자석처럼 끌어당기는' 힘이 있음을 의미합니다. 이렇게 보면 왜 우리가 특정한 사람에게 마법처럼 끌리는지 이해가 되죠. 간단히 말해 사람이 자기 자신과 세상을 어떻게 바라보는지에 따라 그에 맞는 짝이 정해진다는 뜻입니다.

또한, 우리가 예전과 똑같이 고통을 겪게 하는 내면아이 협정에 몇 번이고 서명하게 되는 것도 핵심 상처에서 생겨난 패턴의 에너지 때문일 수 있습니다. 예를 들어 헌터의 잠재의식은 "사랑을 얻으려면 필사적으로 노력해야 해"라고 믿고, 이 신념의 에너지를 세상에 투사해서 신념이 사실임을 증명할 상황과 관계를 끌어당깁니다. 말 그대로 헌터는 무의식적으로 자기 내면의 기대를 활용해서 현실을 재창조하는 셈이죠.

내면아이는 치유될 때까지(자기 채움 과정을 통해서) 과거의 상처에 매달리므로 이 상처의 에너지가 우리 내면에 갇히게 됩니다. '갇힌' 에너지를 풀어 줄 방법을 찾지 못하면 이것은 점점 쌓이다가 감정적 폭발로 이어지거나(수잔의 경우처럼) 불안, 우울, 중독, 자해 같은 문제를 일으키죠. 이런 문제가 나타난다면 상처받은 내면아이가 안전하다고 느끼지 못하고 자신을 위로할 방법을 찾고 있다는 신호입니다. 우리가 애타게 찾던(애착을 향한 끝없는 '갈증'으로 나타나죠) 바로 그 안정제를 제공해 줄 새로운 연애도 그 방법에 포함됩니다. 하지만 그런 상태에서 또다시 타인과 내면아이 협정을 맺으면 우리의 감정적 에너지는 막힘 없이 흐르지도, 새로 채워지지도 않죠.

이렇게 에너지가 정체되면 창의성과 자발성도 떨어지고, 왠지 기가 꺾이고 불편하고 불만스러운 기분이 들기 시작합니다. 무언가가 자신에게 맞는지 아닌지를 알아내는 본능과 타고난 직감도 흐려져서 자신에게 가장 이로운 방향으로 결정을 내릴 수도 없게 됩니다. 자기 딴에는 이로운 행동을 하고 있다고 생각할 때조차 실제로는 스스로 해를 입히고 있을지도 모르죠. 간단히 말해 그저 숨만 쉬고 있을 뿐, 오래가고 진정한 기쁨과 만족감은 없는 삶을 살게 됩니다.

이런 상태에서 시작하는 연애는 마음을 열고 성장하도록 도와줄 동반자를 택한다기보다는 쉽고 빠른 위안을 얻기 위해 관계를 이용하는 것에 가깝습니다. 처음에는 새로운 사람이 우리 삶에 가져다주는 새로운 에너지에 정신이 팔리거나 잠시나마 위안받습니다. 심지어 관계가 필연적으로 틀어지면 자기 고통을 그 사람 탓으로 돌리며 약간 안심하기도 하죠. 하지만 근본 원인을 직면하지 않으려 하는 기간이 길어질수록 점점 거기에 갇혀 옴짝달싹할 수 없게 됩니다.

이제 이 상황과 감정적으로 건강한 상태에서 친밀한 관계를 맺는 경험을 비교해 봅시다. 핵심 상처를 인식하고 나면 우리는 자기 삶의 어느 부분에 관심이 필요한지 깨닫고 주변 사람들의 지지를 받아 이 상처를 치유할 수 있게 됩니다. 이 상태에서 연인과 맺은 내면아이 협정은 서로의 에너지가 막힘 없이 흐르는,

그야말로 진정한 자기 채움이죠.

예를 들어 레이철은 자기 또래 사이에서 고립된 기분을 느낍니다. 회사 일로 너무 바빠 자주 만나지 못하기에 연인이 있어도 진정한 의미에서의 소속감은 없죠. 하지만 자기 채움 상태인 레이철은 자신의 외로움과 고립감을 감당할 마음의 여유가 있습니다. 어린 시절에도 자신이 종종 이런 기분을 느꼈음을 알고 있고, 이것이 자기 나이만큼 오래된 감정임을 받아들이죠.

레이철은 잔소리하지 않고 남의 말을 잘 들어 주는 친한 친구에게 이런 심정을 털어놓습니다. 그 덕분에 연인에게 자신을 달래 달라고 달려가거나 자신의 외로움을 상대 탓으로 돌리지 않을 수 있죠. 그렇게 내면아이를 다독거리고 나서 레이철은 소속감을 원하는 자기 욕구를 돌보기 시작합니다. 동네 요가 스튜디오의 월간 회원권을 끊거나 자신이 관심 있어 하는 주제로 토론하는 독서 클럽에 가입하는 것도 좋은 방법이죠. 소속되고 싶은 욕구가 채워지지 않았음을 인정함으로써 레이철은 스스로 이를 해결하기 위한 긍정적 발걸음을 내딛습니다.

하지만 이렇게 스스로 깨닫고 치유하려는 시도가 없으면, 레이철은 자기도 모르게 연애에 더 깊이 빠져들려고 할지도 모릅니다. 상대와 더 많은 시간을 보내고 그에게 관심을 쏟으면서, 그 보답으로 자기에게 필요한 무언가를 상대가 내주기를 바라는 것이죠. 그러니 그 사람이 자기 친구와 시간을 보내거나 혼자 운동하러 간다고 하면 짜증이나 화가 날 수도 있습니다. 레이철은 점점 자신의 모든 욕구 충족을 연인에게 의존해서 해결하려 합니다. 심지어 그가 채워 줄 수 없는 것까지도요. 그 결과 레이철은 우울해지고 둘의 관계는 삐걱거립니다.

후자의 이야기는 앞서 말한 '공의존'에 빠진 사람의 전형적 예를 보여 줍니다. 물론 우리는 모두 서로 의지하는 존재이고 타인과의 연결이 필요하지만, 두려움을 토대로 관계를 맺거나 감정적 양분과 지지를 오로지 파트너에게서만 얻으려 하면 공의존에 빠지기 마련입니다. 다음 장에서 자세히 살펴보겠지만, 이 시나리오에서 우리는 상대의 욕구에 너무 신경을 집중한 나머지 자기 욕구는 무시하게 됩니다. 이는 대개 자기 욕구도 채우고 싶다는 말을 꺼냈다가 거부당하거나 버려질까 봐 두렵기 때문이죠. 그래서 무의식적으로 자신을 '필요'로 하는 사람을 끌어당겨 놓고 그걸 '사랑'받는 것이라고 착각합니다. 두려움이 직감의 눈을 가렸기 때문이죠.

내가 흔들리면 관계도 흔들린다

머리에서 가슴으로 이어지는 에너지 파이프가 있다고 상상해 봅시다.[3] 흥미롭게도 이 통로는 우리가 배 측 상태가 되어 소통에 마음을 열면 활성화되는 신경 경로와 겹칩니다. 이 에너지 통로는 정수리 위쪽에서 시작해서 뇌를 거쳐 심장으로 흘러갑니다. 우리가 중심을 잘 잡고 똑바로 서 있으면, 에너지는 이 세 중심점을 따라 원활하게 흘러서 그 사이를 연결하고 정보를 전달하죠. 이 시스템이 순조롭게 돌아가면 우리는 치유 과정에서 얻은 내적 자원을 활용해서 에너지를 스스로 채울 수 있습니다. 그러면 상처받은 내면아이를 달래고 진정시키기 위해 생겨난 잠재의식 패턴대로 행동하는 대신, 현재 내 모습에 걸맞은 선택을 할 수 있게 됩니다. 연애에도 이 새로운 에너지를 가져와서 사랑하는 사람과 함께 성장할 수 있죠.

이와 반대로, 묻어 두었던 핵심 상처 탓에 에너지 통로 어딘가가 막혔다고 생각해 봅시다. 유기 공포로 심장이 막히면(수잔의 사례처럼) 자신의 감정과 단절된 채 타인을 행복하게 하려고 애씁니다. 또는 머리로는 아니라는 걸 알면서도 상대의 비난을 피하려고 거짓말을 하면, 우리 뇌와 복부에 풀기 어려운 의심의 매듭이 생겨납니다. 어쩌면 혼자가 된다는 두려움 때문에 직감의 목소리에 귀를 막은 채 자신에게 해로운 선택을 할 수도 있지요. 이 세 가지 예시 모두 핵심 상처가 활성화되고, 그로 인해 에너지 흐름이 막히면서, 자기 에너지를 조절하기 위해 상대에게만 의존할 때 생겨나는 결과입니다.

계속 외부의 힘에만 의지해 안정을 얻으려고 하다 보면 자기 중심을 잃게 되고, 관계도 기울어지기 마련입니다. 스스로 에너지를 조절하고 재충전하는 능력을 기르지 않고 자신의 안정감을 '통째로' 상대에게 맡기면서 연애를 시작하면, 그 관계는 머지않아 동력을 잃는다는 뜻이지요. 그런 상황에서 갑자기 관계가 흔들리기 시작하면 겁을 먹고 자기 에너지를 마구 내주다가, 결국 바람 빠진 풍선처럼 기운이 빠집니다. 시간이 지나면서, 아니 가끔은 하룻밤 새에도 우리는 자신의 안전을 완전히 상대에게 맡겨 버리죠. 이렇게 건강한 상호의존 대신 공의존에 빠지는건 아마 불안 애착형인 사람에게는 매우 익숙한 과정일 겁니다.

다음 장에서는 이제 불안형과 회피형 사이에서 펼쳐지는 춤을 차근차근 살펴보며 공감과 이해의 폭을 넓혀, 치유 작업에 들어갈 준비를 해 보도록 합시다.

3장

불안과 회피가
추는 춤

두 사람은 각자 자신을 보호하기 위해
상대방에게 의존하지만,
이런 방식은 양쪽을 더 큰 괴로움에 빠뜨릴 뿐입니다.
회피형은 관계란 피해야 할 것이라고 더더욱 확신하고,
불안형은 상대방을 붙잡으려고 자신을 희생해 가면서
버려진다는 고통에 몸부림치게 되죠.

1장에서 살펴본 대로 안정된 애착은 주 양육자와의 공동 조절을 통해 생겨나며, 이 과정은 대개 엄마나 그에 버금가는 인물과 함께 시작됩니다. 엄마가 아기의 욕구를 돌봐 주면 아기에게는 이 공동 조절 능력이 자연스럽게 발달하죠. 태어난 지 얼마 되지 않아 엄마와 막 만났을 뿐인 아기는 "엄마, 나 좀 안아 줘요" "엄마, 배고파요"라고 말할 줄 모릅니다. 대신 기뻐하는 표정이나 울음소리에 대한 반응, 엄마가 아기에게 관심을 보일 때 나타나는 말투 등이 합쳐져 공동 조절이 이루어지죠. 이 모든 과정은 보이지 않는 화학적 상호작용에 의해 더욱 활발해집니다.

꼭 처음부터 제대로 해내지 못하더라도 아기에게 관심이 있는 엄마는 둘의 관계가 어느 정도 편안히 자리 잡힐 때까지 계속 노력합니다. 이런 과정이 일어날 때마다 아기의 뇌는 관계라는 춤, 어른이 된 뒤 낭만적 관계에서도 계속 펼쳐질 춤을 위한 신경 경로를 만들어 내지요.

건강하고 서로 지지해 주는 관계에서 상대를 보살피고 안전하다는 신호를 주는 이 능력은 우리가 각자 자기 파트너의 욕구에 최선의 방식으로 반응하는 법을 찾도록 도와줍니다. 하지만 어린 시절에 공동 조절을 배우지 않은(불안형 또는 회피형 애착의 근본 원인이죠) 두 사람이 만나면 이들에게는 상대를 진지하게 바라보고 함께하는 능력 자체가 없으므로 폭발 또는 고요한 절망이 찾아옵니다. 극과 극이 끌려서 만난 경우에는 특히 그렇죠. 어린 시절에 갖지 못한 것을 서로에게서 찾으려 하고, 둘 다 상대가 원하는 것을 제공할 능력이 없으니까요.

🔹 자석 같은 끌림의 실체

궁극적으로 사람은 누구나 조건 없는 사랑, 지지와 이해를 원합니다. 불안형은 끊임없이 연결되고 확인받기를 바라는 욕망으로 이를 표현하고, 회피형은 넉넉한 공간과 자율성을 보장받을 때 가장 안전하다고 느낍니다. 내면아이 협정에 관한 설명을 기억하시나요? 이렇게 각기 다른 관계 설계도는 영유아기에 일관성 없는 보살핌이나 감정적 방치에 대응하는 생존 전략으로 발달하며, 성인이 된 뒤의 관계에서 비슷한 패턴을 만날 때마다 튀어나온다고 했죠. 결국 우리는 자기 잠재의식 속의 "사랑이란 원래 이런 거야"라는 신념을 더욱 확고하게 만드는 행동에 끌린다는 의미입니다. 우리는 '익숙한' 것을 '옳은' 것으로 쉽게 착각하죠. 그러다 상대의 행동으로 인해 점점 더 안정감을 잃어, 불안형은 더 처절하게 매달리고 회피형은 감정을 아예 닫아 버리는 지경에 이릅니다.

불안형과 회피형이 만나면 둘은 자석의 양극처럼 서로 끌립니다. 하지만 둘 다 안전하다고 느끼지 못하므로 교감신경 활성화 상태에 들어가고, 소통과 공동 조절이 불가능하므로 마음이 통하는 탄탄한 관계를 이루기가 극히 어렵습니다. 그냥 잘 맞지 않는 정도가 아니라, 서로 상대의 욕구에 맞춰 줄 능력이 없기 때문이죠. 각자 자기가 아는 유일한 방법으로 관계를 맺을 뿐입니다. 그렇기에 두 사람의 행동과 감정은 상대방의 가장 큰 두려움이 옳았음을 끊임없이 보여 주는 증거가 되고 맙니다.

불안형은 계속 멀어지려는 상대를 보고 자신은 원래부터 사랑받을 자격이 없으며, 늘 버려진다는 신념이 증명되었다고 여깁니다. 그러면 두 가지 생각 사이에 끼게 되죠. "그 사람을 붙잡아야 해!" "그 사람은 믿을 수 없어. 분명히 나를 떠날 거야." 이는 결국 두 번째 문장이 현실로 이루어지게 하는 행동을 낳고, 그로 인해 집착은 점점 더 절박해집니다.

회피형인 사람이 겪는 내면의 어려움은 좀 다릅니다. 회피형은 일과 성공, 점잖은 행동에 집중하고 감정을 잘 드러내지 않는 태도가 가치 있다고 배운 사람, 또는 가족이 워낙 난장판이어서 자신을 지키기 위해 거리를 두어야 했던 사람으로 나뉩니다. 어느 쪽이든 부모는 아이의 욕구를 보살필 여력이 없었고, 가족 내에서 관계는 중요한 취급을 받지 못했죠. 달리 말해 부모가 공동조절을 제공할 능력이 없었기에, 이들에게는 안정된 애착을 위한 회로가 애초에 만들어지지 않았다는 뜻입니다.

하지만 모든 감정적 욕구를 묻어 두면서 적응한 회피형의 마음속에도 위안과 보살핌을 바라는 필연적인 욕구가 채워지지 못해서 생긴 거대한 고통의 우물이 있습니다. 그래서 불안형이 자신을 잡아당기기 시작하면 회피형은 살기 위한 싸움을 하게 됩니다. 불안형의 감정적 관심이 고통의 우물에 덮인 뚜껑을 열어 버릴 것 같기 때문이죠. 대개 스스로는 전혀 의식하지 못하지만, 이들의 내면세계는 이런 경고를 큰소리로 외칩니다. "이 사람이 안으로 들어오게 놔두면 넌 마음속 고통으로 죽고 말 거야." 더 의식적인 수준에서는 보통 이렇게 생각하죠. "이 사람은 불안정한 데다 점잖게 행동할 줄 몰라." 그러고는 자기 가족의 패턴을 따라 상대와 거리를 둡니다.

관계라는 춤에서 두 사람이 의식하지 못한 채로 동등한 역할을 한다고 할 때, 이 불안-회피 관계 안에서 되살아나 갈등을 부추기는 행동의 원인이 되는 핵심 상처를 더 자세히 들여다볼 필요가 있습니다. 다만 예시로 든 행동에서 두 사람의 의도는 자신을 보호하려는 것이지 (대개는) 해를 입히려는 것이 아님을 기억하세요. 이런 행동과 태도는 안전하지 못하다고 느낄 때 활성화됩니다. 모두 살아남으려는 발버둥에서 나오는 것이니 이해와 공감의 눈으로 바라봐 주길 바랍니다.

🫀 불안형의 당기기 전략

불안형들에게는 곧 버려질지 모른다는 외부적, 내부적 조짐이 나타날 때마다 울리는 일종의 '애착 경보'가 있습니다. 마음속 내면아이가 건드려지면 연인과의 친밀감에 집착하게 되는 거죠. 혼자 남겨진다는 내적 두려움이 멀어지는 연인이라는 외적 신호와 결합하면, 불안형은 곧장 차분한 상태를 벗어나 교감신경 흥분 상태로 들어가서 투쟁-도피 반응을 보입니다. 과거의 패턴이 강하게 되살아나므로 우리 몸은 부모와 다시 연결되려 애썼던 절실함과 실패했을 때의 고통을 다시 경험합니다. 그 순간 과거는 현재가 되고, 그로 인해 우리는 지금 무슨 일이 일어나고 있는지 정확히 파악하기 어려워집니다.

공포가 온몸을 휩쓸 때 '도피'를 택해서 다시 연결되기를 아예 포기하는 선택지도 있지만, 우리는 대부분 다시 연결되기 위해 적극적으로 '목소리를 높이는' 방법을 택합니다.[1] 사방으로 팔을 뻗는 문어처럼 변신해서 '활성화 전략'으로 불리는 행동을 개시하죠. 두려움과 욕망에서 나온 이런 행동은 관계에 아무 문제가 없다는 반응을 얻을 때까지 계속됩니다. 당장은 상대가 반응해 주더라도 이런 일시적 보상으로는 내면아이의 핵심 상처가 치유되지 않으므로, 우리는 여전히 마음속 경계 태세를 해제하지 않죠. 내면아이가 안전하다고 느낄 든든한 장소를 찾는 것은 여간 어려운 일이 아니니까요.

이렇게 사라지지 않는 두려움 때문에 일부 활성화 전략은 거의 항상 발동 상태를 유지합니다. 상대에 대해 끊임없이 이야기하면서 그 사람을 계속 떠올리는(그래서 가깝고 닿아 있다고 느끼는) 것도 그중 하나죠. 정말로 늘 옆에 있어 줄 수 있는 사람이란 존재하지 않건만, 불안형은 자신에게 그런 사람이 필요하다고 느낍니다. 친밀한 관계를 맺으면서 어린 시절의 외로움이 되살아났기 때문이죠.

불안형이 흔히 보이는 태도 중에는 한동안 상대와 연락이 안되고 그 이유를 미리 듣지 못했을 때, 자신의 애착 체계를 진정시키기 위해 가능한 한 빨리 자신에게 연락을 취하는 동시에 왜 연락이 안 됐는지 합당한 설명을 내놓으라고 파트너를 닦달하는 것도 있습니다. 이 점을 이해하는 상대라면 늦을 것이며 왜 늦는지 알리는 문자를 보낸다든가, 일정을 미리 공유한다든가 하는 사소한 조치로 우리를 안심시켜 줄 수도 있지요. 하지만 그런 상황이 아니라면 유기 공포가 한층 커진 내면아이는 더욱 절박하게 연인의 관심을 붙들려 하고, 그 결과 더 강력하고 더 충동적인 활성화 전략을 꺼내기도 합니다.

이는 대개 자기방어 행동의 첫 단계인, 한없이 내주는 자기희생 다음에 등장하는 단계입니다. 첫 번째 단계로 상대를 붙잡아둘 수 있다면 불안형은 겉으로는 비교적 침착해지지만, 속으로는 여전히 신경이 바짝 곤두선 상태입니다. 그러다 그 사람이 자기 일로 바쁘든지 거리를 두려고 하든지 해서 멀어지는 낌새가 감지되면 곧장 자기방어 두 번째 단계로 넘어갑니다. 이제는 버려진다는 신호로 해석할 만한 꼬투리를 잡으려고 눈에 불을 켭니다. 어린 시절 생겨난 상실의 고통은 튀어 오를 만반의 준비가 된 스프링 같죠. 그러다 결국 통제 불능의 교감신경 흥분이라는 험난한 세계로 튕겨 나가고, 다음과 같은 행동으로 내면의 혼란을 어떻게든 제어하려고 애를 씁니다.

- **끊임없이 연락 시도하기**: 문자를 잔뜩 보내거나(특히 상대가 곧바로 답하지 않을 때), 계속 전화를 걸거나, 그 사람이 자주 가는 장소를 배회합니다.
- **점수 매기기**: 상대방이 답장하는 데 걸리는 시간을 계속 확인하고, 자기도 똑같거나 더 긴 간격을 두고 답장을 보냅니다.
- **하지도 않은 잘못에 사과하기**: 이는 부모와 소통이 되지 않을 때마다 자기가 뭔가를 잘못했음이 틀림없다고 느꼈던 어린 시절에 깊이 뿌리박힌 행동입니다.
- **관계가 회복될 때까지 계속 대화하자고 상대를 압박하기**: 이 대화는 결론이 나올 때까지 밤새 이어질 수도 있습니다.

◆ **절대 먼저 화해하자고 나서지 않기**: 언뜻 보면 이 행동은 다시 연결되기를 바라는 마음과 정반대로 보이지만, 사실은 상대가 먼저 화해하자는 말로 사랑을 증명하게 하려는 시도입니다.

이런 행동으로도 신경 체계에 켜진 불을 끌 수 없으면, 연인을 다시 데려오려는 시도는 '항의 행동'이라는 더 강력한 단계로 넘어갑니다. 이는 벼랑 끝에 몰린 내면아이가 어떻게든 연결을 유지하려는 몸부림입니다. 그런 행동은 거의 확실하게 상대를 더 멀리 밀어낼 뿐이라고 해도 스스로는 어쩔 수가 없죠.

◆ **빈말로 하는 협박**: 자신이 원하는 것을 주지 않으면 떠나 버리겠다고 위협합니다.
◆ **분노에 찬 비난**: 죄책감을 이용해서 상대를 붙잡으려 합니다.
◆ **떼쓰기**: 내면아이가 밖으로 나와 화를 내며 발버둥을 칩니다.
◆ **온라인 스토킹**: 인스타그램에서 그 사람의 '좋아요'와 '팔로우'를 일일이 분석하거나 페이스북 계정을 샅샅이 뒤집니다.
◆ **바람피우기**: 상대가 질투하게 하려고 바람을 피웁니다.

불안형이 관계를 통제하기 위해 하는 행동은 이 밖에도 매우 다양합니다. 자신이 이 목록에 나온 행동을 하고 있었음을 깨달았다고 해도 스스로를 책망하지는 마세요. 당신은 욕구를 채우기 위해 목소리를 높이고 에너지를 확장해야만 했던 아기 때 이런 행동을 배웠을 것이라는 점을 떠올려 보세요. 어쩌면 부모에게 안아 달라는 뜻을 전하려고 목이 쉬도록 울었을지도 모릅니다. 그건 그저 상처받은 내면아이가 안전과 소통을 위해 애쓰는 방식일 뿐이죠. 당신이 이런 전략이나 행동에 기대고 있었다고 해도, 지금 우리가 함께 시작한 치유 작업을 통해 다른 선택지를 배울 수 있습니다.

앞으로 우리는 내면아이를 보살피고 '내면양육자' 공동체를 강화해서 당신이 안정감을 느끼게 할 토대를 다질 겁니다. 그러다 보면 방어해야 할 고통과 두려움이 줄어들면서 당신의 내면 파수꾼도 조금 경계를 풀고, 겉으로 드러나는 자기방어 행동도 누그러지게 되겠지요.

그런 다음에는 지금 이 관계가 둘이 함께 노력해서 서로 도우며 성장할 수 있는 관계인지, 아니면 이제는 놓아주어야 할 때인지 감이 올 겁니다. 이 모든 것은 과정이죠. 경험상 말씀드리지만, 이런 자기 채움 상태가 쉽게 되는 날도, 그렇지 않은 날도 있습니다. 자기를 채운다는 건 이렇게 뜻대로 되지 않는 날에도 자신에게 다정해질 수 있는 마음가짐까지 아우릅니다.

❤️ 회피형의 밀어내기 전략

한편, 회피형 또한 안전을 원하는 내면의 욕구와 씨름하고 있습니다. 어린 시절 감정적 유대나 위안을 얻지 못한 이들은 관계 란 대체로 고통스럽기 마련이라는 확신을 품은 채 어른이 됩니 다. 그래서 사람은 자립해야 한다고 여기죠. 동시에 인간인 만큼 이들 또한 어쩔 수 없이 친밀함을 갈망합니다. 그래서 친밀함에 다가가다 보면 어린 시절의 고통이 비집고 나오려 하고, 뭐가 어떻게 되고 있는지도 모르는 채 다급하게 자신을 방어하기 시작 합니다. 그런 다음 이 관계가 왜 안 될 수밖에 없는지 자신을 납 득시킬 설명을 가져다 붙이죠.

그 순간 이들의 불안형 파트너는 거리가 벌어진다는 첫 조짐 을 느끼고 상대를 붙잡기 위해 필사적 행동을 개시합니다. 불안 형이 활성화 전략을 펼 때 회피형은 어떤 행동을 보일까요? 보 통은 어떤 식으로든 더 물러나려 하죠. 자신이 안전하다고 느낄 수 있는 유일한 방법이니까요. '비활성화 전략'[2]이라고 불리는 이 런 행동의 예는 다음과 같습니다.

- ◆ **전화나 문자에 답하지 않기**: 며칠이고 소식이 없을 때도 있습니 다. 좋은 분위기에서 문자를 주고받거나 즐겁게 데이트한 직 후에 갑자기 그러기도 하죠.
- ◆ **진지한 관계나 '사랑한다'는 말 피하기**: 상대나 관계 자체에 대해 어떻게 느끼는지 알려 주지 않으려고 합니다.
- ◆ **미래에 관해 얘기할 때 애매하게 굴기**: 관계가 잘 풀리고 있을 때 조차 구체적 계획 세우기를 꺼립니다.

- **물리적 거리 유지하기**: 애정 표현에 인색하고, 자고 가기를 꺼리고, 사귄 지 한참 지났는데도 동거나 결혼 이야기를 꺼내지 않습니다.
- **일과 여행에 시간 투자하기**: 거리를 두려는 방편으로 일과 여행을 이용합니다.

이런 행동으로 더 동요한 불안형은 항의 행동을 시작하고, 회피형 역시 거기에 자극받아 한층 강력한 카드를 꺼내 듭니다. 이는 '배제 행동'으로 불리죠.

- **상대의 단점을 지적하고, 의존적이라고 비난하기**: 진짜로 상대에게 하는 말이라기보다는 더 가까워지지 않을 타당한 이유가 있다고 자신을 설득하기 위해서입니다.
- **바람피우기**: 육체적으로든 감정적으로든 파트너 외에 다른 사람과 친밀한 관계를 추구하는 것은 파트너와의 유대를 약화하고 거리를 벌리는 수단입니다. 또한 달걀을 몽땅 한 바구니에 넣는 위험을 완충하는 방법이기도 하고요.
- **헤어지자고 하기**: 상대가 다 잘돼 가고 있다고 생각할 때 난데없이 이 말이 튀어나옵니다. 이별 선언을 당하면 불안형은 뭐가 잘못됐는지, 또는 상태가 더 심각한 경우 자기가 뭘 잘못했는지 알아내려고 미칠 지경이 됩니다.
- **잠수하기**: 아무 설명이나 경고 없이 연락과 소셜 미디어를

끊고 상대의 삶에서 그냥 사라져 버리는, 비교적 새로 생겨
난 방법입니다.

회피형 또한 이 목록 외에도 다양한 전략을 사용할 수 있습니
다. 이런 행동은 대부분 불안형에게 상처를 주지만, 실은 회피형
이 자신을 보호하려는 방식임을 기억할 필요가 있습니다. 그런
행동이 옳다거나 그러니 참아야 한다는 말이 아닙니다. 다만 그
점을 기억하면 상황에 조금이나마 공감할 수 있고, 실제로 우리
자율신경계를 진정시키는 데 도움이 됩니다.

이미 경험으로 알고 있겠지만, 뒤집어 생각하면 비활성화와
배제 전략은 불안형을 본능적이고 원초적인 방식으로 자극한다
는 뜻입니다. 이제 격렬한 밀고 당기기의 막이 오를 준비가 된
셈이죠. 결국 파국으로 끝나는 이 다툼은 은근히 익숙하고 중독
적이기도 합니다. 마치 두려움 스위치가 켜진 불안형 문어가 팔
을 뻗으면, 역시 두려움을 느낀 회피형 거북이가 머리를 집어넣
는 것 같은 모습이죠.

자율신경계가 계속 공포 상태를 유지하는 탓에 안정된 소통
도, 공동 조절도, 관계 회복도 불가능한 관계도 있습니다. 그런
관계는 양쪽 파트너를 끊임없이 불안정한 상태에 빠뜨리는 롤러
코스터와 같죠. 그렇지만 8장에서 우리는 문어가 자율신경계를
진정시키고 거북이가 머리를 내밀어 자신의 취약한 부분을 드러
내서, 소통과 치유를 위한 깨달음을 주는 관계로 나아가는 법을

배워 볼 예정입니다.

🩷 사랑하지만 놓아야 하는 인연

로렌은 서른두 살의 매력적인 여성이었습니다. 원래부터 조바심이 많은 성격이었지만, 피터와 사랑에 빠지기 전까지는 애착 관련 상처가 완전히 드러난 적은 없었죠. 내가 보기에는 피터도 자기 능력이 닿는 한 로렌을 사랑하려고 노력했습니다. 하지만 시간이 지나면서 로렌은 피터가 거리를 두려 하고 심지어 둘이 가까워진다는 느낌이 들 때마다 헤어지자는 말을 꺼낸다는 사실을 눈치챘습니다. 그러면서 민감성 대장 증후군과 강박관념 등 불안과 관련된 신체적, 감정적 증상을 겪기 시작했죠.

감정이 널을 뛰던 엄마에게 적응하려고 애썼던 로렌의 어린 시절은 격렬한 감정으로 가득했습니다. 그래서 로렌은 피터가 다가왔다가 멀어질 때 자신이 보이는 반응의 강도를 진정한 사랑의 증거라고 해석했습니다. 로렌에게는 강렬함이 곧 사랑이었으니까요.

두 사람이 나를 만나러 왔을 때 피터 역시 이 관계에 진심이라는 점이 분명히 보였습니다. 로렌은 상담 과정에서 어린 시절 이야기를 꺼내며 자기가 아무리 엄마 마음에 들려고 애써도 강하게 거부당하는 느낌을 받았던 일화를 몇 가지 들려주었습니다. 그래서 엄마가 로렌 자신을 진심으로 원한 적이 없다고 생각하게 되었다고 했죠. 이 얘기를 듣던 피터는 그다지 공감하지 못하는 눈치였습니다. 내가 그 점을 파고들자 피터는 로렌이 취약한 모습을 보일 때 선뜻 받아들이기 어렵다고 털어놓았습니다. 자신이 사랑한 것은 처음 만났던 시절 자신감 있고 잘 노는 로렌인데, 그녀가 자기한테 매달리거나 약한 모습 또는 격렬한 감정을 내보이면 마음이 식는다고요.

피터는 어린 시절 겁을 내거나 슬퍼하면 벌을 받았다는 이야기도 했습니다. "허리 펴고 남자답게 굴어." 그가 고작 세 살일 때 아빠가 이런 말을 했던 게 기억난다고 했죠. 아빠 얼굴에 떠오른 경멸에 찬 표정에 피터는 속이 메슥거렸고, 유약하거나 다치기 쉬운 감정을 드러내는 사람을 멀리하게 되었습니다.

이 문제를 하나씩 짚어 나가려 할 때 피터는 심하게 동요하며 말 그대로 두드러기가 날 정도로 질색했고, 그럴 바엔 로렌과 헤어지고 싶어 하는 기색을 강하게 내비쳤습니다. 이 관계의 대가로 너무나 고통스러운 옛 상처를 헤집어야 한다면 차라리 떠나는 게 낫다는 거였죠. 자기 내면아이를 도우려 노력하는 대신 피터는 로렌이 이렇게 매달리는 걸 보니 자기만큼 똑똑하지 않은 사람인 것 같아서 마음에 걸린다는 핑계로 자신을 방어했습니다.

피터는 자신이 보이는 반응 중 상당 부분이 방어기제임을 스스로 깨닫기는 했지만, 내면의 두려움 탓에 두 사람이 진짜 친밀함에 가까워질 때마다 자기도 모르게 로렌의 결점에 초점을 맞춰 그녀에게 화살을 돌렸습니다. 그의 몸은 연결을 차단하다 못해 가끔 깜박 잠이 들 때마저 있었습니다. 내면의 감정을 감당하지 못하기 때문이었죠. 피터는 어린 시절에도 아빠의 멸시에서 벗어나려고 몇 시간씩 옷장에 숨었다가 잠든 적이 있다고 회상했습니다.

한편으로 로렌은 어릴 때 엄마와 형성했던 패턴으로 돌아가서, 피터의 사랑을 얻으려면 자신을 뜯어고쳐야 한다고 믿는 상태였죠. 하지만 그 방법은 엄마에게 통한 적이 없었고, 지금도 통하지 않았습니다. 불안이 심해지면서 로렌은 체중이 줄고 잠도 못 잤습니다. 두 사람 모두 함께할 방법을 간절히 찾고 싶어 하는데도 어린 시절의 상처에 붙들려 꼼짝하지 못하는 모습이 몹시 안타까웠죠.

건강한 관계에서 공동 조절이 일어나듯, 내면의 안정을 찾지 못한 두 사람 사이에서는 '공동 역조절'이 일어나기도 합니다. 절박함이 더해 갈수록 양쪽 모두 점점 더 옛 패턴에 갇히게 되지요. 시간이 지나면서 로렌은 이렇게 오락가락한 상태가 자신을 너무 피폐하게 한다는 사실을 서서히 받아들이게 되었습니다. 끝이 가까웠음을 느낀 것인지 피터는 로렌과 잠시 헤어져 있는 동안 다른 사람을 만났고요.

밖에서 보기에는 슬픈 결말이었습니다. 둘이 서로 사랑했던 마음은 진심이었으니까요. 관계란 흑백으로 딱 나뉘지 않습니다. 로렌과 피터의 관계에는 서로 건강한 관심과 배려를 보였던 어른다운 측면도 있었지만, 친밀감이 높아지면서 어린 시절의 경험을 다시 겪게 된 둘은 하루가 멀다 하고 서로 상처 주는 사이가 되고 말았죠. 결국 이 시나리오에서 로렌이 택할 수 있었던 최선은 내면아이를 살피고 치유가 필요한 부분을 알아차리면서 떨치고 나아가는 것이었습니다. 더불어 로렌은 자신이 연인에게 정말로 원하는 것이 무엇인가 하는 중요한 교훈도 얻었죠.

사랑만으로는 충분하지 않다

극단적 회피형과의 관계는 한번도 겪어 보지 못한 방식으로 당신의 애착 체계를 자극할지도 모릅니다. 어린 시절의 상처가 건드려지면서 표면으로 올라온 해묵은 욕구의 강렬함이 어느 정도의 순수한 호감과 결합되고, 여기에 신경전달물질이 분비되면서 확 타오른 불길은 매혹적이고 황홀하며 사람을 도취시킵니다. 하지만 자기를 채우는 작업을 해 나가다 보면 이런 유형의 상대와 얽힐 일이 줄어들죠. 설령 얽히게 된다고 해도 중심을 단단히 잡고 내면에 귀 기울이는 법을 배워 두면 훨씬 쉽게 빠져나올 수 있습니다.

로렌의 경우 가장 힘들었던 부분은 자신이 피터에게 느끼는 강렬한 끌림과 사랑만으로는 충분치 않다는 점을 받아들이는 것이었습니다. 사람은 누구나 자기 사랑이 상대에게 받아들여지기를 원하지만, 로렌은 누군가가 잘못해서 이렇게 된 것이 아님을 서서히 깨달았죠. 각자 품은 상처로 인해 둘은 확신과 독립성이라는 서로 상충하는 욕구를 느꼈고, 그래서 양쪽에게 이롭고 안정된 관계를 형성할 수 없었던 것뿐입니다. 둘 다 상대방에게 뭔가를 내줄 수 있게 되려면, 먼저 한동안 '혼자서' 치유하는 시간이 필요했죠.

당신이 필요로 하는 방식으로 당신을 사랑해 주지 않는 사람을 사랑하게 되었고, 더 '많은' 사랑을 쏟아 봤자 완전히 자신을 잃어버리게 될 뿐이라면, 그 관계를 놓아 주고 사랑만으로는 충분하지 않음을 깨닫는 것이 여기서 배울 수 있는 가장 큰 교훈입니다. 자신을 치유할 안전한 안식처를 제공하지 않는 관계를 놓지 못하는 사람이 정말 많습니다. 그런 관계는 계속해서 감정적 고통의 파괴적 악순환을 만들어 낼 뿐이죠.

로렌은 이 관계에서 왜 자기 자신이 사라지고 말았는지 이해하기 시작했습니다. 혼란으로 가득한 관계에서 벗어나 앞으로 나아가기를 택했을 때, 로렌은 비로소 성장할 수 있었죠. 자기 자신으로 돌아가는 길은 그것뿐이었습니다.

불안형에게는 특히 취약한 부분이 있습니다. 바로 "우리에게는 모든 사람이 어느 정도 회피형으로 보인다"라는 점이죠. 어떤 사람은 아주 약간 회피하는 경향을 보입니다. 때에 따라 그런 식으로 자신을 보호하는 게 낫다고 배웠기 때문이죠. 이 경우 회피는 그 사람이 관계에서 보이는 주된 성향이 아니며 가끔 튀어나올 뿐입니다. 하지만 불안형은 고작 이 정도의 회피 경향에 자극받기도 합니다. 그렇기에 내면아이의 치유 과정을 시작하고 이를 평생 습관으로 삼는 것은 정말 중요합니다. 내면아이가 옛 상처와 고통에 사로잡혀 있는 한 우리는 계속 상실이라는 렌즈를 통해 세상을 볼 수밖에 없으니까요.

균형이 잘 잡힌 사람조차 가끔은 거북이가 되어 입을 다물거나, 전화하는 걸 잊거나, 자기만의 공간을 원할 수도 있습니다. 이 말은 근본적으로 안정되어 있으나 가끔 거북이식 자기 보호법을 쓰는 사람과 사귀려면 우리 또한 자기 불안을 다루는 법을 배워야 한다는 뜻입니다.

하지만 빠르게 제자리로 돌아와 주는 안정된 파트너가 있다면 이 관계는 한결 부드러워지고 우리 자율신경계가 날뛰는 일도 줄어들겠죠. 시간이 지나면 이런 상호작용은 치유 과정의 일부가 됩니다. 이 모든 것은 두 사람이 각자 자기 욕구를 자유롭게 표현하고 그 욕구가 채워지는 경험을 하는 그런 사랑을 배워 나가는 과정이죠. 여기에 관해서는 8장에서 자세히 살펴볼 예정입니다.

♥ 좋은 사람을 알아보는 눈

치유를 향해 나아가다 보면 이제 자신이 더는 '불안형'이 아니라고 여기게 되는 순간이 옵니다. 애착 유형 가운데 '획득된 안정형'이라고 불리는 유형에 속하게 되는 거죠. '획득'이라는 단어에서 짐작할 수 있듯 이 내면의 안정은 어린 시절 양육자에게 받는 것이 아니라, 어른이 된 우리가 열심히 노력해서 손에 넣는 것입니다.

하지만 불안형에 속했던 적 있는 사람은 어떤 이유로든 상대방이 거리를 두려 하면 다시 민감하게 반응할 가능성이 큽니다. 마치 오래전 다쳤던 자리에 남은 흉터 같은 느낌이죠. 올라오는 해묵은 감정에 다른 반응을 보일 수 있을 때, 우리는 비로소 진정한 치유에 접어들고 있음을 알게 됩니다. 이제는 그 상처의 뿌리를 이해하고 더는 예전처럼 절박하게 자신을 방어하는 방식으로 행동하지 않는다는 뜻이기도 합니다.

어쩌면 치유가 진행되는 중에도 여전히 파트너의 뒤를 쫓는 모험과 흥분에 끌릴지도 모릅니다. 그런 기분이 어린 시절 겪었던 자율신경계 활성화 상태와 똑같기 때문이죠. 또한 우리 옆에 있어 주지 않는 사람은 상처받은 내면아이가 마음 깊이 품고 있는 믿음이 진짜라고 확인해 줍니다. "나는 사랑과 관심, 지지를 받을 자격이 없어."

이런 이유로 우리는 별로 특별한 구석도 없는 이른바 '나쁜 남자' '나쁜 여자'에게 끌리게 됩니다. 마음을 내주지 않는 고독한 늑대 스타일로 사람 미치게 하는 연인이 과거에 한둘쯤 있지 않았나요? 이들은 아마 확신과 소통을 원하는 당신의 절절한 욕구를 무심하게 모른 척하며 당신을 애태우고 가슴 아프게 했을 겁니다. 이런 상황에서 깊은 신뢰와 친밀감이 가능할 리 없죠. 어느 시점이 되면 그를 뒤쫓는 두근거림이 사라지며, 당신은 지치고 혼란스럽고 이용당한 듯한 기분으로 홀로 남습니다. 겪어본 사람은 다들 알죠.

치유를 시작하면 나쁜 파트너에게 빠지는 일도 줄어듭니다. 대신 관계에서 진짜로 필요한 것, 즉 깊은 소통과 탄탄하고 안정된 애착을 추구하는 법을 배우게 됩니다. 이런 진정한 연결을 자기 것으로 편안하게 받아들일수록 그보다 못한 관계에 매달릴 가능성은 적어지겠지요. 동시에 우리는 적신호를 보고 알아차리는 법을 터득합니다. 이제 더는 진정한 사랑처럼 '보이는' 것에 금세 빠져들지 않고, 지금까지와는 달리 더 만족스럽고 안정감 있게 '느껴지는' 것에 끌리게 된다는 뜻이에요.

한편, 착한 파트너는 자신에게 격렬한 흥분을 안겨 주지 못해서 지루하다고 느끼는 과도기를 겪는 경우도 적지 않습니다. 그런 사람이야말로 자신이 간절히 바라던 한결같은 사랑을 줄 수 있다는 사실을 알면서도 말이죠. 그러면서 스스로 이런 질문을 하게 됩니다. "끝내주게 로맨틱한 상황이나 두근대는 심장, 설레고 떨리는 느낌은? 그런 느낌이 그리워!"

하지만 불안형이 종종 강렬한 끌림으로 착각하는 이런 증상은 사실 애착 상처가 되살아난다는 신호임을 잊어서는 안 됩니다. 다시 말하지만, 정말 진지하게 생각해 봤을 때 오래가는 관계와 진정한 친밀감을 원하는 불안형에게 필요한 연인의 특성은 따로 있습니다. 그건 바로 '안전함'이죠. 안전함은 섹시하지 않다고 생각할지도 모르지만, 그건 사실이 아닙니다.

실제로 신뢰가 생겨나는 것은 우리가 관계 안에서 안전하다고 느낄 때뿐입니다. 서로에 대한 믿음이 자리 잡고 나면, 두 사람은 각자 관계 바깥의 세상을 자유롭게 탐색하며 관심의 폭을 넓히고 자기 에너지를 새로 채울 수 있죠. 이렇게 하면 두 개인 사이에 튼튼한 토대와 더 큰 끌림이 생겨납니다. 두 사람이 색다른 무언가를 관계에 계속 더해 주면서, 함께 발전하고 성장하게 되니까요.

물론 이런 변화가 쉽기만 할 리는 없습니다. 우리 몸과 마음은 교감신경 흥분의 긴장감에 너무나 익숙해져 버렸기 때문이죠. 처음에는 긴장감이 부족하면 지루하다고 느낄지도 모르지만, 배 측 상태를 잘 유지하는 친구들과 가까이 지내며 내면아이의 욕구에 귀 기울일수록, 이런 믿음직한 사람이야말로 안정을 획득한 자신에게 딱 어울리는 짝이라고 느끼게 될 거예요.

이렇게 각자의 자율성과 탐색 가능성을 허락함으로써 관계가 진부해지는 것을 막을 때, 안전함은 오히려 지루함의 정반대라고 할 수 있죠. 나쁜 연인, 무관심한 파트너가 끊임없이 당신을 긴장시켜서 연애의 재미를 유지했다면, 좋은 사람은 당신이 계속 발전하고 성장하기에 충분할 만큼 안전하다고 느끼게 해 줍니다. 그 결과 둘이 함께 더 깊은 친밀감이라는 선물을 맛볼 수 있게 되지요.

💟 치명적 연인, 나르시시스트

회피 성향이 강한 사람과 사귀는 것까지는 그렇다 쳐도, 공감을 잘하고 이타적인 불안형은 떠받들리고 싶다는 강력한 욕구로 움직이는 사람, 즉 나르시시스트를 끌어들일 위험이 있습니다. 자신만을 사랑하는 나르시시스트를 어떻게 구별할까요?

어린 시절의 애착 상처로 인해 나르시시스트는 자기중심적이며 공감 능력이 부족한 어른이 됩니다. 자신이 아무런 가치가 없다는 은밀한 확신과 수치심으로 가득한 이들은 의식적으로 자기가 남들보다 우월하다고 여김으로써 자신을 보호합니다. 그 점을 증명할 증거가 필요하기에 남들에게 끊임없이 숭배를 요구하죠. 헌신을 끌어내기 위해 처음에는 상대의 욕구에 기가 막히게 잘 맞춰 주고, 상대가 '특별 대우'를 받는다고 느끼게 하는 절묘한 재주를 선보입니다. 어렸을 때 그런 느낌을 받지 못한 불안형에게 이런 대접이 얼마나 매력적일까요. 사람을 서로 끌어당기는 신비한 레이더의 도움을 받아, 나르시시스트는 특별함이라는 유혹적 미끼에 덥석 달려들 사람을 귀신같이 찾아냅니다.

이들은 상대가 자신을 떠받들도록 교묘히 조종하는 극단적 방법을 씁니다. 이 방법이 제대로 통하기만 하면 다시는 수면 아래에 도사린 수치심에 노출되어 상처받을 필요가 없겠죠. 하지만 숭배를 바라는 나르시시스트의 욕구를 한없이 채워 줄 수 있는 사람은 없습니다(물론 불안형은 자기희생적이므로 노력은 하겠지만요). 자신을 떠받드는 강도가 약해지면 이들은 금세 변화를 눈치채고 상대를 적극적으로 거부하며 그걸 상대 탓으로 돌립니다. 그렇게 버려지고 끝나면 차라리 운이 좋은 셈이지만, 이별의 고통은 우리 내면의 상처를 후벼파서 다른 나르시시스트의 구애에 더 쉽게 넘어가는 상태로 만들고 맙니다.

안타깝게도 나르시시스트와 공감 능력자의 이야기는 매우 흔합니다. 자기희생적인 사람은 타인에게 관심을 쏟는 나머지 자신과 반대되는 사람을 끌어들이는 경향이 있죠. 극도로 이기적이거나 자기중심적인 사람을요. 이 역학 관계에서 이타심은 관계를 유지하기 위한 대가 역할을 하며, 상대의 욕구에만 지나치게 촉각을 곤두세우는 시중들기로 변질될 수 있습니다. 실제로 나르시시스트는 자신이 관심의 중심에 서기 위해 상대를 불안하게 하는 시나리오를 만들어 실행합니다.[3] 그렇게 해서 남을 지배해야만 필요한 것을 얻을 수 있다는, 상처받은 내면아이의 신념을 강화하죠.

이 시나리오의 핵심은 관심이라는 형태로 도파민을 조금씩 공급하는 '간헐적 강화intermittent reinforcement'로 상대가 벗어나지 못하도록 하는 전략입니다. 우리는 언제 다시 올지 모르는 관심을 받는 순간을 기다리며 머무르게 된다는 뜻입니다. 상대가 떠날지도 모른다고 느껴질 때 그저 놓치지 않기 위해서 적당한 관심을 보여 주는 이런 식의 행동을 '어장 관리'라고 부르기도 하죠. 이런 일을 당하면 마치 형편없는 롤러코스터에 탑승한 듯한 느낌이 듭니다. 지금 이 얘기를 꺼내는 것만으로도 교감신경 활성화가 일어날 정도죠.

나르시시스트와의 연애는 불안형에게 실제로 위험할 수 있습니다. 일종의 자해 행위가 될 수도 있기 때문이죠. 이타적인 사람은 자신이 거의 사라져 버릴 지경이 되도록 한없이 퍼 주고, 그러면서 점점 더 불안해집니다. 이런 종류의 관계에서는 안전함이나 진정한 소통이 느껴지는 순간이 전혀 없습니다. 나르시시스트는 자기 자신의 안정감 부족을 덮느라 너무 바쁘니까요. 항상 수치심이 뚫고 나올까 봐 전전긍긍하죠. 그래서 계속 떠받들리는 느낌을 받아야만 하고, 자신이 '특별하다'는 느낌을 받게 해 주지 않으면 당황함과 분노를(때로는 폭력적 성향을) 드러냅니다. 속을 들여다보면 양쪽 모두 더 깊은 상처를 입히는 춤에 사로잡혀 어쩔 줄 모르는 어린애지만, 겉으로 볼 때 심각한 타격을 받는 것은 불안형 쪽입니다.

그렇다면 우리는 왜 이런 관계에 매달릴까요? 불안형은 누가 자신을 '필요로 하는 것'이 곧 '사랑받는 것'이라고 믿습니다. 그러니 자기도취에 빠진 연인의 고통받는 내면아이를 보살피는 책임을 아무렇지 않게 떠맡으려 하죠. 나르시시스트의 상처가 자기 부모의 상처와 비슷하면 비슷할수록 우리는 그 관계를 쉽사리 놓지 못합니다.

자신이 나르시시스트의 덫에 걸린 적 있다고 생각하나요? 자기애성 성격장애는 요즘 쉽게 남용되는 용어지만, 실제로 그 범

주에 해당하는 사람은 전체 인구의 0.5~5퍼센트에 불과합니다.[4] 그러나 자기애 성향이 드러나는 정도는 매우 다양하고, 자기중심적인 데다 공감 능력이 부족한 사람이라면 다소 그런 성향을 보일 수 있죠. 사람은 대부분 그런 순간이 있습니다. 평소에는 이타적인 사람이라도, 견디기 어려운 위협을 받으면 자기가 안전하다고 느끼게 해 줄 것을 얻는 데만 초점을 맞춰 행동하게 되기 마련이죠.

애착 문제가 다 그렇듯 이것 또한 나르시시스트의 잘못이 아닙니다. 이런 특성은 어린 시절 반복해서 창피와 모욕을 당한 경험에서 자신을 보호하려고 익힌 방식이니까요. 하지만 당신의 회피형 파트너가 자기애적 성향까지 강하다면 그런 극단적 성격을 바꾸지 않고는 아무리 안간힘을 써도 그 사람은 애정 어린 관계를 맺을 수 없습니다. 타인과 진정한 소통을 하려면 어느 정도는 자신의 취약한 부분을 열어 보여야 하는데, 그러면 그는 견딜 수 없는 수치심의 늪에 빠진다는 위기감을 느끼기 때문이죠. 물에 빠진 사람의 절박함을 떠올리면 자기 내면을 노출해야 할 위기에 처한 나르시시스트의 기분을 이해할 수 있을 겁니다. 게다가 당신이 쌓은 자존감의 벽에 있는 벽돌 하나하나가 나르시시스트의 생존에 위협으로 느껴지므로, 그들은 당신을 깎아내리거나 무시하는 언행으로 자존감을 무너뜨릴 기회를 엿봅니다.

이 시나리오에서 우리가 해야 할 유일한 일은 먼저 상황을 눈치채고 받아들인 다음 빠져나오는 겁니다. 모든 관계에서 자기 자신에 관한 교훈을 배울 수 있다고 한다면, 우리가 여기서 배워야 할 것은 사랑받기 위해 더 많이 사랑하고 더 많이 노력한다고 해도 서로 도움이 되는 건강한 관계로 이어지지 않을 수도 있다는 사실입니다. 그런 관계가 되려면 두 사람 모두 치유에 힘써야 하는데, 나르시시스트는 그 과정에서 감수해야 할 고통이 너무 커서 변화를 포기하고 예전 행동 패턴에 갇히는 경우가 대부분이죠.

마약만큼 빠져나오기 힘든 연애 중독

벗어나야 한다는 사실을 '안다'고 꼭 그럴 수 있는 것은 아닙니다. 자기애적 파트너의 강렬함과 절박함을 마주한 불안형은 아예 공의존 단계를 건너뛰어 연애 중독에 빠지기도 합니다. 중독이란 사람이 오래된 고통과 두려움에서 자신을 보호하기 위해 반복해서 하는 무언가를 가리키죠. 이 행위는 일시적으로 상처를 달래 주지만, '치유'하지는 못하기에 우리는 이 '마약'을 계속 더 원하게 됩니다. 사랑에 빠질 때 나오는, 기분이 좋아지게 하는 호르몬 또한 여느 마약과 마찬가지로 사람을 중독시키기도 하며, 불안형은 특히 이 중독에 취약합니다. 어린 시절 이런 호르몬에 충분히 노출되지 못했기에 연애 초반에 나오는 신경 화학 물질의 효과를 한층 강하게 느끼고, 호르몬이 분비될 때 보이는 반응의 폭도 클 수밖에 없죠.

연애 중독에 빠지면 다른 것은 전혀 개의치 않을 만큼 시야가 좁아집니다. 머릿속에는 온통 애정을 향한 갈증을 채워 줄 사람을 찾아 연애할 생각뿐이죠. 이 절박한 욕구 때문에 우리는 발을 빼지 못하고 매달립니다. 심지어 이성적으로는 이 관계가 자신에게 해롭다는 사실을 알면서도요. 이 지경에 이르면 잠깐의 위안을 얻기 위해 자신을 완전히 잃어버릴 위기에 처한 것이나 다름없습니다. 스스로 아무리 피폐해지더라도 끝없이 숭배와 관심을 바치며 상대를 떠받들어 줄 사람을 찾는 나르시시스트의 구미에 딱 맞는 짝이 되어 버린 셈이죠.

연애 중독은 독한 마약만큼 빠져나오기 어렵지만, 이것은 2장에서 설명했던 대로 내면아이가 부서지고 텅 빈 마음을 고치거나 채워 줄 누군가를 찾기 위해 만들어 낸 상황이라는 차이점이 있습니다. 희망이 있다는 말입니다.

연애 중독에 사로잡혔을 때 우리 몸속에서는 무슨 일이 일어날까요? 물론 사랑하는 사람을 찾아 연애하기를 바라거나, 연애 초기에 상대에게 엄청난 시간을 투자하는 것은 지극히 정상적인 행동입니다. 사랑에 빠진 당신 머릿속엔 온통 연인 생각뿐이죠. 일에 집중하기 어려워지고, 친구들에게는 그 사람 얘기만 합니다. 그 사람의 소셜 미디어 활동을 샅샅이 살피고, 온종일 그 사람과 함께 있고 싶고, 그 사람의 말 한마디에 연연하죠. 심지어 결혼은 여름이 좋을지 가을이 좋을지 고민하기 시작합니다. 날아갈 듯 좋은 기분은 다 그 사람 덕분인 것 같지만, 사실 이런 흥분 상태의 원동력은 바로 당신 몸이 분비한 호르몬입니다.

　새로 시작한 연애 초반에 우리는 상대와 애착을 형성하는 데 도움을 주는 신경전달물질과 호르몬의 칵테일에 문자 그대로 '취하게' 됩니다.[5] 우선 가장 먼저 도파민(알코올 섭취 또는 헤로인이나 코카인 같은 마약 투약 시에도 분비되죠)이 나와서 상대방과 함께 있을 때 호기심과 신선함을 제공하고, 그 사람이 흥미롭고 특별하다고 느끼게 합니다. 간단히 말해 좋아서 안달이 난다는 뜻이죠. 다음 타자인 노르에피네프린은 온몸을 에너지로 꽉 채워서 각성제를 복용한 듯한 효과를 냅니다. 그러면 우리는 잘 먹지도 자지도 못하고, 뛰는 가슴을 진정한 사랑의 증거로 착각합니다. 마지막으로 기분 조절 호르몬인 세로토닌이 상당량 감소하면서 우리는 새 연인에게 집착하기 쉬운 상태가 됩니다. 그 사람 생각밖에 할 수 없고, 그 사람이 바랄 것 같은 모습으로 자신을 바꾸려고 애쓰죠.

　이 세 가지 호르몬의 결합 효과로 이루어지는, 새롭고 의미 있는 타인과의 관계는 인간이 할 수 있는 경험 가운데 가장 행복하고 만족스러운 것입니다. 끝내주는 섹스(연애에는 대개 이것도 포함되죠)나 복권 당첨과 함께 최상위권을 차지한다고 하죠. 그러니 이런 느낌에 '중독'되기 쉬운 것도 어쩌면 당연한 일입니다. 매일 자신이 세상에서 가장 운이 좋다고 느끼며 살고 싶지 않은 사람이 있을까요?

　하지만 올라간 것은 내려오기 마련이고, 초반의 이런 쾌락 호르몬 폭발은 오래가지 않습니다. 두 사람이 끊임없는 갈망에서 서로 믿는 지속적 유대로 넘어가는 것이 자연스러운 전환이죠. 초반의 감정이 누그러지고 나면(몇 주, 몇 달, 심지어 몇 년이 걸리는 커플도 있습니다) 우리는 좀 더 오래가는 패턴에 안착하기를 원합니다. 관계가 지속적 애착 단계에 들어서면 오르가슴, 출산, 모유 수유 시에 나오는 이른바 '포옹 호르몬'인 옥시토신이 분비되어 독점적 관계에 필요한 신뢰 형성을 돕습니다.[6] 이는 사랑하는 사람과 장기적인 유대를 맺는 데 필연적인 변화죠. 하지만 어릴 때 자신이 누리지 못했던, 아기가 엄마에게 느끼는 강렬한 애정을 갈구하는 사람에게는 마른하늘에 날벼락으로 느껴지기도 합니다.

연애 중독에 취약해진 사람은 연애 초반의 흥분이 너무도 기분 좋고 절대적으로 필요하다고 느끼므로, 이를 자기 바람에 대한 응답으로 착각하기 쉽습니다. 이 강력하고 흥분되는 느낌의 대가로 자기 자신을 통째로 내줘야 한다고 해도 말이죠. 호르몬 칵테일은 나를 열렬히 사랑해 줄 뿐만 아니라 내 감정적 욕구를 채워 주는 방법을 본능적으로 아는 사람을 드디어 만났다는 설렘을 선사합니다. 이건 부모와 신생아가 안정된 애착을 형성할 때 일어나는 일과 정확히 일치하죠.

한편으로는 에너지를 공급해 몸을 들썩이게 하는 노르에피네프린의 영향으로 우리는 상대가 물러나려는 기색만 보여도 반응하는 비상경계 태세에 들어갑니다. 여기에 세로토닌 감소가 더해지면 더더욱 차분함을 잃게 되고, 그 결과 상대의 언행 하나하나에 집착하느라 다른 것은 생각조차 할 수 없게 되지요. 자기 상처를 달래는 데 필요한 행동만 하는 나르시시스트 연인의 반응은 이 과정을 더 악화시킬 뿐입니다. 지속적인 애착을 형성하는 데 도움을 주도록 설계된 생물학적 과정이 도리어 깊은 유기 공포를 자극하는 결과가 된 셈이죠. 깊은 곳에 잠들어 있던 상처받은 내면아이가 불려 올라오고, 그 영향을 받은 우리는 이 연애 칵테일을 아주 잠깐이라도 다시 맛보려고 상대와의 관계에서 자기 행동을 수정하기 시작합니다.

그래도 희망은 있다

나르시시스트와 연애 중독자는 둘 다 어린 시절의 깊은 상처에 꽉 붙들려 있어서 상대를 향한 자기 반응을 통제하지 못합니다. 둘의 관계 안에서 그런 상처가 치유될 희망은 전혀 없으므로 헤어지게 된다면 차라리 축복이겠지요. 연애 중독자는 이별에도 도움이 필요한 경우가 많지만, 일단 헤어지고 나면 치유로 나아가는 문이 열리게 됩니다.

회피 애착형인 사람과 병적 나르시시스트의 주된 차이점을 꼽자면, 회피형은 대체로 자기 행동을 돌아보고 책임을 질 줄 안다는 것입니다. 이들의 상처는 그것조차 불가능할 정도로 깊지는 않기 때문이죠. 많은 회피형이 타인에게 공감하고 마음을 열

줄 압니다. 다만 이를 표현하는 방식이 매우 다를 뿐입니다. 부드러운 감정은 인정하지도 권장하지도 않는 가족 내에서 차갑고 무감각해 보이는 반응으로 자신을 보호해야 했으니까요. 차이를 극복하고 오래가는 관계를 맺을 길을 찾지 못했던 로렌과 피터의 상황이 바로 여기 해당하죠.

하지만 알고 보면 회피형 중에는 이 오래된 상처를 치유하는 데 필요한 도움을 받아들일 줄 아는 사람이 많습니다. 커플 상담에서 불안형과 회피형 커플이 핵심 상처를 함께 치유하러 오는 경우도 적지 않고요. 치유 작업에 많은 힘을 쏟아서 결국에는 더 건강한 상태에서 출발한 다른 커플들보다 더 서로 위하고 깊이 이해하고 공감하게 된 이들도 본 적이 있습니다. 정말 좋은 소식이 아닐 수 없죠.

🍑 치유를 향한 첫걸음

우리는 이제 막 자기 자신으로 돌아가는 여행을 시작한 참입니다. 우리 몸을 집이자 안전한 피난처가 되어 줄 장소라고 생각하면 도움이 되겠지요. 조용하고, 편안하고, 자신의 상처와 욕구를 깊이 보듬을 수 있는 곳. 하지만 감정적 방치를 비롯한 트라우마를 겪은 사람은 자기 몸 안에 온전히 머무는 것 자체를 안전하지 않다고 느끼기도 합니다. 심지어 가만히 앉아 있는 것조차 견디기 어려워하기도 하죠. 자기 신체 인식을 되찾는 것도 자기 채움 작업에서 중요한 과정입니다.

앞서 살펴보았듯 영유아기의 경험은 우리 몸에 여러 가지 감각과 느낌을 일으키고, 이 과정에서 뇌로 메시지가 전달됩니다. 이런 감각을 통해 우리는 주변 세상의 안전함과 사람들이 우리와 관계 맺는 방식에 관한 자기 나름의 서사를 만들죠. 신경 체계의 이런 패턴에 따라 현재의 특정 경험에 대한 우리의 반응이 달라지기도 합니다.

어린 시절 자기 몸 안에서 안전함을 느끼지 못했다면 커서 '탈신체화 disembodied'된 반응을 보일지도 모릅니다. 스트레스나 고통, 두려움 같은 감각을 차단하면 감정에서 분리되어 더 안전하다고 느끼겠지요. 회피형인 사람의 몸은 사라져 버릴 것 같은 느낌으로부터 이런 식으로 자신을 보호합니다. 이와 반대로 불안형 중에는 극도로 민감하고, 특히 자기 자신을 제쳐 둘 정도로 타인의 감정과 생각에 신경을 쓰는 사람이 많습니다. 타인에게 잘 맞추면 자신이 더 안전할 거라고 여기기 때문이죠.

자기 자신을 집처럼 편안히 느끼려면, 그래서 더는 다른 곳으로 탈출하고 싶다는 생각이 들지 않으려면, 자기 몸으로 돌아가서 '모든 것'을 온전히 느낄 각오를 해야 합니다. 치유 작업은 여기서 출발합니다. 연애 중독과 공의존을 일으키는 깊이 각인된 반응 패턴을 바꾸려면, 자기 핵심 상처가 무엇이며 어떻게 활성화되는지를 인지와 감정 측면에서 알아차리는 동시에 신체 인식을 바로잡는 과정이 반드시 동반되어야 합니다.

이 책의 2부를 함께 진행하는 동안 나는 당신이 몸이라는 집으로 돌아갈 수 있도록 동행하려 합니다. 당신 안에서 관심을 달라고 서로 다투는 여러 자아 상태$^{ego\ state}$가 품은 다양한 빛깔의 감정을 만나게 되겠지요. 외부적 반응을 일으키는 원인인 몸과 마음 양쪽의 상태를 모두 인식하는 것은 우리의 감정과 사고를 통합하는 열쇠입니다. 불안형 애착 체계가 활성화될 때 자기 몸과 자율신경계에 무슨 일이 일어나는지 이해하는 데도 도움이 될 테고요.

혹시라도 겁이 난다면 이 작업을 하기로 선택한 것만으로도 당신은 대단하다는 말씀을 드리고 싶네요. 시간을 들여 자기 자신에게 돌아가는 것은 타인은 물론 당신 자신과 완전히 새로운 방식으로 관계 맺기 위한 토대를 다지는 과정입니다. 이것이야말로 뼛속 깊이 느껴지는 흔들림 없는 안정감을 얻는 방법임을 기억하세요.

2부

나를 먼저
채우는 연습

4장

심장의
메시지에
귀 기울이기

심장 지능은 논리적 두뇌를 뛰어넘는
본능적 지혜와 지식의 원천입니다.
자신을 이해하고 연애를 포함한 정서적 삶을
치유하는 작업의 상당 부분이 심장의 메시지에
귀 기울이는 법을 익히는 데 달려 있습니다.
이 방법은 우리가 머리로 '아는' 지식과 심장으로
'느끼는' 감정 사이에서 균형을 잡는 데 도움이 됩니다.

이제는 우리가 본격적으로 자기 채움 연습을 시작할 때입니다. 이 말은 곧 자신의 가장 깊은 부분에 접근하는 방법을 배운다는 뜻이죠. 내면세계라는 미지의 땅으로 떠나는 여행은 복잡한 감정을 잔뜩 불러일으킬 수도 있지만, 매혹적이고 흥미로운 모험이 될 수도 있습니다.

들어가기 전에 먼저 자신이 안전하며 사랑과 지지를 받고 있다고 느낄 수 있도록 주변을 정비할 필요가 있습니다. 그게 바로 우리가 이 여정을 함께하는 이유죠. 불안정 애착을 지닌 사람의 내면에는 사랑은 있을지 몰라도 감정적 안정과 소통을 위한 자원은 부족하기에 그런 것들을 갖춰 두는 것이 중요합니다. 앞서 말한 대로 상담사나 믿음직한 친구 같은 지원군을 만들었다면 이들이 앞으로의 여정에서 안전망 역할을 해 줄 것입니다.

자기를 채운다는 것은 자기 자신과 애정 어린 관계를 맺는다는 의미입니다. 여기에는 도움이 필요하기도 하죠. 당신이 내면 환경을 안전하고 따뜻하게 정비하는 동안 내가 길을 안내하며 함께할 테니 걱정하지 마세요. 이런 환경을 마련해 두면 고통스러운 감정이 올라오고 밖으로 표출되어도 감당할 수 있습니다. 용기와 굉장한 솔직함이 요구되는 이 작업은 자기 채움에서 빠질 수 없는 과정입니다.

🖤 머리가 아니라 가슴으로 안다는 것

1부에서는 내면아이가 어떤 식으로 관계에 영향을 미치는지 살펴보았습니다. 우리의 일부인 이 어린아이를 다독이려면 먼저 내면아이와 충족되지 않은 욕구에 접근해야 합니다. 그런데 이 아이는 안전하다는 느낌이 들기 전까지는 알아서 다가와서 속내를 털어놓지 않죠. 비난하거나 혼내거나 심지어 거부하기부터 하면 내면아이는 바깥세상의 진짜 아이가 그러듯 숨어서 나오지 않습니다. 하지만 우리가 받아들일 준비가 되었음을 알게 되면 그제야 내면아이도 마음을 열지요.

그러므로 이제 내면세계에서 펼쳐지는 이야기의 다른 두 등장인물을 만나 볼 차례입니다. 바로 내면파수꾼(주로 한 명 이상)과 내면양육자(역시 대개는 한 명 이상)죠. 이 둘은 내면아이에게

지대한 영향을 미칩니다. 내면파수꾼은 다정한 말투는 아닐지언정 늘 재빨리 경고의 말을 건네고, 내면양육자는 우리 마음을 구석구석 보살피며 사랑을 주는 어른 또는 스승 같은 존재입니다. 이 장에서는 이렇게 뚜렷이 구분되는 우리 내면의 세 부분을 자세히 살펴볼 예정입니다.

자신을 지키려는 내면의 목소리는 이미 익숙하게 들어 봤을 겁니다. 이 목소리는 어렸을 때와 똑같은 행동을 반복해서 어려움을 겪지 않도록 우리를 꾸짖을 때도 있죠. "투덜거리지 마." "관심 구걸하지 마." 아니면 의심을 드러내기도 합니다. "봤지? 그는 너를 진심으로 사랑하지 않아." "부모님조차 너를 사랑하지 않는데 그 사람이 왜 널 사랑하겠어?" 또는 우리가 관계에만 집중하게 할 때도 있습니다. 이럴 때 내면파수꾼은 말보다는 극도로 높아진 경계심의 형태로 나타날 때가 많지요. 관계가 견디기 어려울 만큼 힘들어지면 파수꾼은 최후의 수단으로 항의 행동을 발동시킵니다.

사람에게는 저마다 '자기방어 팀'이 있습니다. 호기심을 품고 살펴보면 이 파수꾼들에게는 각각 존재 이유가 있으며, 이들 모두 우리가 짊어진 고통과 두려움에서 우리를 지키기 위해 그 자리에 있을 뿐임을 이해하게 됩니다.

또한 우리는 내면양육자 공동체와도 접촉하기 시작할 겁니다. 우리에게 관심과 이해, 따스함을 제공하고 꾸준히 곁에 있어 주었던 모든 이들을 내면화한 존재가 바로 내면양육자 공동체입니다. 이 사람들은 우리 심장(인체에서 세 번째 뇌에 해당하죠)에 와닿은 적이 있기에 우리는 이들의 존재를 가슴으로 느낄 수 있습니다. 잠깐 손을 가슴에 얹고 어떤 기분이 드는지 느껴 보세요. 지금 양육자에 관한 얘기를 하고 있으니, 당신을 보살펴 준 사람이 떠오를 수도 있습니다. 아니면 심장뇌heart-brain는 관계에 관련된 기억이 저장되는 곳이므로 고통스러운 관계로 당신에게 상처를 주었거나 당신을 버렸던 사람이 떠오를지도 모르죠. 지금 당장은 우리가 자신에게 중요했던 사람을 얼마나 마음 깊이 담아 두는지 깨닫는 것만으로 충분합니다.

사람들은 대부분 심장을 뇌라고 여기기보다는 온갖 종류의 낭만적 사랑을 상징한다고 생각합니다. 하지만 최신 연구에서 심장은 우리 생각보다 훨씬 많은 일을 하며, 심지어 자기 나름의 지능을 갖추고 있음이 밝혀졌죠. 하트매스연구소The HeartMath Institute는 사람들이 심장의 본능적 안내에 따라 신체, 정신, 감정의 균형을 맞추는 방법을 연구하는 기관입니다. 이들의 연구에 따르면 심장뇌(내재적 심장 신경계intrinsic cardiac nervous system)는 두개골 안의 뇌나 복부에 있는 뇌와 '똑같이' 똑똑합니다.

신경전달물질, 지지세포support cell, 단백질, 신경절로 구성된 심장뇌의 복잡함과 정교함은 두뇌의 정보 네트워크와 상당히 비슷합니다. 덧붙여 심장뇌는 두뇌와 긴밀히 연결되어 있어서 우리가 생각하고, 느끼고, 행동하고, 관계 맺는 방식에 영향을 미치는 정보를 끊임없이 올려보낸다고 하죠. 사실 소통되는 정보

가운데 80퍼센트는 아래에서 위로 올라가며 20퍼센트만이 두뇌에서 내려옵니다. 이렇게 전해지는 대량의 정보는 우리의 감정과 행동에 큰 영향을 끼칩니다. 단지 신경전달물질과 감각을 통해 전해지기 때문에 우리가 의식적으로 그 메시지를 알아채지 못할 뿐이죠.

이는 곧 자신을 이해하고 연애를 포함한 정서적 삶을 치유하는 작업의 상당 부분이 심장의 메시지에 귀 기울이는 법을 익히는 데 달려 있다는 뜻입니다. 이 방법은 우리가 머리로 '아는' 지식과 심장으로 '느끼는' 감정 사이에서 균형을 잡는 데 도움이 됩니다.

머리는 핵심 상처에서 나온 여러 가지 신념으로 가득 차 있습니다. 그래서 내면파수꾼은 관계를 튼튼히 하려고 고민하고, 시나리오를 돌려 보고, 다음 작전을 세우죠. 반면 우리가 경험한 따뜻한 관계의 집합인 내면양육자 공동체에 기반을 둔 심장 지능은 논리적 두뇌를 뛰어넘는 본능적 지혜와 지식의 원천입니다. 심장의 메시지를 알아차리는 법을 배우면 망가진 관계로 인한 고통에 접근할 수 있다는 것도 이런 지혜에 속하죠. 이를 실천하면 치유로 가는 문이 열립니다.

핵심 상처의 고통을 덜어내는 첫 단계는 상처가 아직 아프다는 사실을 인정하고 스스로 그 고통을 온전히 느끼는 것입니다. 그래야 상처의 뿌리에 타인의 보살핌이라는 약을 바를 수 있으니까요. 도움을 받으며 고통을 헤쳐 나가다 보면 평온하고 안전한 반대편 기슭에 이르게 되겠지요. 이 과정은 슬픔이나 분노를 맛보게 되더라도 심장에 저장된 그 모든 감정을 존중하기로 마음먹음으로써 시작됩니다. 그 뒤에야 빠진 부분을 채워 주는 보상 경험reparative experience을 통해 비로소 가장 오래되고 아픈 상처까지 치유할 수 있게 됩니다.

우리가 심장의 목소리에 귀 기울이면 뇌의 논리적 구획은 약해지거나 사라지는 경향이 있습니다. 그러면 우리가 자신의 본능적 지혜에 접근하지 못하게 막았던 칸막이가 걷히면서 상호 연결성이 드러나죠. 심장이 뇌를 떠받치고 있다는 사실을 깨달으면서 우리는 차츰 이것을 경험하게 됩니다. 상호 연결성이야말로 모든 것의 토대입니다. 연결되어 있다는 따스한 느낌이 심장에 채워져서 열린 상태, 또는 심장이 뇌와 조화를 이룬 상태가 되면 신경계가 여기에 반응해서 뇌의 에너지와 창조성, 직감을 강화합니다. 이는 다시 심장과 뇌의 연결이 강화되고 자신이 온전히 채워지는 느낌이 생겨나는 결과로 이어지죠.

시작하기 전에

이 작업에 충분한 시간을 들이는 것이 정말 중요하다고 다시 한번 강조하고 싶습니다. 우리는 자신의 본능적 자아와 더 깊은 관계를 맺고, 자기 신체를 온전히 인식하려 합니다. 이를 어려운 말로 '내수용감각'이라고 하죠.[1] 이 능력을 키우면 '감각 느낌'을 인지하기 쉬워집니다. 감각 느낌은 우리가 몸에서 따스함과 다정함을 경험하는 부분(내면양육자), 매일 우리를 안전하게 지키려고 애쓰는 부분(내면파수꾼), 치유가 필요한 고통과 두려움을 짊어진 부분(내면아이)을 비롯한 모든 부분에 접근할 수 있게 해주는 신체적 인식 또는 느낌이죠.

옛 감정을 느낄 때는 그 일을 '지금' 다시 겪는 것처럼 느껴질 때가 많습니다. 몹시 버거울 수 있으며, 신체에 트라우마가 각인되어 있다면 더더욱 힘들 수밖에 없는 과정이죠. 그렇기에 자기에게 맞는 속도로 나아가고 이 작업을 할 만큼 안전한 환경을 미리 갖추는 것이 중요합니다.

안으로 들어갈 때는 아주 천천히, 자신을 배려하며 나아가세요. 불안해지거나, 머리가 너무 복잡해지거나, 굳어 버리거나 멍해진다면 기어를 바꾸고 현재로 돌아와야 한다는 신호입니다. 부담스러운 느낌이 들면 잠시 멈추고 책을 내려놓은 다음 발을 땅에 대고 앉을 수 있는 곳을 찾으세요. 신발을 벗을 수 있으면 더 좋습니다. 눈을 크게 뜨고 주변 환경의 세세한 부분을 관찰하세요. 호흡에 집중하면서 눈에 들어오는 사물의 이름을 소리 내어 말해 보세요. 의자에 손을 얹고 주변 소음이나 공기 중의 냄새에 주의를 기울여 보세요.

나는 내담자들과 이 작업을 할 때 상담실에 꽃을 두는 방법을 즐겨 씁니다. 아름다운 것을 바라보면 빠르게 현재로 돌아오기가 수월해지거든요. 사랑하는 사람의 눈을 떠올리는 것도 스스로 따뜻하고 안전하다고 느끼는 데 도움이 됩니다.

이 과정을 시작하려 할 때 친구에게 당신이 일종의 내면 작업을 시작할 예정이며 너무 버거워지면 전화할지도 모른다고 미리 귀띔해 두는 것도 좋은 방법입니다. 당신이 확실히 안전하다고 느끼고, 당신이 하려는 일을 전폭적으로 지지해 줄 친구를 찾아 연락하세요. 상담사를 만나는 중이라면 이야기를 해도 좋고, 마음이 내킨다면 아예 상담 시간에 이 작업을 진행해도 됩니다. 모든 것이 너무 힘겹게 느껴진다면 두려움을 인정한 다음 도와줄 이에게 손을 내밀어도 괜찮습니다.

자기 채움은 시간을 들여 연습할수록 쉬워집니다. 과정을 진행할수록 내면의 안정감과 든든함이 한 겹씩 차곡차곡 두터워지기 때문이죠.

마지막으로 하나 덧붙이자면, 출발하기 전에 자신을 위한 취지intention를 하나 세웠으면 합니다. 당신이 계속 힘을 잃지 않고 내면에 접촉하는 데 도움이 되도록 스스로 되뇔 일종의 선언문이죠. 이를테면 이런 겁니다. "나는 내 내면을 들여다보는 안전한 방법을 새로 배우는 중이고, 그러고 나면 진정한 사랑을 경험하게 될 거야." 그리고 무엇보다도 내가 당신 곁에 있음을 잊지 마세요.

연습 1

심장의 목소리 듣기

심장 지능을 온전히 일깨우기 위한 작업에 본격적으로 뛰어들기 전에 우선 매일 조금씩 심장 인식을 높이는 방법을 알려 드리려고 합니다. 사람들은 자기 심장과 소통하는 데 익숙하지 않으므로 대번에 성공하리라 생각지는 마세요. 당장은 그저 심장에 조금 더 가까이 귀 기울이는 법을 배우는 것이 목표입니다. 다음 5단계 방식으로 시작해 볼까요.

❶ 하루 중에 언제든 잠깐 짬이 나면 자기 기분이 어떤지 확인합니다. "지금 내 기분이 어떻지?" 하고 스스로 묻기만 하면 됩니다. 가슴 부근에 주의를 집중하면서 머리가 아닌 가슴으로 대답하려고 노력하세요. 질문에 반응해 돌아오는 감각이나 감정에 집중하되 분석하려 들지는 마세요. 지금으로서는 심장과 대화하는 사이가 되는 것만으로 충분합니다.

❷ 심장 안쪽에서 느껴지는 감각을 확인할 때 호흡의 질이 어떤지도 가만히 느껴 보세요. 호흡이 차분한지 가쁜지, 깊은지 얕은지를 살펴보면 우리 의식의 수면 아래서 무슨 일이 일어나고 있는지 어느 정도 짐작할 수 있습니다.

❸ 시간을 두고 관찰했더니 호흡이 얕고 빠를 때가 많았다면 의식

적으로 호흡 길이를 늘인 다음 어떤 느낌이 드는지 확인해 보세요. 들이쉬면서 다섯까지 세고, 내쉬면서 일곱까지 셉니다. 들숨이 배꼽 아래까지 깊이 들어가서 360도로 퍼지고, 숨을 쉴 때마다 가슴이 아니라 복부가 부드럽게 확장했다가 수축한다고 상상합니다. 그런 다음 감각과 기분을 다시 느껴 보세요. 감정 상태에 더 쉽게 접근할 수 있게 되지는 않았나요?

❹ 자세를 확인하세요. 어깨가 가슴 쪽으로 구부정하게 휘어 있거나 팔짱을 끼고 있나요? 만약 그렇다면 어깨를 뒤쪽으로 한 바퀴 돌려서 바르게 앉거나 서려고 노력합니다. 이렇게 하면 심장 주위에 공간이 확보됩니다. 이렇게 한 다음 기분이 달라지지 않았는지 다시 한번 자신을 점검해 보세요.

❺ 마지막 단계로 폐 안에 모인 공기가 사방으로 퍼져 몸을 가득 채우고, 심장을 적셔 씻어 내리면서 심장이 펼쳐질 공간을 마련해 준다고 상상합니다. 이번에도 몸에서 느껴지는 감각이 더욱 선명해졌는지 확인해 보세요.

이렇게 알아차리는 연습을 반복할수록 점점 심장의 목소리가 잘 들리게 됩니다. 심장 지능을 구현한 존재인 내면양육자와 서서히 가까워지면, 이들은 두뇌와 달리 대체로 몸의 언어인 감각을 통해 소통한다는 걸 알게 되죠. 어떤 메시지가 전달되든 당분간은 그저 그 메시지를 받아들이세요. 여기서 할 일은 떠오르는 느낌이나 감정을 '고치는' 것이 아니라 있는 그대로 두는 것이거든요. 시간을 두고 반복해서 연습하면 이를 닦듯 규칙적으로 심장과 호흡, 자세를 확인하는 습관이 몸에 배게 되겠지요.

의욕이 샘솟아서 심장과 더 깊이 연결되고 싶다는 마음이 든다면 다음 연습도 시도해 보세요. 시작하기 전에 우리가 함께하고 있음을 다시 떠올리고, 호기심과 용기를 끌어내 심장 지능이라는 미개척지를 탐색할 마음의 준비를 해 주세요.

심장 스캔

심장 스캔은 신체, 에너지, 감정 측면에서 자기 자신을 살피는데 매우 유용한 방법입니다. 이 방법을 익히면 자기 채움 작업을 하기에 알맞은 환경인, 안전하고 사랑과 지지가 넘치는 내면을 다질 수 있습니다. 내 소중한 친구이자 동료인 린 캐럴Lynn Carroll이 만들어 낸 수련법이죠.[2] 린은 내담자들이 신체 인식을 키워 자기 자신과 더 깊이 소통하도록 돕는 능력 있는 상담사입니다. 그가 개발한 방법을 활용하면 언제든지 심장의 목소리에 주파수를 맞출 수 있습니다.

이 연습을 처음 할 때는 천천히 진행해 주세요. 나중에 완전히 익히면 언제든 잠깐 시간을 내서 몇 분 만에 마칠 수 있게 됩니다.

❶ 우선 편안하고 보호받는다는 느낌이 드는 조용한 장소를 찾습니다. 어떤 환경에서든 심장 스캔은 가능하지만, 처음에는 신체적으로 안전하다고 느끼는 장소에서 시작하는 편이 바람직합니다.

❷ 자신에게 지금은 속도를 늦출 때라고 말하세요. 내면에 보내는 이 신호는 조금 전까지 하던 일에서 현재 당신이 머물고 싶은 조용한 장소로 주의를 전환하는 데 도움이 됩니다. 몸 안에서 무슨 일이 일어나고 있는지 선명하게 느껴질 때까지 의식적으로 속도를 늦추세요. 호흡도 천천히, 움직임도 천천히.

❸ 눈을 감고 천천히 호흡하면서 가슴 가운데, 심장 중심heart center에 주의를 집중합니다. 가만히 귀 기울이며 느껴 보세요. 심장이 열려 있나요? 닫혀 있나요? 아니면 그 중간인가요? 아마 감각이라는 관점에서, 즉 감각 언어를 써서 자기 경험이나 느낌을 묘사한다는 것이 낯설겠지요. 심장 중심에 초점을 맞출 때 느낄 수 있는 감각 경험의 예로는 팽팽함, 짜릿짜릿함, 넉넉함, 단단함, 빽빽함, 텅 빈 느낌, 밝음, 확 퍼지는 느낌, 무거움 등이 있습니다. 어떤 느낌이 드나요? 그냥 관찰만 하면 됩니다. 불안이나 평온함, 또는 그 중간의 느낌이 드는지 살펴보세요. 때로는 이 세 가지가 동시에 나타나기도 합니다. 그냥 있는 그대로 느끼기만 하세요.

❹ 심장에 주의를 기울일 때 이미지 또는 색깔이 보이거나 강렬한 감정이 느껴질지도 모릅니다. 생각이나 두려움, 오래된 기억 등이 올라올 수도 있습니다. 그렇더라도 그저 당신 몸에서 일어나는 일에 신경을 집중하면 됩니다. 주의를 기울일수록 몸이 더 편안해지

는지, 아니면 더 긴장하는지 의식해 보세요.

❺ 어떤 느낌이 올라오든 흐름에 몸을 맡기세요. 인간은 늘 시시각 각 변하는 존재입니다. 머리가 복잡해지거나, 긴장감이 높아지거 나, 너무 부담스럽다는 느낌이 들면 다시 호흡으로 주의를 돌리세 요. 잠시 호흡에 초점을 맞추고 있으면 몸과 마음의 긴장이 풀리는 데 도움이 됩니다.

❻ 특정한 생각이나 감각에 얽매이지 않도록 주의하면서, 알아차 린 내용 하나하나에 이름을 붙여 주세요. '어깨 결림' '슬픔' '평화 로움' '걱정' '조바심' '졸림' 같은 식으로 쭉 이름표를 달아 주면 됩 니다. 자기 경험을 좀 더 객관적으로 바라보고, 몸 안의 감각을 느 껴 보고, 심장 중심의 느낌을 살펴보니 어떤 기분인가요? 어쩌면 이런 형태의 지능이 뇌의 '생각'과 어떻게 다른지 감을 잡기 시작했 을지도 모르겠네요.

❼ 이제 당신에게 평온한 느낌을 선사하는 이미지를 떠올려 볼 차 례입니다. 예를 들어 산이나 해변에서 산책하기, 반려동물과 놀기, 빵 굽기나 책 읽기 같은 것들이요. 어떤 이미지를 떠올리든 기분 좋 은 느낌에 한껏 빠져들어 보세요. 몸에서 무슨 일이 일어나나요? 편안한 느낌이 든다는 것을 어떻게 알까요? 심장에 어떤 감정이 차 오르나요? 평화로운 감각을 불러낼 때 어떤 이미지가 떠오르는지, 심장 중심에서 어떤 일이 일어나는지 가만히 느껴 보세요.

❽ 이제 당신이 사랑받는다고 느꼈던 순간을 떠올려 보세요. 어린 시절의 추억에서 골라도 되고 최근에 했던 경험을 떠올려도 됩니

다. 사랑받는다고 느꼈던 적이 없다는 생각이 든다면 사랑받을 때 어떤 기분이 들지 상상합니다. 사랑받는 느낌의 이미지를 그릴 때 심장에서 어떤 일이 일어나는지 주목하세요. 심장이 따뜻하고, 더 가볍고, 더 활짝 열리는 느낌이 드나요? 아니면 닫히기 시작하는 느낌인가요? 사랑받는 상상을 할 때 어떤 생각이 떠오르나요? 생각이 올라오게 둔 다음 흘려보내세요.

❾ 심장 중심 너머까지 의식을 확장해 보세요. 몸 전체에서는 어떤 감각이 느껴지나요? 지금 느끼는 감정은 무엇인가요? 머리가 복잡해지기 시작한다면 몸의 감각을 느끼는 데 주의를 기울이세요. 숨을 들이쉬고 내쉬는 데 집중하며 어떤 느낌이 드는지 바라봅니다.

❿ 몸이 허전하거나 텅 비거나, 뭔가 벽 같은 것으로 나뉜 느낌이라면 그 감각에 관심을 기울여 보세요. 그 벽이 무슨 색인지 보이나요? 두께는 얼마나 되나요? 가만히 지켜보면 벽의 모습이 달라지나요? 벽에서 무엇이 연상되나요? 어떤 기억이 떠오르기도 하나요? 몸 안에서 일어나는 일에 차분히 집중합니다.

⓫ 뭔가 막힌 듯한 느낌이 든다면 그게 어디인지 감지해 보세요. 그 감각이 그냥 거기 있도록 둡니다. 무엇이 느껴지고 무엇이 보이나요? 감각에 저항하는 대신 주의를 집중하면 뭔가가 달라지나요? 막힌 곳을 뚫으려면 자신에게 무엇이 필요한지 심장 지능에 물어보세요. 그런 다음 그것을 지금 받는다고 상상해 보세요.

⓬ 이제 다시 심장 중심으로 주의를 돌립니다. 계속 주의를 집중할 수 있나요? 아니면 끊임없이 외부로 주의를 빼앗겨서 남들이 뭐라

고 말하거나 행동할지 궁금해하거나, 일에 대해 생각하거나, 지나간 일을 떠올리거나, 내일 할 일을 계획하나요? 어쩌면 지금 당신은 자기 마음속 감정과 마주 앉고 싶지 않을지도 모르고, 아직 준비되지 않았을 수도 있습니다.

❸ 계속 심장에 귀 기울이다 보면 당신이 더 안전하고, 더 열려 있고, 더 많이 사랑하고, 더 많이 받아들이려면 무엇이 필요한지 보일 수 있습니다. 그 실마리는 이미지 또는 단순히 직관적인 '앎'의 형태로 나타나죠. 심장의 소리에 더 깊이 귀 기울일수록 자기 내면에서 오는 메시지를 받기가 더 쉬워진다는 점을 직접 느껴 보세요.

이런 식으로 심장과 함께하는 법을 배우고 시간과 노력을 들여 연습하면 자기 내부 또는 외부에서 무슨 일이 일어나든 안정감과 사랑, 지지의 진정한 원천에 연결된 느낌을 받을 수 있습니다. 이는 느낌과 감각으로 나타나기도 하고, 가끔은 우리를 보살펴 준 인물이 내면화된 존재, 즉 내면양육자의 모습으로 등장하기도 합니다.

심장 스캔 명상법에 관해서는 관계를 맺으며 심장 중심을 유지하는 법을 배우는 8장에서 다시 살펴볼 예정입니다. 일단은 다양한 상황에서 이 연습을 반복함으로써 심장과 가까워져서, 필요할 때마다 언제든지 심장 지능에 접근하는 법을 익히는 정도면 충분합니다. 우리가 함께하는 치유 여정에서 이 주제는 몇 번이고 다시 등장할 겁니다. 당신이 고통스러운 상처를 마주해서 다스리고, 감정적 균형을 찾고, 궁극적으로는 사랑하는 법을 다시 배우게 해 줄 내면세계의 기반이 바로 심장이기 때문이죠.

🛡️ 고통으로부터 나를 지키는 파수꾼

이 장의 목적 중 하나는 사랑과 지지를 보내는 태도로 내면아이에게 공감하는 것이며, 그러기 위해서는 내면파수꾼의 역할을 이해해야 합니다. 심장 스캔을 하며 당신은 이 파수꾼의 가혹하고 비판적인 목소리가 얼마나 크고 끈질긴지 예민하게 알아차렸을지도 모릅니다. 주로 배경에서 들려오는 이 목소리는 당신이 뭔가를 꼭 해야 하거나 하지 말아야 한다고 다그치곤 하죠. 하지만 내면아이와 마찬가지로 이들 또한 온전히 받아들여 치유 과정에 포함시켜야 하는 당신의 일부입니다.

파수꾼을 밀어내고 싶은 마음을 감사히 여기는 마음으로 바꾸는 것은 가장 중요한 내적 변화 가운데 하나입니다. 비판하는 목소리를 멈추고 싶은 것은 당연하지만, 그 목소리가 얼마나 강력한지는 우리가 더 다치지 않도록 파수꾼이 얼마나 많은 고통과 두려움을 막아 내고 있는지를 직접적으로 보여 주지요. 나를 알아줄 사람을 절대로 찾지 말라고 내 마음이 내게 명령했다면, 그 덕분에 나는 내 내면에 고통의 바다가 펼쳐져 있음을 거의 알아차리지 못했을 게 틀림없습니다. 누구나 자기 삶에서 이런 예를 찾아볼 수 있죠. 그러므로 우리는 상처받은 내면아이를 위해 마음의 문을 지키는 모든 파수꾼에게 고마워해야 합니다. 이들은 내면아이가 사회 또는 가족의 기대에 부응하지 못한다고 수치나 비판을 당하는 일이 없도록 애쓰고 있을 뿐이니까요.

한편 내면파수꾼에게는 다른 측면도 있습니다. 우리 발목을 잡으려는 의도는 없는데도 이들은 우리가 가장 두려워하는 것, 즉 자신이 모자라고, 사랑받을 자격이 없고, 지나치게 예민하다는 생각을 부추깁니다. 지난 관계에서 우리가 받아들여지지 못했던 원인이 바로 이 부분이죠. 두려움에서 태어났기에 파수꾼은 사물을 흑백으로 뚝 잘라 구분합니다. 좋은 것과 나쁜 것, 옳은 것과 그른 것. 이들은 우리를 보호한다는 명목하에 불안과 수치심을 불러일으키고, 그 과정에서 의도치 않게 부정적 핵심 신념을 한층 더 강화합니다.

우리가 이 이야기를 하는 도중에도 당신의 파수꾼 중 하나가 모습을 드러냈을 가능성이 큽니다. 이 마음속 파수꾼이 어떤 모습으로 무슨 말을 하는지 주목해 보세요. 한 내담자는 이런 말을 했습니다. "저는 우리 엄마가 탁구 시합에서 이기려 들지 말라고, 그러면 남자애들이 널 싫어할 거라고 잔소리하는 게 들려요. 그래서 남자들이 많은 자리에서 내 의견을 내세우려고 할 때마다 몸 전체가 움츠러들고 목이 메어서 말이 안 나와요. 잔소리를 무시하려고 하면 바보같이 굴지 말라고 크고 날카롭게 외치는 소리가 들리죠."

사회의 목소리처럼 좀 더 추상적인 경우도 있습니다. "○○○

하는 것은 여자/남자답지 못해." 한 남성 내담자는 아내와 딸이 자신을 사랑하기는 하지만, 자신이 약한 모습을 보일 바에야 죽는 편이 낫다고 그들이 생각할 것 같다고 말했죠. 당신의 파수꾼은 무슨 말을 하나요? 파수꾼의 말에 깊이 귀 기울이다 보면, 파수꾼이 다시는 일어나지 않게 하려고 무진 애를 쓰며 막는 고통과 두려움의 뿌리를 발견할 수도 있지 않을까요?

문제는 이 목소리를 따르는 것이 안전하게 느껴질 때가 많다는 겁니다. 파수꾼의 말은 일리가 있는 듯 들리죠. 뭐가 어찌 됐든 온갖 잡지와 영화에서 떠드는 것처럼 돈 많고 날씬하면 인생이 완벽하지 않을까요? 안타깝게도 그렇진 않습니다. 납작한 배와 두둑한 은행 계좌는 사랑하고 사랑받는 능력과는 '전혀' 관계가 없으니까요.

치유가 상당히 진행될 때까지 내면파수꾼은 멈추지 않습니다. 과거 경험을 근거로 고통을 예측하고, 그 고통을 또 겪지 않도록 당신을 보호할 생각뿐이니까요. 내면에서 들리는 파수꾼의 목소리는 비판적이고 당신에게 수치심을 줄 수도 있지만, 이는 당신이 바깥세상에서 똑같은 감정을 느끼지 않게 막으려는 의도에서 나온 것입니다. 치유 과정을 거치지 않으면 이들의 목소리는 일종의 최면처럼 끈질기게 이어집니다.

하지만 당신이 내면파수꾼과 친해져서 이들의 역할은 오로지 홀로 힘들어하는 내면아이를 더 큰 고통으로부터 보호하는 것이었음을 깨닫고 나면, 파수꾼은 자기가 이해받고 인정받는다고 느끼기 시작합니다. 이렇게 신뢰가 쌓이면 이들은 내면아이의 고통과 두려움이 갇힌 영역으로 들어가는 문을 기꺼이 열어 주죠. 이제 파수꾼은 우리를 내면아이에게 더 큰 상처를 주거나 비판을 가하려 드는 존재가 아니라, 함께 아이를 안전하게 지킬 아군으로 보기 때문입니다. 오래된 상처가 나을수록 파수꾼이 내면아이를 보호하려고 애쓸 필요도 없어집니다. 따라서 이들의 목소리는 점점 잦아들고, 내면아이는 점점 호기심과 경탄, 장난기 같은 즐거운 감정을 드러내는 동시에 치유를 통해 회복된 직관을 발휘할 수 있게 되지요.

내면파수꾼 또한 자신의 다른 모든 부분과 '똑같이' 조건 없는 사랑을 받을 자격이 있음을 이해해 주면, 이들은 과거의 고통이 반복되지 않도록 감시하는 역할에서 현재 상황에 초점을 맞춘 보살핌과 조언을 제공하는 역할로 서서히 옮겨 갑니다. "아무한테도 네가 우는 모습을 보여선 안 돼"라고 말하는 대신 "네 눈물은 귀한 거야. 이 사람은 네가 우는 모습을 보여 줘도 괜찮은 사람이니?"라고 말하게 되죠. 파수꾼의 현명한 충고는 당신이 자기에게 맞는 믿음직한 사람을 구별하는 데 도움이 되기 시작할 겁니다.

연습 3

내면파수꾼과 친해지기

내면파수꾼과 친구가 될 준비 되셨나요? 좋습니다. 첫 번째 단계는 파수꾼이 당신 귓가에 대고 말을 할 때 그 사실을 눈치채는 것입니다. 불안 애착형인 사람은 마음 한구석에서 들려오는 파수꾼의 목소리에 너무 익숙해진 나머지 그게 자아의 가장 강한 부분이라고 믿고 있을 가능성이 큽니다. 심지어 진정한 자신이라고요. 하지만 그렇지 않다는 사실을 기억하세요. 내면파수꾼은 풍부한 내면세계의 일부분일 뿐입니다.

이 점을 의식적으로 되새기면 파수꾼이 어떤 식으로 당신을 보호하려 하는지 더 쉽게 눈치챌 수 있습니다. 그러다 보면 당신이 타인에게 받아들여진다는 느낌을 받으려고 자신의 어떤 부분을 버려야 했는지도 알게 되지요. 예를 들어 "감히 상사한테 말대꾸할 생각하지 마"라는 파수꾼의 말을 들으면, 의견 차이를 드러내는 것조차 위험했던 집안 분위기가 떠오를지 모릅니다. 다음 단계를 따라 당신의 내면파수꾼과 친해져 보도록 하죠.

❶ 의식적으로 내면파수꾼의 목소리를 찾아내는 연습을 해 봅시다. "해야만 해"와 "하면 안 돼"라는 말이 그들의 존재를 드러내는 실마리입니다.

❷ 파수꾼이 반복하는 메시지가 무엇인지 알아내세요. 주의 깊게 귀 기울이면 특정 주제가 보이기 시작합니다. 그들이 가장 중요시하는 문제는 무엇인가요? 파수꾼의 패턴을 파악하는 능력을 기르다 보면, 그들의 경고는 어린 시절 부모님이 허용하지 않았던 바로 그 생각과 감정, 행동에 해당한다는 사실을 깨달을 수도 있습니다.

❸ 내면파수꾼에게 예전에 당신을 곤경에 빠뜨렸던 행동을 반복하지 않게 도와줘서 고맙다는 마음을 전달합니다. 이 오래된 핵심 상처를 치유하도록 문을 열어 줘서 고맙다고 해 보세요. 이제는 다르게 반응할 자유를 얻기 위해 있는 힘껏 노력하고 있다고, 상처가 치유되면 이제 너희가 그렇게까지 신경을 곤두세우지 않아도 된다고 자신 있게 말해 주세요. 당신이 타인에게 끼치는 영향, 타인이 당신에게 끼치는 영향에 관해 현명한 조언을 해 주리라 기대한다고도 전해 주세요. 당신의 소중한 일부로 인정받은 것만으로도 내면파수꾼은 벌써 상당히 누그러진 모습을 보일 겁니다.

이 작업을 하는 동안 파수꾼이 때로 얼마나 가혹하고 강압적인지 느낄 겁니다. 지금껏 이 부정적이고 비판적인 목소리를 따르면 올바른 길로 갈 수 있다고 생각했기에 파수꾼의 말에 주의를 기울였죠. 그들 없이는 방어 수단도 자기 인식도 없이, 삶이 어디로 향하는지도 모른 채 남겨질까 봐 겁이 났을지도 모릅니다. 마치 누가 채찍을 휘두르지 않아도 걸을 수 있다는 사실을 잊어버린 말과 같죠. 그렇지만 당신이 내면의 고통을 치유하면 파수꾼은 천천히 부드러워지고, 다정한 방식으로 당신을 계속 이끌어 줄 겁니다.

이제 내면파수꾼이 내면아이와 어떤 식으로 상호작용하는지 다시 살펴봅시다. 2장에 나왔던 수잔의 이야기를 기억하시나요? 수잔은 설거지를 돕지 않는 파트너 댄에게 짜증이 났었죠. 수잔의 내면아이는 화가 나고 인정받지 못한다고 느꼈습니다. 하지만 내면파수꾼은 이렇게 경고했죠. "아무 말도 하지 마! 댄의 기분을 상하게 할 뿐이야. 네 마음을 말해 봤자 싸움만 나. 댄이 너를 떠날지도 몰라. 네 의무는 댄의 욕구를 채워 주는 거고, 댄한테는 그럴 의무가 없어. 네 기분은 중요하지 않아." 버려진다는 수잔의 핵심 상처에 뿌리박혀 있던 이 두려움은 다시 버려지는 일이 없도록 내면파수꾼이 내면아이를 보호하는 방식을 잘 보여 주는 예시입니다.

수잔이 내면파수꾼의 말을 듣는다면 내면아이는 겁을 먹고 숨어 버릴 겁니다. 수잔은 분노를 억누를 테고, 억울함이 쌓이겠죠. 반대로 내면아이가 이기면 수잔은 자기 기분과 설거지에 관해 차분히 대화를 시도하는 대신, 감정적으로 불안정해져서 댄에게 소리를 지를 겁니다. 그 뒤에는 가드레일도 없이 감정적 충동에 따라 폭주하는 행동이 이어지겠지요.

불안형에게는 이 두 가지 모두 익숙한 반응입니다. 따뜻하고 지혜로운 어른인 내면양육자가 끼어들어 당신이 치유 과정을 시작할 수 있게 도와주기 전까지는 계속 이런 반응이 튀어나오기 마련이죠. 하지만 내면파수꾼이 당신을 무엇으로부터 보호하려고 애쓰는지 이해하면 자신의 핵심 상처를 더 깊이 통찰할 수 있습니다.

❤️ 내 안에서 발견한 위로와 지지

부모님이 우리 욕구를 채워 줄 능력과 시간이 없는 분들이었다고 해도, 우리는 대부분 자신을 지지하는 사람들로 이루어진 내적 공동체를 꾸리는 데 도움이 될 만한 관계를 맺으며 살아갑니다. 얼른 이해가 가지 않는다면 한번 곰곰이 생각해 볼까요. 살면서 당신에게 가장 큰 사랑과 인정, 보살핌, 지지를 주었던 사람은 누구인가요? 그런 경험은 아주 잠깐이었더라도 매우 중요합니다. 지금은 이 공동체가 작더라도, 앞으로 하게 될 작업을 통해 평생에 걸쳐 우리와 함께할 사람들의 존재를 얼마든지 추가할 수 있지요.

이들의 지지는 말로 표현되지 않을 때도 있습니다. 이들은 진정으로 우리 곁을 지켜 주고, 우리가 선하고 가치 있음을 알려 준 사람들입니다. 그 덕분에 우리는 자신을 좀 더 가치 있는 사람으로 여기게 되고, 같은 식으로 우리를 대해 줄 누군가가 또 나타나리라는 희망도 품게 되죠. 위안을 주는 이들의 지혜로운 존재는 우리가 가장 고통스럽고 다루기 힘든 감정을 헤쳐 나가도록 돕는 동시에 온전한 자신을 되찾는 데 힘이 되어 줍니다.

정신없이 바쁜 삶과 인간관계에 뒤따르는 불안 탓에 우리는 이 내면양육자 공동체와 소통하는 데 별로 익숙하지 않습니다. 대신 우리를 최대한 고통에서 지키려는 내면파수꾼이 무대 가운데를 차지하죠. 이제는 내면파수꾼, 내면아이와 소통할 때 의식적으로 내면양육자 공동체에 접촉해서 이들의 도움을 받아야 합니다. 자신이 내면화한 이 인물들에게 최대한 의지하세요. 이들은 우리 안에서 살아 숨 쉬며 실시간으로 도움을 주는 존재니까요. 이들은 하나같이 우리와 공동 조절을 거듭하며 안전한 느낌을 선사합니다. 다음은 내면양육자란 어떤 존재인지 감을 잡는 데 도움이 될 만한 예시입니다.

- 항상 곁에 있어 주지는 못했던 부모님이 당신을 제대로 보고, 알아주고, 사랑해 준다고 느꼈던 몇몇 특정한 순간들.
- 당신을 따스하게 지켜보고 마음을 읽어 준 상담사나 스승, 멘토에 해당하는 인물.
- 당신을 꾸준히 지지하고 인정해 주는 친한 친구.
- 조건 없이 당신을 사랑하고 지지하고 언제나 당신 곁을 지켰던 반려동물.
- 당신의 배움을 도왔을 뿐만 아니라 인간적 보살핌까지 베푸셨던 선생님.
- 마음의 고향에 온 것처럼 유난히 편안한 느낌이 들었던 장소 (자연 속의 장소일 수도 있고, 포근하고 안전하게 느껴지는 특정한 공간일 수도 있습니다).

또는 일상에서 직접 대면해 관계를 맺지 않은 인물에게서도 마음을 의지할 만한 깊은 유대감을 느낄 수 있습니다.

◆ 롤모델. 세계 무대에서 활동하며 따뜻한 마음과 연민을 보여 준 인물.

◆ 자신이 속한 문화권에서 의미 있는 존재(신이든 우주든 대자연이든, '신성한 존재'에 마음을 의지하는 사람은 많습니다).

잠깐 시간을 들여 이 목록을 다시 찬찬히 읽으면서 마음속에 자연스럽게 누가 떠오르는지 느껴 보세요. 그럴 때 내면파수꾼도 모습을 드러내지는 않는지 살펴보세요. 파수꾼은 당신이 위험 요소를 고려하지 못할까 봐 걱정되어 달려오기도 합니다. 아니면 아예 내면양육자의 존재 자체를 부정하려 들 수도 있습니다. "그들이 진짜인지 어떻게 알아? 그냥 네 상상일 수도 있어." 이럴 때는 파수꾼의 말을 인정해 주면 도움이 됩니다. "무슨 말인지 알겠어. 걱정하는 것도 알아. 그래도 너희가 이 양육자들과 알고 지냈으면 좋겠어. 도움을 받을 수 있을지도 모르잖아."

파수꾼의 말이 들려올 때마다 고마움을 표현한 다음 다시 양육자에게 돌아가세요. 이렇게 하면 원래는 뇌(내면파수꾼)와 심장(내면양육자)에 각각 자리 잡고 멀리 떨어져 있는 두 집단 사이에 실제로 새로운 신경 회로가 만들어집니다. 우리에게는 방어와 보살핌 두 가지가 다 필요하죠. 보살핌과 지지의 경험을 차곡차곡 쌓은 양육자는 우리를 안전하게 지키느라 지쳤을 게 틀림없는 파수꾼에게 큰 도움을 줄 수 있습니다.

연습 4

내면양육자와 친해지기

당신이 내면화한 인물, 즉 내면양육자의 목소리와 에너지를 만났다면, 이제 그들과 좀 더 친해질 차례입니다. 아래는 이 새로운 관계를 탐색해서 안정감 있게 당신을 감싸 줄 에너지를 삶에 끌어들이는 연습입니다. 이때의 연결된 느낌은 심장에서 생겨나므로 이를 심장 지능의 목소리라고 여겨도 됩니다. 그때그때 마음에 떠오르는 양육자를 만나면서 매일 아침을 시작하는 것도 아주 좋은 방법이죠.

❶ 눈을 감고 이 연습에서 당신이 내면양육자로 선택한 인물을 떠올립니다. 최선을 다해 그 사람을 마음속에 그리면서 그 사람이 주는 사랑, 따스함, 공감, 다정함, 인정을 '느껴' 보세요. 이 느낌이 전부 당신 안으로 스며들게 한 다음, 신체 감각에 어떤 변화가 일어나는지 주목해 보세요. 너무 기분이 좋아서 절로 미소가 지어질지도 모릅니다. 아니면 감정이 북받쳐 울음이 터질 수도 있습니다. 그래도 괜찮습니다. 그냥 이 내면의 존재에 폭 감싸인 채 무엇이 올라오든 그대로 두세요.

❷ 당신에게 할 말이 있는지 내면양육자에게 물어보세요. 당신이란 존재의 모든 측면에서, 그러니까 언어, 감정, 감각을 전부 동원

해서 대답에 귀 기울여 보세요. 자기 것처럼 들리는 어떤 목소리가 머릿속에서 "너는 안전해"라고 말하는 것이 들릴 수도 있고, 아니면 그저 따뜻한 감각과 사랑이 느껴질 수도 있습니다. 혹은 어느 정도 불편함이 느껴질 수도 있습니다. 이 연습이 당신에게 아직 어렵고 낯설다는 점을 내면양육자가 인정하고 있다는 뜻이죠. 그래도 괜찮습니다.

❸ 양육자가 당신을 안심시키고, 이해하고, 인정하고, 격려하도록 몸을 맡기세요. 당신은 안전합니다. 이 사랑 넘치는 존재의 눈을 통해 본 당신은 어떤 모습인가요? 당신의 어떤 부분이 긍정적으로 인정받은 느낌이 드나요?

❹ '텅 비었다' '평화롭다' '행복하다' '슬프다' 등 어떤 느낌이 올라오든 마음 놓고 느껴 보세요. 내면양육자가 당신에게 안전한 공간을 제공하니까요. 양육자는 있는 그대로의 자기 모습으로 살아도 안전하다는 것을 당신이 깨닫기를 바랍니다.

❺ 혹시라도 내면파수꾼이 나타나서 당신이 지금 느끼는 감정을 부끄럽게 여기라고 한다면, 내면양육자가 살짝 끼어들게 합니다. 파수꾼의 염려를 인정해 준 다음 다 괜찮을 거라고 안심시켜 주세요. 당신이 안전하며 지지와 사랑을 받을 거라고, 어떤 감정이 올라오든 당신은 괜찮다고 양육자가 파수꾼을 다독이는 말에 귀 기울여 보세요.

❻ 이제 내면양육자에게 안정감과 지지, 조건 없는 사랑으로 상처받은 내면아이를 치유하게 도와 달라고 부탁할 차례입니다. 당신

이 힘껏 앞으로 나아가는 동안 당신 곁에 있어 달라고 말해 보세요.

❼ 사랑으로 당신의 치유를 돕는 그들의 존재에 감사를 표하세요. 그리고 당신을 안전하게 지키려고 애쓰는 내면파수꾼에게도 고맙다는 말을 전하세요. 그런 다음 돌아올 준비가 되면 눈을 뜨세요.

이제 내면에서 우리를 보살피는 양육자와 적극적으로 소통하게 되면, 하루에도 몇 번씩 그들을 만나러 가고 싶어질지도 모릅니다. 내가 만난 내담자 중에도 처음에는 자신을 향한 누군가의 사랑과 지지, 선한 의도를 자기 내면세계로 가져올 수 있다는 개념 자체를 이해하기 어려워하는 이들이 있었습니다. 하지만 곧 여러 내담자가 자연스럽게 이런 말을 하기 시작했죠. "술을 참기가 힘들어서 괴로울 때 마음속에서 선생님 목소리가 들려요." "언제든 가슴에 손만 얹으면 누군가가 내 옆에 있는 것처럼 느껴져요." 타인을 내면화해서 보살핌과 지지가 필요할 때 자신을 안심시켜 줄 존재를 마련하는 인간의 능력에 감탄하지 않을 수 없습니다.

어쩌면 당신은 내면파수꾼과 내면양육자가 대화하는 것을 듣게 될지도 모릅니다. 이는 모두 내면아이가 안전하다고 느낄 만한 환경을 마련해 주기 위한 밑 작업이죠. 다음 장에서는 내면양육자와 더 긴밀히 소통하며 그들의 영향력을 키워서, 상처받은 내면아이를 치유할 때 도움을 받는 법을 살펴봅니다. 당신이 내면 작업의 핵심으로 접어들 때 나도 당연히 곁에 있을 겁니다. 당신은 절대 혼자가 아닙니다.

5장

잘못된 감정은
없다

아픈 감정을 재빨리 건너뛰어 버리면
어떻게 해야 건강하고 안정된 방식으로 감정을
헤쳐 나갈 수 있는지 배울 기회가 사라집니다.
치유의 계기는 나를 똑바로 보고 내 말을 들어 달라고
절박하게 외치는 자신의 상처받은 부분을
고스란히 품을 용기를 낼 때 비로소 찾아옵니다.
모든 감정은 중요하고, 귀 기울일 가치가 있고,
있는 그대로 받아들여져야 합니다.

　당신과 내면아이의 관계는 당신이 다른 사람들과 맺는 관계, 특히 가장 친밀한 관계가 흘러가는 방식에 커다란 영향을 미친다는 건 이제 더 말할 필요도 없겠죠. 내면아이가 어린 시절에 입은 핵심 상처에 따라 어른이 된 뒤 어떤 종류의 관계를 본능적으로 갈구하는지가 정해집니다. 특히 고통스러운 방식으로 사랑하고 사랑받는 법을 배운 내면아이는 성장하는 데 필요한 적절한 보살핌을 받지 못했기 때문이죠.

　앞 장에서 우리는 상처받은 내면아이가 속상해할 때마다 아이를 달래게 도와 달라고 호출할 수 있는, 당신 내면에서 보살핌을 담당하는 부분을 만났습니다. 이 내면양육자는 시간을 들이면 가장 깊이 숨겨진 감정을 받아들여 감당할 만큼 안전하고 따뜻한 환경을 만드는 데도 큰 도움을 줄 조력자입니다.[1] 마치 관심과 책임감, 애정을 갖춘 지혜로운 부모처럼 당신이 감정을 표현할 자유를 허락하는 동시에 당신을 안전하게 지킬 울타리를 만들어 주지요. 이들은 불안 애착형 대부분이 어린 시절에 받지 못했던 조건 없는 지지를 건네며 항상 우리 등 뒤를 든든히 떠받칩니다.

내면아이를 늘 곁에서 다정하게 보살피는 법을 배우는 동안 내면양육자에게 주도권을 맡기는 것은 자기 채움에서 필수적인 부분입니다. 이 과정을 시작하려면 먼저 어떻게 해야 내면양육자와 힘을 합칠 수 있는지를 차근차근 배워야겠죠. 당신에게 애정을 준 이들에게 기대는 이 방법의 핵심은 치유에 도움이 되는 자신만의 내면 '공동체'를 만드는 것입니다. 탄탄한 내면양육자 공동체를 구성하고 언제든 불러내는 방법을 익히면 자신에게 필요한 사랑과 지지를 얻으려고 자기 외부의 타인에게만 의존할 필요가 없기 때문입니다.

이 양육자들은 내면아이의 다양한 모습을 마치 진짜 아이 돌보듯 속속들이 파악할 수 있는 안전한 환경을 제공합니다. 다시 말해 내면아이가 깨어나거나 떼를 쓰려는 조짐을 눈치채게 되죠. 내면양육자는 내면아이를 옆에 앉히고 아이에게 무엇이 필요한지 귀 기울여 들어 줍니다. 그 덕분에 당신은 내면아이의 감정 상태를 헤아려서 언제든지 정확히 읽어 줄 수 있고, 그런 감정적 혼란이 일시적이라는 사실을 이해하게 됩니다. 아이의 든든한 버팀목이 되어 준다는 뜻이죠. 그러면 내면아이는 버려진다는 두려움에 휩쓸릴 때도 어떻게든 안전을 확보하려고 아무 데나 또는 아무나 붙잡고 매달릴 필요가 없어집니다. 자기 마음 안에 자신을 도와줄 든든한 존재가 있음을 알고 있으니까요.

이 과정은 '재부모화re-parenting'로 불리기도 합니다. 근본적으로 어린 시절 주 양육자에게서 받지 못했던 것을 채우는 작업이기 때문이죠. 당신을 보살피는 이 공동체가 튼튼해질수록 일종의 내면 공동 조절도 활발해집니다. 평생에 걸쳐 우리는 타인과의 친밀한 관계를 갈구하기 마련입니다. 그건 우리가 인간이기에 당연한 일이죠. 내면아이를 치유하고 나면 타인과의 관계는 자신을 완성해 줄 누군가를 절박하게 찾는 과정이 아니라 기쁨 가득한 성장의 기회가 됩니다. 치유를 거치면서 현실 세계에서도 따뜻하고 든든한 품성을 갖춘 이들에게 손을 내밀면 당신이 이미 마련해 둔 내면양육자 공동체에 이 믿음직한 사람들을 더해서 의지할 수 있습니다.

이 작업을 시작할 때는 자신만의 속도로 시간을 들여 나아가는 것이 중요합니다. 도달해야만 하는 목표도 없고, 정답을 맞히면 붙여 주는 금색 별 스티커도 없습니다. 앞으로도 내면아이는 늘 당신과 함께일 테고, 계속 위로과 보살핌이 필요하겠죠. 내면양육자, 그리고 이 여정을 당신과 함께하는 이들을 신뢰하는 법을 배우는 것은 쭉 계속되어야 할 과정입니다. 처음에는 낯설고 어색할지 모르지만, 차츰 내면의 안정감이 꾸준히 커지는 것을 느낄 수 있게 될 겁니다.

🌑 내면아이와 소통하는 법

내면아이에게 다가가는 첫 단계는 당신과 내면아이의 현재 관계가 어떤지 파악하는 것입니다. 앞 장에서 내면아이를 지키려는 내면파수꾼의 목소리가 되려 아이에게 상처를 주기도 한다는 점을 살펴보면서 이 부분을 살짝 들여다본 적이 있죠. 이번에는 좀 더 깊이 들어가서 실제로 내면아이와 가까이 마주앉아 아이가 무슨 말을 하고 싶어 하는지 알아보도록 하죠.

처음에는 어색하게 느껴질 수도 있지만, 그래도 괜찮습니다. 어쩌면 너무 당연한 일이니까요. 사실 우리 사회는 감정이란 골치아프고 불편할 뿐 아니라 너무 시간을 잡아먹는다고 여기는 경향이 있습니다. 우리는 대부분 '감정 건너뛰기emotional bypassing'가 대수롭지 않게 일어나는 가정에서, 너무 바쁘거나 정신이 없어서 우리와 마주 앉아 감정에 귀 기울일 시간이 없는 부모 밑에서 자랐습니다. 부모가 우리를 얼마나 사랑하든 상관없이 말이죠. 속상한 일이 생기면 우리는 포옹 한 번이나 "괜찮을 거야"라는 말, 과자 한 개, 추가 TV 시청 시간 정도를 받을 뿐이었습니다. 여기에 잘잘못을 따질 필요는 없습니다. 정신 건강과 '감정 지능'에 관한 이야기가 널리 알려진 것은 극히 최근의 일이니까요.

우리 부모님 역시 자기 감정을 마주하는 방법을 몰랐을 가능성이 매우 큽니다. 까다로운 감정에 맞닥뜨리면 사람들은 대개 가능한 한 빨리 그 상태를 바로잡으려 합니다. 술이나 약의 힘으로 감정을 물리치든, 아니면 그저 억지로 용감한 표정을 짓고 아무렇지 않은 척하든 말이죠.

이 말은 우리 또한 어린 시절에 그렇게 하는 법을 배웠다는 뜻입니다. 가족의 일원이 되려면 그래야 한다고 요구받았기 때문이죠. 우리에게 정말로 필요한 것은 온갖 종류의 감정적 경험을 온전히 받아들이는 태도를 몸소 보여 주는 부모입니다. 자랑스러움, 기쁨, 흥분은 물론 힘듦, 고통, 혼란까지 모두 말이죠. 사람들은 대체로 타인이 괴로워하는 모습을 보면 마음이 불편해지고, 그런 안 좋은 기분에서 벗어나기 위해 어떻게든 주의를 돌릴 만한 것(음식, 일, 쇼핑, 약, 소셜 미디어, 운동 등등)을 잽싸게 찾아냅니다. 그런 점을 생각하면, 감정을 정면으로 받아들이는 문제에서 우리 사회는 아직 갈 길이 멀다고 할 수 있죠.

고통스러운 감정을 재빨리 건너뛰어 버리면 어떻게 해야 건강하고 안정된 방식으로 감정을 '헤쳐 나갈' 수 있는지 배울 기회가 사라집니다. 이는 우리가 오직 고통과 복잡다단한 감정 '속에서' 찾을 수 있는 마법과도 같은 치료제를 잊고 말았다는 뜻이죠.

치유의 계기는 나를 똑바로 보고 내 말을 들어 달라고 절박하게 외치는 자신의 상처받은 부분을 고스란히 품을 용기를 낼 때 비로소 찾아옵니다. 한번도 욕구가 채워진 적 없는 이 상처받은 부분에는 사실 우리의 전반적 행복에 중요한 열쇠가 숨어 있으며, 필요한 것은 누군가의 따뜻한 관심뿐일 때가 많죠. 모든 감정은 중요하고, 귀 기울일 가치가 있고, 있는 그대로 받아들여져야 합니다. 상처받은 내면아이를 치유하려 할 때 바로 이 대목에서 내면양육자가 등장해 당신의 전부를 있는 그대로 긍정해 줘야 하죠.

내면아이의 모든 측면을 받아들이는 지혜로운 보호자가 되는 유일한 방법은 아이가 하고 싶어 하는 말 하나하나를 새겨듣는 것뿐입니다. 그러려면 우선 따로 시간을 내서 최대한 차분히 내면아이에게 귀 기울여야 하건만, 불안 애착형에게는 이조차 쉬운 일이 아니죠.

앞서 언급했듯 불안형들은 자신의 안전을 지킬 방편으로 타인의 행동과 반응을 꼼꼼하게 살핍니다. 말 그대로 방치되어 죽을지도 모른다는 위험 신호를 찾아내려고 바깥세상에 최대한 촉각을 세우죠. 이런 성향은 우리가 타인의 욕구를 민감하게 느끼는 동시에 안정감을 유지하도록 도와줍니다. 하지만 여기에는 대가도 따르기 마련입니다. 자기 내면에서 일어나는 일보다 주변에서 일어나는 일에 훨씬 더 신경을 쓰니까요.

더 바쁘고 더 산만해질수록 우리는 바깥에서만 사랑을 찾으려 하고, 내면양육자에게 사랑과 지지를 요청하기는커녕 내면아이의 목소리조차 점점 듣지 못하게 됩니다. 반대로 내면양육자 공동체에 마음을 열면 내면아이에게 공감할 수 있게 되죠. 속도를 낮추는 것 또한 고통과 마주하는 데 도움이 됩니다. 그러니 천천히 한 발짝씩, 함께 나아가 봅시다.

🖤 아픈 부위에 숨은 치유의 실마리

얼마나 균형 잡힌 인생을 누리든, 얼마나 운이 좋든 상관없이 인간은 누구나 고통을 경험합니다. 내면아이가 품은 핵심 상처는 우리 자신만큼 나이가 많고, 우리의 일부라고 할 만큼 깊을 때가 많습니다. 미처 해결되지 못하고 몸 안에 갇힌 이 해묵은 고통은 우리의 모든 경험을 자기 색깔로 물들여, 우리가 온전하고 만족스러운 삶을 살지 못하도록 방해합니다.

당연히 인간은 고통을 겪지 않길 바라지요. 하지만 따뜻한 지지가 있으면 우리는 사랑받지 못하거나 욕구가 채워지지 않아서 생겨난 고통을 비롯한 모든 감정을 있는 그대로 받아들이는 법을 배울 수 있습니다.

그러지 않고 이 분노하고 상처받은 부분으로부터 자신을 지키려고 벽을 세우면, 우리 마음속에 항상 존재하고 있는 기쁨까지 차단하게 되죠. 그 탓에 원래부터 가지고 있던 행복과 안녕의 자원을 활용하는 대신 기분을 달래기 위해 외부의 쾌락을 좇아야할 처지에 놓입니다. 3장에서 설명했듯 상처를 달래려고, 또는 고통에서 눈을 돌리려고 다른 사람에게 매달리면 공의존이나 연애 중독에 빠지기 쉬워집니다.

이제 우리는 감정, 그리고 몸이 당신에게 보내는 메시지를 경험하는 데 집중해 보려 합니다. 나는 이것을 감정 '끌어안기'라고 부릅니다. 여기서 중요한 점은 "어떤 감정이든 다 괜찮다"라는 사실을 기억하는 겁니다. 다시 말하지만 '좋은' 감정이나 '나쁜' 감정은 없습니다. 사람들은 종종 감정을 긍정적인 것과 부정적인 것으로 나누는데, 사실 모든 감정은 지금 우리 안에서 무슨 일이 일어나는지 알려 주는 중요한 의사소통 수단입니다. 그러니 부모나 양육자는 아무리 힘들거나 혼란스럽거나 불편할지라도 아이가 느끼는 감정을 있는 그대로 지켜보고 존중해 주어야 합니다. 하지만 아이의 감정을 어떻게 인정해 주어야 할지 잘 모르는 부모는 여기에 '좋다' '나쁘다'라는 꼬리표를 붙이죠.

예를 들어 방과 후에 부모님이 데리러 오지 않아서 속이 상한 아이가 있다고 합시다. 부모는 타이어 펑크가 났든지 갑자기 무슨 일이 생겨서 늦었고, 아이는 점점 두려움에 빠집니다. 마침내 도착한 부모는 표정이 몹시 어두운 아이를 보고 이렇게 말합니다. "왜 그렇게 기분이 안 좋아? 이제 엄마가 왔잖아. 걱정할 거 하나도 없어!" 자연스러운 반응으로 들리지 않나요? 부모는 아이에게 이제 안전하다고 알리고 싶겠죠. 하지만 이건 사실 감정 건너뛰기에 해당하는 예입니다. 더불어 그 순간 아이가 느끼는 괴로움은 진짜가 아니거나 잘못되었다는 뜻을 담은 말이죠. 지금 이 부분을 읽으면서 당신 몸에서도 감정이 비판받거나 부정당했을 때 드는 감각이 느껴질지 모르겠네요.

반면 아이의 감정을 받아들일 줄 아는 부모, 그래서 아이의 욕구를 인지하고 이해한다고 알려 주는 부모는 그런 말 대신 자신이 늦게 와서 아이 기분이 어땠는지 묻습니다. 아이가 하는 말을 귀 기울여 들은 다음 고개를 끄덕이며 이렇게 말하겠죠. "그래, 그러면 당연히 걱정됐겠네. 엄마가 어디 있는지 몰라서 겁이 났던 모양이구나." 잠깐 멈추고 이 말에 어떤 감각이 올라오는지 몸으로 느껴 보세요.

근본적으로 부모는 아이가 실망하면 속이 상합니다. 그래서 자신이 간접적으로라도 아이를 괴롭게 했다는 생각이 들면 방어적으로 나오게 되고, 실수를 얼버무려서 자기 기분을 만회하려고 애쓰기도 합니다. 결국 죄책감 또한 부정적 감정이며, 자기가 나쁜 부모라고 생각하고 싶은 사람은 아무도 없죠. 자기 자신, 그리고 아이에게 지금 일어난 일과 그로 인해 생겨난 감정이 별것 아닌 척(특히 앞의 예시에서처럼 몸을 다친 사람이 아무도 없을 때)하는 편이 훨씬 쉽습니다. 하지만 이런 식으로 감정을 건너뛰면 혼란스럽고 취약한 감정이 점점 쌓입니다. 앞서 살펴본 대로 욕구가 채워진 적 없는 아이는 결코 성장하지 못하고 상처받은 채 내면아이로서 계속 살아가게 되죠.

누구를 탓하자는 게 아닙니다. 누구나 다 자기 감정을 매우 자주 회피합니다. 그렇게 하라고 배웠으니까요. 하지만 알고 보면 감정은 정서적 욕구를 우리에게 알리는 메신저입니다. 감정을 인정하지 않는 태도는 자기 자신에게 그런 식으로 느껴서는 안 된다고, 나아가 그런 욕구를 품으면 안 된다고 강제하는 셈이죠. 감정을 온전히 받아들이려면 우선 당신의 내면양육자, 그리고 이 여정을 당신과 함께할 이들에게 인정이라는 선물을 받는 법을 배워야 합니다. 내면 공동체의 도움을 받든 곁에 있는 사람들에게 건강한 방식으로 도움을 요청하든, 앞으로 꾸준히 자신의 정서적 욕구를 충족하며 살아가기 위해서는 이 단계가 반드시 선행되어야 합니다.

스스로 감정을 인정하는 연습을 하는 가장 간단한 방법은 자신을 속상하게 할 만한 일을 떠올리는 것입니다. 그때 어떤 감정이 떠오르는지 관찰하고 거기 이름을 붙인 다음 몸에서 어떤 감각이 느껴지는지 감지해 보세요. 그런 다음 내면양육자가 무슨 말을 하는지 귀 기울입니다. 이 책을 통해 나 또한 당신의 내면 공동체에 함께하게 되었으므로 내가 이렇게 말한다고 상상해도 좋습니다. "당신이 느끼는 감정을 그대로 느껴도 괜찮아요. 그게 무슨 뜻인지 함께 생각해 봐요." 이해받았다고 느끼자 몸에 긴장이 풀렸다면 거기서 바로 연습을 끝내도 됩니다.

현재 상황에서 마땅히 느껴질 만한 감정보다 훨씬 큰 무언가가 느껴진다면, 예전에 이런 비슷한 감정을 느낀 적이 언제인지 되짚어 보세요. 이 질문에 금방 답이 나오지 않을지도 모르지만, 속도를 늦추고 질문하는 것 자체가 도움이 됩니다. 지금 느끼는 감정이 과거와 어떤 식으로 연결되어 있는지 알게 되면 현재 당신이 왜 그렇게 격한 감정을 느끼는지도 이해할 수 있게 되겠지요. 늦게 데리러 온 부모의 예시에서처럼, 당신이 느끼는 기분 뒤에 숨은 '감정 논리'를 깨닫게 된다는 뜻입니다.

내면양육자 공동체가 언제든지 내면아이와 마주 앉아서 그때

그때 생긴 문제를 살펴 줄 수 있는 '마음속 안전지대'를 만드는 것도 도움이 됩니다. 이들이 내면의 대화(내적 청각)를 통해 소통하게 할 수도, 이들이 만나는 모습을 마음의 눈으로 시각화(내적 시각)할 수도 있습니다. 내면아이가 할 말이 있다고 할 때마다 나는 다정한 우리 할머니의 모습이 보이고, 그분 목소리가 들려요. 이런 내적 감각 능력을 키우면 억눌렸던 감정을 꺼내기 쉬워집니다.

연습 5

마음속 안전지대 만들기

이번 연습에서는 내적 시각을 활용해서 양육자와 내면아이가 만날 장소를 만들어 보려고 합니다. 그러려면 이 경험을 그야말로 시각화할 수 있어야겠죠. 자기 내면아이가 어떻게 생겼는지 기억해 내고 싶다면 어린 시절의 사진 중에서 특별히 마음이 가는 것 한 장을 골라서 이 연습을 하는 동안 옆에 두는 방법을 추천합니다.

기분이 갑자기 안 좋아지거나 작업이 너무 빨리 진행된다는 느낌이 들면 언제든지 곧바로 멈추세요. 그런 다음 눈을 뜨고 발을 땅에 힘껏 디딘 채로 당신이 믿는 누군가를 떠올리세요. 이것은 내면아이의 목소리를 듣는 연습이기도 합니다.

❶ 편안한 자세로 누워서 시작합니다. 가능하다면 뭔가로 눈을 가려서 빛을 차단하면 더 좋습니다. 눈을 감고 숨을 깊이 들이쉬어 가슴을 꽉 채우세요. 심장 부근에 날숨이 쏟아지도록 아주 천천히 숨을 내쉬세요. 이렇게 호흡을 열 번에서 열다섯 번 반복합니다. 신경의 긴장이 풀리는 것을 느껴 보세요. 호흡을 늦추고 심장을 느끼는 것은 처음에는 어려울 수 있으니 편안하다고 느껴질 정도로만 반복하세요. 이 방식으로 호흡하면서 기억들이 떠오를 수도 있는데, 그럴 때는 억지로 계속하지 않아도 괜찮습니다.

❷ 이제 '안전지대'를 떠올립니다. 과거에 늘 안전하다고 느꼈던 장소여도 좋고, 아니면 자연 속의 한 곳도 좋습니다. 그곳의 풍경, 느낌, 냄새 등을 자세히 떠올리세요. 예를 들어 그곳이 해변이라면 얼굴에 불어오는 바닷바람과 발밑의 모래 감촉을 느껴 보세요. 이 안전한 장소를 떠올릴 때 드는 차분한 느낌에 주목하세요.

❸ 이제 이곳에 내면아이를 초대할 차례입니다. 내면아이를 떠올린 다음 아이가 안전지대에 서 있거나 앉아 있는 모습을 그려 보세요. 아이의 모습이 쉽사리 떠오르지 않는다면 그 장소가 안전하다고 아이가 믿게 될 시간이 좀 더 필요하다는 뜻입니다. 언제든 찾아와도 좋다고 기회를 열어 두고 다음에 다시 시도하면 됩니다(아이가 낯을 가리는 이유는 다음에 더 자세히 설명합니다).

❹ 내면아이의 모습이 보이거든 이제 내면양육자를 안전지대로 불러와서 아이와 만나게 하세요. 공동체에서 어떤 양육자가 나서는지 주목하세요. 그런 다음 양육자가 자신을 소개하도록 합니다. 예

를 들어 이런 식입니다. "안녕? 나는 널 만나서 네 말을 듣고 널 도 와주러 왔어. 네 곁에서 뭐든 도와줄게." 양육자가 내면아이에게 네가 무슨 말을 해도 감당할 수 있고 여기에서는 네 마음을 한껏 드 러내도 완벽히 안전하다고 설명하게 하세요.

❺ 이제 내면양육자에게 부탁해서 내면아이가 무엇을 느끼는지 묻 고, 지금 내면아이가 어디까지 속마음을 털어놓을지 알아볼 차례 입니다. 내적 청각을 활용해서 찬찬히 귀 기울인 다음 무슨 얘기가 오가든 그저 받아들이세요. 내면아이의 일부분은 외롭거나 공허하 다고 느끼거나 화가 나 있을 가능성이 큽니다. 내면양육자가 이걸 해결하려 들 필요는 없다는 점을 잊지 마세요. 그저 여기서는 그런 식으로 느껴도 아무 문제 없다는 것을 내면아이에게 알려 주기만 하면 됩니다. 얼마든지 그런 감정을 느껴도 괜찮고, 당신이 계속 곁 에 있을 거라고 말해 주세요.

❻ 내면아이가 하고 싶은 말을 다 하고 나면 당신이 항상 여기서 귀 기울이고 사랑을 줄 준비가 되어 있다고 말하세요. 정기적으로 네 가 잘 지내는지 확인할 테고, 네가 더 많은 이야기를 들려줄수록 너 한테 뭐가 필요한지 더 자세히 알 수 있게 된다고 알려 주세요.

❼ 대화를 마치기 전에 내면아이에게 몸에서 가장 중요한 곳에 너 를 담아 둘 수 있게 심장 중심에 머물러 줄 수 있는지 물어보세요. 내면아이를 아주 작게 만들어 안전지대에서 심장으로 옮기는 장면 을 시각화하는 것도 좋은 방법입니다. 어린 시절 사진을 옆에 두었 다면 사진을 가져다 가슴에 대고 여기 들어와 달라고 말해 보세요.

❽ 천천히 눈을 뜨고 현실로 돌아옵니다. 깊게 숨을 들이쉬었다가 내쉬면서 자신이 있는 곳과 주변 사물에 주의를 집중하세요.

내면아이가 내면양육자를 믿게 되기까지는 시간이 좀 걸립니다. 너무 오랫동안 무시당한 탓에 누가 자기 말을 들어 줄 거라고 생각조차 못 하는 거죠. 처음에 내면아이가 모습을 보이지 않거나 감정을 털어놓지 않는다고 해서 낙심하지 마세요. 지금껏 사람들이 내면아이를 실망시켜 왔기에 아이가 당신과 대화를 트려면 이 연습을 몇 번이나 반복해야 할지도 모릅니다. 하지만 이제 당신에게는 언제든 갈 수 있는 내면 안전지대가 생겼고, 여기에 자주 들르면 네 옆에 있어 주고, 욕구를 이해해 주고, 하고 싶은 말을 들어 주겠다는 당신 말이 진심임을 내면아이에게 보여 줄 수 있습니다.

내면양육자를 불러내서 상처받은 내면아이의 감정을 있는 그대로 받아들이게 한다는 것은 "이래야 한다" "이래서는 안 된다" 같은 이유를 갖다 붙이지 않고 당신 자신에게 무엇이든 느껴도 괜찮다고 허락해 준다는 의미입니다. 이 과정을 통해 내면아이는 자신의 감정에 틀린 것은 없다고, 어떤 감정을 느끼든 괜찮다고, 마음속 깊은 곳에는 언제든 찾아가서 필요한 도움을 얻을 수 있는 원천이 있다고 깨닫게 됩니다.

이 작업을 진행하며 더 깊은 부분까지 파고들려면 바깥세상에 대한 관심을 조금 낮출 필요가 있습니다(연애에만 관심을 몽땅 쏟아붓지도 말고, 적극적으로 다른 일에 관심을 돌리지도 말아야 한다는 뜻이죠). 그래야 내면 경험에 더 깊이 주의를 집중할 수 있으니까요. 내면의 나침반을 활용해서 인생을 항해하는 법을 배워 나가면서 당신은 점점 내면양육자 공동체에 의지하는 자기 능력에 자신감을 느끼게 됩니다. 그 결과 다른 사람에게 자기 인생을 좌지우지할 책임을 몽땅 맡겨 버릴 가능성도 점차 줄어들겠죠.

🌸 진정한 자기애

최근 우리 사회에서 '자기애'라는 개념이 널리 퍼지고 있지만, 진정한 자기애는 자기 자신을 '전부' 받아들이는 노력을 가리킨다는 사실은 간과되곤 합니다. 시간을 내서 경치 좋은 곳이나 온천으로 떠나는 여행은 자기 마음을 들여다보는 데 도움이 되기도 하며, 이는 내면아이를 돌보는 법을 배우는 첫 단계에 해당하죠. 하지만 거기서 멈춰서는 안 됩니다. 아무리 귀찮고 복잡하고 두렵게 느껴지더라도 조금 더 버티면서 어떤 감정이 올라오든 다 받아들이겠다고 마음먹는 것이 중요합니다.

깊이 숨겨진 감정에 접촉하기 시작하면 당신이 지금까지 고통을 완화하는 데 사용했던 방어책을 또 쓰고 싶어질지도 모릅니다. 과자, 넷플릭스 몰아 보기, 와인 한 잔, 소셜 미디어 훑어 보기, 인터넷 쇼핑 등이 있겠지요. 이런 충동은 당신의 내면세계가 조금 속도를 늦추고 작업을 잠시 쉬고 싶다는 뜻으로 보내는 신호일 수도 있습니다. 좋아하는 기분 전환 거리에 마음이 쏠리는 것이 느껴지면 스스로 이렇게 물어보세요. "이 쿠키를 먹지 않으면 어떤 기분이 들게 될까?" 이런 식으로 내면에 먼저 귀 기울이는 것은 자기 마음을 아끼고 존중하는 행동이죠. 잠시 멈춰 귀 기울인 다음에도 여전히 쿠키를 먹고 싶다면 물론 먹어도 큰 문제가 되지 않습니다.

이 작업을 조금이나마 더 쉽게 해 주는 좋은 방법은 믿음직한 친구와 시간을 보내는 것입니다. 친구에게 손 내밀어 도움을 받으면 다른 위안거리를 찾을 필요가 줄어들겠죠. 자신이 원하는 만큼 천천히 해도 괜찮다는 점을 항상 기억하세요.

올라오는 감정 가운데 가장 다루기 까다로운 것, 불안 애착형의 마음에서 가장 억압되기 쉬운 감정으로는 분노, 슬픔, 수치심이 있습니다. 실제로 이 단어들을 듣기만 해도 마음이 무겁게 느껴질지 모릅니다. 그렇기에 이 감정들을 끌어안는 법을 배우는 것이 특히 더 중요하지요.

가장 부담스러운 것은 대개 분노입니다. 분노는 우리를 방어하려 하고, 사과나 다른 형태의 보상으로 정의가 구현되는 것을 보고 싶어 합니다. 건강한 방식으로 분노를 표현하려면 자신이 어떤 식으로 상처받았는지 상대방에게 정확히 알려 줘야 하지만, 그런 대화를 상상하는 것만으로도 불안형의 핵심 상처가 깨어나기도 합니다. 그렇게 했다가는 그 사람과의 애착 관계가 위험해질지도 모르니까요. 상대가 방어적으로 나오면서 당신을 완전히 차단해 버리면 어떻게 하죠? 원하는 것을 얻으려고 그런 위험까지 무릅쓸 가치가 있을까요?

아무 일도 없는 척하며 아픈 곳에 그냥 반창고나 하나 더 붙이고, 이미 무겁디무거운 마음에 무게추를 더하면 당장은 편합니다. 하지만 결국 이 무거움은 하고 싶은 말이 쌓이다 못해 말 그대로 '죽어 가는' 마음 깊은 곳에서 절절한 슬픔으로 나타나죠. 이 슬픔마저 무시하면 우리는 우울의 늪으로 빠져듭니다.

내면양육자가 내면아이의 욕구를 살피는 동안 이 분노와 슬픔이 불쑥 올라오지는 않는지 주의를 기울이세요. 만약 그렇다면 내면아이를 안전지대로 초대한 다음 아이가 마음껏 화내고, 슬퍼하고, 필요하다면 실컷 울게 해 주세요. 아이가 이해받고 인정받은 느낌이 들도록 내면양육자가 도와줄 것입니다. 이는 두고두고 부드럽게 진행해야 하는 과정임을 잊지 마세요. 치유는 절대 하루아침에 완성되지 않습니다. 이는 자기 채움을 위해 계속해야 할 작업이고, 즐겁고 충만하며 온전한 삶을 누리는 데 필요한 요소입니다.

💙 감정에 이름 붙이기

아침에 눈을 뜨자마자 기지개를 켠 다음 대뜸 이렇게 생각하는 사람은 없습니다. "날씨 참 좋네! 자리 깔고 앉아서 내 마음속 고통과 대화를 나누기에 딱 좋은 아침이야!"

우리는 보통 이 과정을 어떻게든 피하려고 애를 쓰죠. 조금이라도 쉽게 가고 싶다면 감정을 끌어안는 법을 배우면서 올라오는 느낌에 이름을 붙여 보세요. 그러면 감정에 지배당하지 않고 감정의 관찰자가 될 수 있으니까요. <u>스스로 관찰자가 되면 감정에 집어삼켜지는 일 없이 감정이 자신을 통과하는 모습을 지켜볼 여유가 생깁니다.</u> 치유를 진행할수록 관찰 능력도 향상되고 더 열린 마음으로 치유에 임할 수 있게 되므로, 이 연습은 자기 채움으로 가는 아름다운 선순환을 만들어 내는 길이지요.

내면아이의 상처받은 부분이 관심을 요구할 때마다 아이의 감정에 당신이 느끼는 대로 이름을 붙여 보세요. "두려운 느낌이 들어." "걱정스러운 느낌이야." "화가 나는 게 느껴져." "실망스러운 느낌이 들어." 마음이 내킨다면 소리 내어 말해도 좋습니다. 이런 식으로 거리를 두면 강한 감정이 올라오더라도 있는 그대로 바라볼 수 있죠. 줌 아웃된 시선을 활용하면 어떤 욕구를 돌봐야 하는지도 훨씬 잘 보입니다.

다만, 감정에 접촉하는 초기 단계에는 감정에 휩쓸리는 기분이 들기 쉽습니다. 그래도 괜찮습니다. 예상했던 바니까요. 그저 다음번 감정의 파도에 대비하며 다시 시작하면 됩니다.

인간관계 전문 신경생물학자 대니얼 J. 시겔Daniel J. Siegel은 《마음을 여는 기술》에서 감정에 이름을 붙이는 행위가 뇌의 논리적 측면과 감정적 측면을 연결하는 데 도움이 된다고 설명합니다.

"정동情動(감정의 관찰 가능한 움직임)에 이름을 붙이면 변연계의 흥분이 가라앉는다. 때로는 '길들이려면 이름을 붙여야 한다'는 뜻이다."[2]

시겔의 말은 경험에 대한 인간의 감정적 반응이 대뇌의 변연계, 특히 편도체에 저장된다는 사실에 기반합니다. 고통스럽거나 무서웠던 경험은 핵심 상처가 되고, 이 상처는 원래 사건을 연상시키는 무언가를 만날 때마다 다시 활성화됩니다. 말도 안 되는 것 같지만, 이 재활성화는 그 경험이 우리 몸과 마음을 압도했던 바로 그때(대개는 어린 시절)로 돌아가는 것처럼 느껴집니다. 적절한 도움을 받지 못하면 내면아이는 그 경험 속으로 끌려가 발버둥 치게 되죠.

하지만 그 순간 당신이 느끼는 것에 이름이나 꼬리표를 붙이면 논리적 사고를 담당하는 전두엽과 연결해 중재를 맡길 수 있습니다. 더불어 내면아이의 감정을 읽어서 아이가 겪은 일을 알아주고 이해한다는 사실을 전할 수 있죠. 이런 이성과 다정함의 조합은 강력한 힘을 발휘합니다.

일단 자신의 감정적 반응에 이름을 붙이고 나면 이렇게 물을 수 있게 되죠. "이게 적절한 반응일까?" 이에 대한 대답은 사실 간단치 않습니다. 현재 상황만 놓고 보면 너무 과해 보일지 모르지만, 내면아이가 예전에 겪은 일을 생각하면 적절합니다. 또한 이런 강렬한 감정은 내면아이의 경험을 밖으로 꺼내서 귀 기울이며 인정하고 치유해 줄 절호의 기회입니다. 내면양육자가 내면아이를 안전지대로 불러서 이 고통을 처음 겪은 것은 언제였는지 차분히 물어보기 딱 좋은 때죠. 감정에 이름을 붙이면 내면아이가 좀 더 안심하고 깊이 숨겨진 핵심 상처의 실마리를 알려준다는 점을 기억하세요.

🖤 자율신경 반응 알아차리기

우리가 관계에서 두려움을 느끼면 어린 시절의 트라우마가 되살아납니다. 그리고 그에 맞춰서 1장에서 살펴보았던 본능적 반응 상태로 들어가죠. 이 상태에서는 신경계가 예상되는 위협에 맞서 강력한 생리적 반응을 일으키며, 당신은 거기 따르는 것 외에 선택의 여지가 없습니다.

자율신경계(타인과의 소통이 안전한지 감시하는 임무를 맡습니다)가 어떻게 뇌와 신체 기관을 연결하는지 기억하시나요? 두려움으로 자극받으면 우리 몸은 더 빠른 대응을 위해 논리적 사고를 차단합니다. 우리는 안전할 때의 배 측 상태(소통에 적합한 상태)에서 진화의 사다리를 미끄러져 내려가 투쟁 또는 도피를 위한 교감신경 흥분 상태, 또는 다시 소통할 수 있을 만큼 안전해질 때까지 모든 것을 완전히 차단하는 등 측 상태로 전환합니다. 이 과정은 순식간에 일어나죠.

예를 들어 연인이 한동안 문자 메시지에 답을 하지 않으면 당신은 잊힐지 모른다는 갑작스러운 두려움과 고통을 느끼고 순식간에 교감신경 흥분 상태로 휩쓸려 들어갑니다. 몸의 모든 에너지를 방어와 생존에 사용하고 있으므로 이런 상황에서는 내면양육자를 불러내기가 쉽지 않죠. 하지만 치유를 거치면서 자신의 자율신경계가 내부 또는 외부에서 뭔가 강력한 자극을 받았다는 사실을 알아차릴 수 있게 됩니다.

이 과정을 알아차리고 이해함으로써 모든 교감신경 반응이 '당시에는' 그럴 만했으며, 이제는 그런 트라우마를 안은 내면아이를 보살필 때라는 점을 되새길 수 있습니다. 시간이 지나면 교감신경 활성화가 일어날 때 그저 "이건 예전에 만들어진 신경 경로 탓이구나"라고 인식하는 것만으로도 반응 속도가 느려집니다. 그러면 내면양육자를 불러와서 겁먹은 내면아이를 돌볼 여유가 생기죠. 치유가 더 많이 진행되어 신경지가 당신의 내면을 안전하다고 판단할수록 배 측 상태로 돌아가기가 쉬워집니다. 다음에 자율신경계를 다스리는 방법 하나를 소개합니다.

연습 6

감정이 날뛸 때 응급처치

자율신경계가 본격적으로 활성화될 때 가장 좋은 대처법은 혼란스러운 와중에도 스스로 통제할 수 있는 다른 부분에 주의를 집중하는 것입니다. 그 다른 부분이란 바로 호흡기죠. 다음에 적힌 방식대로 호흡하면 일시적으로 안전한 느낌을 되찾을 수 있습니다. 당신이 내면을 가다듬고 자신의 기본자세를 배 측 상태로 만드는 힘겨운 작업을 하는 동안 자율신경계를 잠재우는 응급처치라고 생각하면 됩니다.

❶ 몸 안에서 어떤 일이 일어나고 있는지 관찰한 다음, 그 느낌에 이름을 붙이세요(예를 들어 "호흡이 얕아지고, 가슴이 답답하고, 속이 메스꺼운 느낌이야" 같은 식으로).

❷ 소리 내어 이렇게 말하세요. "이건 예전 회로가 다시 켜진 것뿐이야." 당신의 레이더가 위험을 감지하는지, 교감신경계에 불이 들어오는지 확인합니다.

❸ 복부 가득 숨을 들이마신 뒤 날숨이 들숨보다 길어지도록 천천히 숨을 내뱉으세요. 일반적 호흡법과는 달리 복부에 공기를 채운다는 점에 유의합니다. 넷까지 세면서 들이쉬었다면 내쉴 때는 다섯이나 여섯까지 세면 됩니다. 내쉴 때 정수리로 공기가 빠져나간다고 생각하세요. 몸이 서서히 진정되는 것을 느껴 보세요. 이런 식으로 숨을 쉬면 당신이 괜찮다는 신호를 몸에서 뇌로 보낼 수 있습니다. 생각보다는 몸의 느낌을 쫓는 데 집중합니다.

❹ 자꾸 생각이 떠올라서 그냥 느낄 수가 없다면 "들이쉬고, 내쉬고"라는 말을 반복하면서 공기가 복부를 채웠다가 빠져나가는 감각에 집중하려고 노력해 보세요.

❺ 지금 몸에서 일어나는 반응은 '예전 회로'임을 기억하며 자신에게 이렇게 말해 보세요. "무슨 일이 있어도 나는 괜찮아."

❻ 어딘가 조용하고 안전한 곳으로 갈 수 없다면 이제 내면 안전지대로 가서 내면양육자에게 도움을 청하세요. 처음에는 이 단계까지 도달할 수 없을지도 모르지만, 1~5단계를 꾸준히 연습하면 소통이 가능할 만큼 차분해지는 시간이 점점 짧아집니다.

❼ 상황이 허락한다면 침착하고 안정된 성격의 믿음직한 친구를 불러서 잠시 공감하는 시간을 내 달라고 부탁해 보세요. 신뢰할 만한 타인의 신경계와 소통하면 안정감이 증가하는 효과가 있습니다.

위 호흡법을 시작하기 전에 먼저 양발을 바닥에 딱 붙여 중심을 잡고 아래 있는 땅을 의식하면서 당신이 믿는 사람의 이미지를 떠올려 보세요. 호흡 연습이 너무 부담스럽게 느껴진다면 이 간단한 추가 단계만으로도 차분해지는 데 상당한 도움이 됩니다.

일단 자율신경계가 진정되고 나면 인지 능력도 다시 돌아오므로 과거 경험에 휩쓸리지 않고 좀 더 현재에 초점을 맞춰 상황을 바라보게 됩니다. 시간이 지나고 연습을 거듭하면 배 측 미주신경계가 강화되고, 그러면 속도를 늦추고 내면아이가 지금 겪는 일에 관심을 쏟기 쉬워지죠. 그렇게 될 때까지는 느긋하게 마음먹고 천천히 나아가세요.

흥분된 상태에서 올라오는 감정은 두려울 수 있고, 직접 겪어본 사람으로서 말씀드리자면 거기에 반응하지 않고 넘어가기란 무척 어렵습니다. 분노가 화르르 불타오르거나, 도망치고 싶어지거나, 그냥 기절할 것 같은 느낌이 들기도 하죠. 어쩌면 자기도 모르게 상대에게 절박한 최후통첩을 날리고 말지도 모릅니다. "당신이 계속 이런 식이면 난 당장 뛰쳐나가서 다시는 안 돌아올 거야!" 하지만 이런 극단적 반응은 타인과의 관계에서든 당신의 내면에서든 더 많은 갈등을 일으킬 뿐입니다.

반면 횡격막 깊숙이 숨을 들이쉬면 뇌에 당신이 괜찮다는 작은 신호가 전달됩니다. 호흡 연습을 계속하면 자기 자신 또는 연인과 다시 소통하기에 적합한 차분한 상태로 빠르게 돌아갈 수 있습니다. 흥분 상태에서 동요한 내면아이와 의사소통하는 방법은 8장에서 더 자세히 알아볼 예정입니다. 우선은 자기 안에서 흥분했던 부분을 따뜻하게 도닥이는 법을 배우면 어떤 일이 일어나는지 살펴보기로 하죠.

🫐 보상 경험의 효과

내면아이를 치유하는 일은 무슨 일이 있더라도 그 아이의 '모든' 측면을 사랑하고 받아들인다는 마음가짐을 증명하는 과정입니다. 나는 이 작업이 자신의 일부분을 자신 안에 도로 데려오는 일이라는 표현을 즐겨 씁니다. 당신을 온전히 받아들이지 못하는 사람들과 관계를 유지하기 위해서 스스로 억누르고 숨겨야 했던 바로 그 부분을 말이죠. 불안형 애착을 만드는 주된 원인인 유기 상처를 치유할 때, 버려진 자기 일부를 받아들이려는 노력은 자기 자신은 물론 타인과의 건강한 관계를 일구는 데 놀라울 정도로 강력한 효과를 발휘합니다.

이런 부분은 애초에 왜 밀려나게 되었을까요? 어쩌면 당신은 외모나 언행 등으로 학교에서 놀림을 받았을 테고, 그로 인해 '괜찮지 않다'고 여기게 된 자신의 일부를 차단해 버렸을지 모릅니다. 아니면 갈등을 두려워한 부모님이 당신의 슬픔, 분노, 질투 같은 부분을 받아 주지 않으려 했을 수도 있습니다. 그 결과 이런 부분은 상처받은 채 깊이, 아주 깊이 묻혀 버렸죠.

사실 사람은 누구나 '긍정적' '부정적'이라는 꼬리표가 붙은 특성을 갖추고 있습니다. 긍정적 특성은 가족이 가치 있게 여겼던 것이라면, 부정적 특성은 상처받고 내쳐진 부분이거나 내면 아이의 고통스러운 핵심 상처로부터 자신을 지키려고 우리가 스스로 만들어 낸 파수꾼들이죠. 이를테면 당신의 '욕심 많은', 또는 '권위적인' 부분은 진짜로 원하는 것을 얻지 못하는 고통을 달랠 무언가를 자신에게 쥐여 주려고 생겨난 것입니다.

내담자 중에 통제하려는 성향이 매우 강한 사람이 있었습니다. 알코올중독인 부모와 살며 엉망진창인 집안 살림을 어떻게든 꾸려 나가려다 보니 생겨난 특성이었죠. 부모에게 방치되며 생긴 상처를 치유할 기회를 얻지 못했기에, 그 사람은 통제를 내려놓으려고 시도할 때마다 과거의 혼돈이 밀려오는 듯한 공포를 느꼈고, 그걸 막기 위해 곧바로 강압적인 파수꾼을 불러낼 수밖에 없었습니다.

고통과 두려움을 경험한 내면아이가 이해와 인정을 받는 동시에, 그 당시에 필요했으나 얻지 못했던 것을 손에 넣을 때까지 내면파수꾼은 어쩔 수 없이 자리를 지켜야 합니다. 내면아이를 따스하게 지켜보고 이해해 주기만 해도 이 문제는 상당 부분 해결되죠. 하지만 두려웠다면 안전을, 수치스러웠다면 인정을, 고통스러웠다면 위안을, 버려졌다면 함께하는 느낌을 건네주는 것도 중요합니다. 이런 맞춤 대응은 '보상 경험' 또는 '반증 경험 disconfirming experience'으로 불리며, 말 그대로 내면아이의 트라우마를 만들어 낸 잠재 기억의 감각 느낌을 바꿔 줍니다.

고통이 해소되고 나면 내면파수꾼은 그걸 막아내려고 만들었던 수단을 필사적으로 고수할 필요가 없어집니다. 통제 성향이 강했던 내담자의 내면아이는 조용한 상담실을 안전지대로 여기며 자기 두려움을 털어놓았고, 내 차분한 배 측 미주신경계에서 위안을 얻었습니다. 상담이 거듭되면서 이런 고요함 속에서 내면아이는 당시에 필요했던 것, 즉 이해와 따스함, 안전함에 감싸이게 되었죠. 그러면서 다행스럽게도 통제해야 한다는 충동이 조금씩 줄어들었습니다.

연습 7

자신을 온전히 받아들이기

인간으로서 우리는 모든 사물과 모든 사람을 똑같이, 조건 없이 사랑할 잠재력을 지니고 태어납니다. 상황이 이상적이라면 자신을 사랑해 주는 모든 사람을 똑같이, 조건 없이 믿을 수도 있어야 하겠지요. 하지만 물론 살아가다 보면 꼭 그렇지만은 않다는 사실을 알게 됩니다.

이제 내면아이와 다시 접속해서 과거에 당신이 가치 없거나 사랑받을 수 없다고 생각하고 묻어 둔 자신의 일부가 어디인지 알아보기로 합시다. 그래야 내면양육자와 합심해서 당신이 받아 마땅한 조건 없는 사랑을 스스로 줄 수 있으니까요.

받아들이고 치유하는 이 연습 과정을 기록할 노트 한 권과 펜을 미리 준비하세요. 아래에는 이 연습의 모든 단계를 차례로 안내하겠지만, 실제로는 여러 번으로 쪼개서 진행해도 됩니다. 이번에는 사진 여러 장을 감정의 '닻'으로 활용할 예정입니다. 한 번에 한 장 정도로 자기 속도에 맞게 진도를 조절하세요. 한 장만 가지고 이 과제를 여러 번 진행해도 괜찮습니다. 자신에게 가장 잘 맞는다고 느끼는 속도에 맞춰 나아가세요.

❶ 어린 시절 각각 다른 시점에 찍은 사진 5~10장을 찾으세요. 어

머니에게 옛날 앨범을 달라고 하거나 친척에게 휴대전화로 사진을 좀 보내 달라고 부탁할 수도 있겠죠. 필요하다면 인화하거나 출력해 둡니다.

❷ 시작하면서 내면양육자를 불러 곁에 두세요. 사진을 손에 들고 심장 중심 쪽으로 숨을 들이쉬어 가슴이 쭉 펴지는 것을 느끼면서 편안하게 심호흡을 열 번 합니다. 호흡을 최대한 길게 하되 산소 부족으로 어지러워지지 않게 주의하세요. 숨을 쉬면서 입이나 코를 통과한 공기가 심장으로 전달되는 이미지를 그려 보세요.

❸ 계속 가슴 깊이 숨을 쉬면서 이번엔 바라볼 사진을 고릅니다. 사진 속 아이를 심장 중심으로 데려가세요.

❹ 지금 당장 떠오르는 느낌을 노트에 전부 적으세요. 예를 들어 이런 식입니다. "언니와 여름 캠프에서 찍은 이 사진을 보면 신나고 자유로운 느낌이 든다." "놀이공원에서 찍은 내 사진을 보니 아빠한테 몹시 화가 난다."

❺ 감정과 함께 떠오르는 기억이나 소망, 생각 등이 있으면 그것도 전부 적습니다. "지금도 언니하고 연락하고 지내는 사이라면 좋을 텐데. 우리가 어쩌다 멀어졌지?" "이 놀이기구는 무서워서 싫었는데 아빠가 나를 억지로 태웠어."

❻ 눈을 감고 사진이 찍혔던 당시로 다시 돌아간다고 최대한 노력을 기울여 상상해 보세요. 그때 몇 살이었는지 생각해 내고, 당시에 느꼈던 감정을 몸으로 다시 느끼려고 해 보세요. 그즈음에 어떤 다른 일이 있었는지도 더듬어 본 다음 생각난 것들을 기록합니다.

❼ 어린 시절 느꼈던 더 깊은 감정을 떠올려 보세요. 그것도 전부 적습니다. 이런 식으로요. "웃고는 있지만 사실 정말 불행한 느낌이었어. 그 자리에 있고 싶지 않았어." 이런 감정과 연결되어 뭔가 떠오르는 생각이 있나요?

❽ 내면양육자의 도움을 받아 이렇게 질문해 보세요. "그때 나한테 필요했는데 얻지 못했던 것은 무엇일까?" 예를 들어 부모님에게 더 많은 관심을 받고 싶었거나 더 많이 놀고 싶었는데 그러지 못했을 수도 있습니다.

❾ 사진 한 장마다 이 과정을 반복하세요. 사진마다 감정과 생각, 채워지지 않은 욕구를 전부 적고 나면 전체를 다시 읽어 봅니다. 자신의 어느 부분을 '괜찮지 않다'고 생각했는지 눈치챘나요?

❿ 이런 순간, 감정, 장면을 하나하나 모으다 보면 자신의 어떤 부분을 비난하거나 밀어냈는지 보이기 시작합니다. 이는 원치 않았던 성격일 수도, 만족스럽지 못한 외모나 지적 능력일 수도, 숨어 있는 수치심일 수도 있습니다.

⓫ 마지막 단계는 내면아이를 애정 어린 새로운 시선으로 바라보는 것입니다. 비난하지 않고 있는 그대로 온전히 받아들이는 마음으로요. 내면양육자는 이 아이가 당시에 필요로 했으나 얻지 못했던 것을 감지하는 능력이 있습니다. 그렇기에 아이에게 필요한 위안, 안정감, 또는 인정으로 내면아이의 모든 면을 따뜻이 감싸 안을 수 있죠. 상처받은 부분의 치유가 완료되면 내면아이는 트라우마를 겪은 뒤로 계속 끌어안고 살아야 했던 고통과 두려움에서 해방되어

안정감을 되찾게 됩니다. 내면아이에게 당신이 그 아이를 얼마나 사랑하는지, 아이가 겪은 모든 일이 인생이라는 이야기에서 얼마나 중요한 역할을 하는지 알려 주세요.

이 연습을 처음 시도했을 때 나는 행복한 순간을 '단 하나도' 떠올리지 못했습니다. 고통과 수치심뿐이었죠. 땅딸막했던 십 대 시절 사진을 들여다보고 싶기는커녕 시선을 돌리고 싶다는 마음만 간절했고요. 내가 이 통통한 사춘기 소녀를 온전히 받아들이지 못했다는 사실이 너무도 분명했습니다. 내 또래 여자아이들과 비교해 나는 키도 작았고, 초경도 늦었죠. 당시의 내 감정과 생각을 떠올려 보니 핵심 상처 탓에 이렇게 믿고 있었다는 게 확실했습니다. "나는 사랑받을 자격이 없고, 어딘가 잘못된 사람이야."

시간이 지나면서 나는 이 어린 소녀와 '남보다 못하다'는 고통스러운 감정을 한쪽으로 치워 버렸지만, 당연하게도 이들은 가려져 있을 뿐 계속 그 자리에 있었습니다. 그리고 어른이 된 뒤 고통스러운 연애에서 내가 반복해서 맺었던 '내면아이 협정'의 토대가 되었죠. 사진 속 늦된 아이에게 감정을 이입하다 보니 어느 시점에 자기애에 조건이 붙기 시작했는지, 그러다 결국 언제 자기혐오로 변하고 말았는지가 아주 또렷하게 보였습니다.

그런 다음 나는 내면양육자에게 부탁해서 이 아이에게 네 수치심과 외로움이 절절히 이해된다고, 무슨 일이 있든 너는 항상 내 일부로 받아들여질 거라고 말해 줄 수 있게 되었죠. 그 뒤로 인정과 이해라는 빛 속에서 수치심은 점점 녹아 사라졌고, 그 아이를 내 다른 부분과 똑같이 기쁘게 맞아들일 공간이 생겨났습니다.

내면아이의 상처받은 부분을 조건 없이 받아들이기로 마음먹고 나서 아이가 하고 싶었던 말을 전부 들어 주기 시작하면 아이와의 의사소통이 훨씬 수월해집니다. 갑자기 무언가에 벌컥 화가 나거나 특정 상황에서 감정을 억누르려 할 때, 잠시 멈추고 자신이 왜 이런 식으로 반응하는지 생각하면서 스스로 이렇게 묻게 된다는 뜻이죠. "지금 정확히 무슨 일이 일어나고 있는 거지? 나는 무엇에 반응하고 있지? 지금 상황? 아니면 옛 상처? 지금 내가 느끼는 감정이 왜 부끄럽게 느껴지지?" 이 모든 질문은 내면양육자와 내면아이 사이에서 대화의 물꼬를 터 줄 겁니다.

◈ 묵은 감정을 해방할 때 관계도 회복된다

과거에 필요했으나 얻을 수 없었던 것을 채움으로써 자기 감정을 인정하고 상처를 치유하는 법을 배우면, 연인 관계에서 어려운 일이 생겨도 스스로 내면에서 힘을 얻을 만큼 강해집니다. 이 사실을 실제 예를 통해 살펴보기로 하죠. 때때로 믿을 만한 사람에게 속내를 털어놓으면 타인에게 있는 그대로의 내 모습이 받아들여진다는, 당신에게 꼭 필요한 경험을 내면화해서 내적 자원을 더욱 풍부하게 하는 데 도움이 된다는 사실을 잊지 마세요.

내담자 스테이시는 보호소에서 데려와 15년을 함께 살았던 반려견 '지지'를 잃은 슬픔을 극복하고 싶다며 나를 찾아왔습니다. 그런데 함께 상실감 문제를 다루다 보니 스테이시가 자기 연인 올리비아에게 지지를 잃은 슬픔을 표현하려 할 때마다 둘 사이에 숨어 있던 문제가 겉으로 드러난다는 사실을 알게 되었습니다. 스테이시는 올리비아에게 별로 큰 불만은 없으며, 대체로 서로 함께하는 시간을 즐기는 탄탄한 관계를 유지하고 있다고 했습니다. 하지만 지지가 세상을 떠난 뒤 둘은 높다란 과속방지턱에 발이 걸리고 말았죠.

문제는 스테이시가 상실감을 소화하는 데 올리비아의 도움을 받으려고 했을 때부터 시작되었습니다. 스테이시가 자기 고통을 드러낼 때마다 올리비아는 재빨리 그 감정을 인정하지 않으려는 말을 꺼냈죠. 예를 들어 이런 식으로요. "슬퍼하지 마." "그래도 15년 동안 행복했잖아." 심지어 스테이시가 슬퍼하는 기색만 보여도 아예 그녀를 피할 때도 있었습니다. 그러자 스테이시 안에서 자신이 극심한 고통을 겪는데도 이해나 위로를 받지 못한다는 느낌이 깨어났죠. 스테이시는 올리비아가 자신의 상태에 신경 쓰지 않으며, 그래서 자신이 방치당하는 느낌이라고 내게 털어놓았습니다.

상담을 진행하며 나는 스테이시가 고통을 충분히 느낄 공간을 마련해 주는 데 신경을 썼습니다. 그리고 내면양육자 공동체가 하는 식으로 다음과 같이 감정을 인정하는 말을 건넸죠. "당연히 힘들죠. 지지를 잃은 건 가장 친한 친구를 잃은 거나 마찬가지니까요." "가끔 슬퍼지는 건 당연한 거예요. 그리고 이건 정말 슬픈 일이고요."

내가 보기에 스테이시는 고통을 느낄 안전지대가 없었고(외부에든 내부에든), 어린 시절 타인에게 감정을 충분히 인정받지 못했기에 내부에서 스스로 감정을 소화할 수 없었습니다. 사실 올리비아는 스테이시에게 상처를 주려는 의도가 전혀 없었고, 오히려 기분이 나아지게 해 주려던 것이었죠. 하지만 감정을 받아들이지 않는 올리비아의 말에 무시당했다고 느낀 스테이시는 점점 상대에게 짜증과 화를 내게 되었습니다.

결국 올리비아가 감정을 받아들이지 못한 이유를 스테이시가 알게 되면서 둘은 이 문제를 함께 해결할 수 있었습니다. 올리비아는 스테이시를 향한 사랑과는 전혀 관계없는 자신만의 이유로 스테이시의 고통을 불편하게 여기고 있었죠.

그런데 진짜 놀라운 일이 일어난 것은 스테이시가 다정했던 할머니의 모습으로 나타난 내면양육자와 소통하고 도움을 받아 고통을 끌어안는 방법을 배웠을 때였습니다. 스테이시는 큰일은 물론 아주 사소한 일로 슬퍼질 때도 할머니 무릎에 앉아 위로받았던 경험을 온몸으로 기억하고 있었답니다. 그럴 때면 자기 슬픔이 이해받고 있음을 확신하면서 안심하고 눈물을 흘릴 수 있었죠.

결과적으로 지지의 죽음은 스테이시가 지금껏 살아오면서 상실감과 외로움을 느끼고도 그런 감정을 소화하기 위한 도움을 받지 못했던 여러 순간을 떠올리며 마음 놓고 슬퍼할 수 있게 해 준 소중한 촉매가 되었습니다. 방치당한 외로움은 오랜 시간에 걸쳐 축적되기 쉽습니다. 그때그때 해소하지 못하면 고통은 계속 쌓이고, 마침내 사건 하나가 균형을 무너뜨리면 묵은 감정이 와르르 쏟아져 내립니다. 그러면 우리는 마침 자기 감정을 책임져 줄 인물로 점찍은 사람에게 마구 화풀이를 하고 말죠. 이는 연애할 때 종종 나타나는 '내면아이 협정'의 일부일 뿐입니다.

스테이시의 이야기는 모든 종류의 감정을 온전히 느끼고 받아들일 때 우리 몸과 인간관계에서 균형이 회복된다는 점을 잘 보여 줍니다. 이런 치유는 먼저 감정을 있는 그대로 받아들인 뒤, 그 감정을 처음 겪었을 때 꼭 필요했으나 주변 사람들에게 얻을 수 없었던 것을 채워야 가능해집니다.

예를 들어 불안에 빠진 엄마는 이미 자기 일로 혼란스러운 상태여서 슬퍼하는 아이에게 귀 기울이고 위로를 건네기 어렵습니다. 누가 잘못한 것은 아니지만, 아이에게는 괴로울 때 방치당한 경험이 상처로 남게 되죠. 치유되려면 이 고통을 다시 표현하고, 이번에는 다정하게 받아들여지는 과정을 거쳐야 합니다.

내면의 자원이 넉넉히 갖춰져 있다면 이 작업은 혼자서도 할 수 있습니다. 아직 당신을 도와줄 사람들을 내면화하지 못했다면, 당신 말에 귀 기울이고 받아들여 줄 믿음직한 사람에게 고통을 표현해야겠죠. 그 과정에서 이 사람의 따스한 존재가 앞날을 위한 내적 자원으로 저장됩니다.

우리 심장에 저장된 고통은 제대로 느껴야만 해방되지요. 그러지 못한 고통은 고이고 굳어서 독처럼 우리를 좀먹고, 사랑을 주고받는 능력에 걸림돌이 됩니다. 방치당한 고통을 해방하고 이 감정을 현실에서 진실하게 인정받는 것은 자기 채움의 핵심 과정이므로, 이에 관해서는 다음 장에서 조금 더 자세히 살펴볼 예정입니다.

♥ 조건 없이 사랑받을 자격

자신의 모든 감정에 제자리를 찾아 주고 내면아이의 모든 면을 다정하게 보살피는 경험에 발을 들이고 나면, 이것이야말로 우리를 불완전하기에 더욱 완전한 한 인간으로 만들어 준다는 사실을 알게 됩니다. 더불어 내적 자원을 강화하고, 자신이 내쳤던 부분을 다시 데려오면서 자기 장점과 약점을 속속들이 파악할 수 있게 되죠. 그 과정에서 점차 자신이 조건 없이 사랑받을 자격을 타고난 사람임을 깨닫습니다.

이 작업이 선사하는 또 하나의 귀중한 선물은 연인과 주변 사람들 또한 온전한 인간으로 받아들일 수 있게 된다는 점입니다. 이는 오래가는 관계의 초석이 되죠.

불안 애착형은 대부분 자기 가치가 낮다고 여기며 힘들어합니다. 가족에게 받아들여지려고 자신의 일부분을 거부하거나 내친 부작용이기도 하죠. 필요한 인정을 받지 못한 우리는 끊임없이 자신이 뭔가 잘못되었다고 느끼며 세상을 살아갑니다. 하지만 버려졌던 부분을 보살피게 도와주는 내면양육자를 불러내는 법을 익히면 스스로 사랑이나 관심을 받을 자격이 없다고 여기던 내면아이에게 진작부터 필요했던 인정을 줄 수 있게 되지요.

이런 내적 위로야말로 우리가 간절히 원하는 것이지만, 소비 지향적 문화는 그와 반대로 가르칩니다. 우리 사회는 피상적으로 기분이 좋아지게 할 갖가지 방법을 제공하죠. 그러나 성공이나 소유는 장기적으로 자신이 가치 있다고 느끼게 하는 데 별 소용이 없습니다. 억대 연봉도, 명품도, 날씬한 몸매도 마찬가지죠.

우리를 힘들게 하는 또 한 가지 요소는 타인에게 사랑받는지 아닌지가 자기 가치를 결정한다는 통념입니다. 이와 관련된 핵심 상처를 가진 사람이 상당히 많죠. 그러니 내면아이는 이렇게 믿을 수밖에 없습니다. '이 사람이 나를 사랑해 주면 그건 틀림없이 내가 사랑받을 가치가 있다는 뜻이야.' 어쨌거나 이건 우리가 어릴 적부터 꿈꿔 온 바로 그 순간, 누군가가 나를 사랑해서 그 사람의 눈에 비친 나 자신의 가치를 확인할 수 있는 순간이거든요.

그래서 이 사람이 나를 사랑할 수 없다는 사실이 밝혀지는 위험을 감수할 바에야 무리하게 애를 쓰고, 자기 욕구를 무시하고, 분노를 억누르는 쪽을 택합니다. 그러지 않으면 상대가 멀어질지 모르니까요. 즉 사랑받을 자격이 없다는 느낌을 다시 느끼는 일이 없도록 자신을 보호하려고 역으로 자기희생적으로 행동하게 됩니다.

우리가 배우고 자란 문화와 어린 시절의 경험을 토대로 내면 파수꾼은 우리를 밀어붙입니다. "더 열심히, 더 많이 노력해야 해. 그 사람에게 네가 가치 있다고 증명하려면 살을 더 빼." 하지만 진짜 자존감은 내면에서, 자신은 증명할 필요가 전혀 없으며 항상 사랑받을 가치가 있음을 아는 데서 나옵니다. 우리가 하는 작업은 자신이 남보다 '못나지도' 않고 '잘나지도' 않으며 있는 그대로 '딱 좋다'는 사실을 깨닫는 과정이기도 하죠. 연습을 거듭할수록 이 장에서 설명한 내면양육자와의 협력이 자연스럽게 자리 잡고, 내면파수꾼의 비판적 목소리는 점차 잦아들 것입니다.

우리가 이런 방향으로 나아가고 있음을 아는 것은 앞으로 이 책의 나머지 부분에서 함께 진행할, 때로는 고된 자기 채움을 계속해 나갈 원동력이 됩니다. 이 장에서 당신은 용기를 내 자기 감정을 끌어안고, 내면양육자 공동체를 불러내서 상처받은 내면 아이의 모든 부분을 인정하고 받아들이는 법을 배웠습니다. 나는 당신이 여기서 그치지 않고 내면 작업을 계속하면서 자신의 여러 부분과 소통해 보라고 권하고 싶습니다.

짬이 날 때마다 내면양육자를 불러내서 내면아이에게 이런 말을 전해 달라고 해 보세요. "너는 혼자가 아니야." "너는 있는 그대로 충분해." 내면아이가 아직 잘 받아들이지 못하는 것 같다면 그냥 아이가 하고 싶어 하는 말에 귀 기울여 주기만 해도 괜찮습니다. 이제 우리는 자기희생에서 자기 채움으로 향하는 길을 조금 더 넓고 깊게 확장해 보려 합니다.

6장

자기희생에서
자기 채움으로

자기 채움 상태에서 우리는 효과적으로
자기 욕구를 채울 수도, 채워 달라고 요청할 수도 있습니다.
더불어 안정된 자존감을 느끼며
자신이 사랑받을 자격과 가치를 타고났다고 여기죠.
관계란 원래 독립적인 동시에 서로 지지하는 것임을 이해하며,
타인을 신뢰할 줄도 압니다.

내면양육자들을 만나서 그들과 함께하고 감정을 털어놓으니 어떤 기분인가요? 뭐가 어떻게 되든 항상 애정과 지지를 보내줄 존재가 당신 내면에 있음을 아는 기분은요? 어쩌면 믿기 어려울지 모릅니다. 약한 부분을 드러낸 것 같고, 신뢰할 수 없다는 생각이 들 수도 있죠. 아니면 반대로 언제든 불러내서 자신이 괜찮다고 확인받을 수 있는 내적 자원이 있다는 것이 얼마나 든든한지 이미 느끼고 있을 수도 있고요. 당신은 필요한 것이 자기 안에, 바로 지금 여기에 가득 들어 있다는 깊고 본능적인 깨달음을 얻는 길을 착실히 나아가는 중입니다.

불안형 애착의 근본 원인이 되는 경험을 풀어내고 핵심 상처를 치유해서, 연인과 서로 도움을 주고받는 안정된 애착 관계를 이루기 위해서는 시간과 굳은 의지가 필요합니다. 앞 장에서 우리가 시작한 작업은 자기희생에서 자기 채움으로 나아가는 과정의 핵심 요소입니다.

이 책에서 이미 '자기희생'이 무엇을 뜻하는지 여러 번 다루었습니다. 한번 간단히 복습해 보기로 하죠. 어린 시절의 경험을 통해 우리는 자기 욕구를 채우려는 것은 주제넘은 태도라고 생각하게 되었습니다. 지극히 당연한 소망을 표현해도 가장 가까운 가족은 못마땅해하거나 거부의 뜻을 드러낼 때가 많았고, 그래서 연인에게 욕구를 표현하면 또 비슷한 반응이 돌아올 거라고 믿게 된 거죠. 어른이 된 우리는 최선을 다해 상대의 욕구를 우선하고 자기 욕구는 무시합니다. 욕구를 품는 것을 허락받지 못한 내면아이는 자신이 사랑받을 자격을 타고나지 못했다고, 사랑은 무리하게 노력해서 얻어 내야 하는 것이라고 여기죠.

이런 식으로 우리는 자기희생적 행동이 자신을 '좋은 사람'으로 만들어 줄 거라는 믿음을 품습니다. 어쨌거나 이기적으로 보이고 싶은 사람은 없으니까요. 하지만 자기중심과 자기 채움 사이에는 큰 차이가 있음을 잊지 마세요. 이 장에서는 내면의 사랑과 지지로 자신을 채우면서 내면아이의 치유를 돕는 작업을 계속해 나갈 것입니다. 이 과정을 통해 당신은 자신을 먼저 채운 다음 나눠줄 줄 아는 사람이 되겠지요.

우선 자기희생적 행위가 정확히 어떤 의미이며 우리가 어쩌다 이렇게 되었는지, 그것이 불안형 애착과 어떤 식으로 얽혀 있는지부터 자세히 살펴보기로 하죠.

🌸 유기 공포와 구원 환상

본질적으로 자기희생은 유기 공포라는 깊은 감각 느낌에서 생겨납니다. 사람은 자신에게 필요한 관계를 유지하기 위해서라면 뭐든지 합니다. 가족의 일원이 되기 위해 치러야 하는 대가는 때로 매우 비싸고 고통스럽죠.

예를 들어 성장 과정 탓에 자신을 채우지 못한 부모가 아이에게 줄 수 있는 것은 일관성 없는 사랑과 관심뿐입니다. 우리는 어떻게 행동해야 이런 부모를 최대한 붙잡아 둘 수 있는지 학습해서 적응하고, 뭔가를 바라는 마음을 억눌러 치워 버립니다. 슬퍼하는 모습을 보이면 엄마가 싫어한다는 것을 배운 아이는 보살핌받지 못한 자신의 슬픈 부분을 깊은 곳에 파묻습니다. 자신의 생기발랄함과 기쁨을 부모가 견디지 못한다는 사실을 알게 된 아이는 입을 다물고 어두워집니다.

이 과정에서 두 가지 일이 일어나죠. 첫째로 우리는 받아들여지는 부분과 받아들여지지 않는 부분으로 자신을 나누고, 둘째로 자기가 어떻게 처신해야 할지 알아내려고 거의 온종일 부모의 감정을 살피는 데만 매달립니다. 그러는 동안 보이지 않는 마음속 깊은 곳에는 공허함과 슬픔의 우물이 생겨납니다. 이제 우리는 새로운 관계에서도 자기 욕구를 방치하는 패턴을 반복하며, 이 용납될 수 없는 감정이 튀어나오지 못하게 막느라 애쓸 수밖에 없습니다.

성인이 될 무렵이면 우리 몸과 마음은 의식적으로든 무의식적으로든 인간관계가 똑같은 패턴을 따를 거라고 기대하는 상태입니다. 모든 고통스러운 상실감이 내면에 생생히 남아 있기에 우리는 결코 자기 욕구를 쫓으려고 하지 않고, 대신 안전하다고 느끼기 위해 가장 가까이 있는 안정감의 원천(대개는 연인)에 매달리죠. 어린 시절에 배운 대로 이 사람을 옆에 잡아 두려면 뭐든지 해야 한다고 여기면서요.

때때로 이보다 더 불안정하고 불확실한 상태가 또 있을까 하는 생각이 듭니다. 온갖 노력을 기울였는데도 정작 부모님이 우리를 제대로 봐 주고 옆에 있어 준다는 느낌을 받지 못했으니 더욱 그렇죠. 이렇게 반복된 연결의 상실은 스트레스 반응을 부르고 교감신경계를 깨웁니다. 우리는 자신이 소통하려 한다고 믿지만, 실은 두려움 때문에 배 측 상태에서 교감신경 흥분 상태로 옮겨 가는 바람에 타인과의 깊은 소통이 극도로 어려워집니다. 이렇게 동요한 상태에서 위안을 찾기 위해 무엇이든 하려 하죠.

여기서 '구원 환상'이 등장합니다. 지금 필요한 것은 백마를 타고 등장해서 나를 안아 올려 말에 태우고 석양을 향해 사라질 구원자입니다. 이런 동화 같은 이야기가 그리 인기가 많은 것은 놀랄 일이 아니죠. 아이들은 흔히 양육자에게 버려지는 고통에서 벗어나기 위해서 누군가가 자신을 구출하고 자신의 진정한 가치를 알아봐 준다는 이야기를 지어냅니다. 나와 상담했던 한 젊은 여성은 방에 있는 전신 거울을 통과해서 들어가면 자신을 아껴 주는 가족과 만날 수 있다고 상상했다는 얘기를 들려준 적이 있습니다. 이런 구원 환상은 매우 흔해서 신데렐라에서 잠자는 숲속의 미녀, 백설 공주에 이르기까지 우리 문화의 갖가지 이야기에 깊이 배어들어 있지요.

유명한 《트와일라잇》 시리즈는 낭만적 관계에서 구원 환상이 어떻게 작동하는지 잘 보여 줍니다. 곤경에 빠진 자기희생적 주인공 벨라는 신비로운 구원자(이 경우에는 매력적이지만 위험한 뱀파이어)에게 강렬한 사랑을 느낍니다. 심지어 인간으로서의 자기 삶을 완전히 포기하고 둘이 영원히 죽은 자로서 함께 살아가자며 자신을 죽여 달라고 애원하기까지 하죠. 이 이야기에서는 양쪽 파트너 모두 연애 중독의 함정에 빠진 상태로 보입니다. 벨라의 상대인 뱀파이어도 이런 말을 하죠. "너는 나한테 맞춰서 만들어진 마약 같아." 불안 애착형에게 문자 그대로 영원한 사랑이라는 환상은, 사랑에 마음을 열면 항상 상실로 끝나고 만다는 고통스러운 무의식적 신념을 잠시나마 달래 주는 위안거리입니다.

이런 환상은 그다지 바람직하지 않아 보이지만 최소한 버려졌다는 고통에서 잠시 벗어나게 해 주는 역할을 합니다. 원가족 내에서 관심을 받지 못한 어린이나 청소년이 여전히 보살핌을 받고 가치를 인정받을 가능성을 꿈꾼다는 건 사실 건강한 자세죠. 그렇지 않으면 우울함이나 좌절에 빠지고 말 테니까요. 이런 식으로 생각하면 사랑하는 사이란 이래야 한다는 관념에 구원환상 같은 믿음을 덧씌우는 것도 무리는 아닙니다. 이 사람이야말로 '운명적 사랑'이라는 생각도 여기 포함되죠.

　너무 어릴 때부터 상처받았기에 우리는 이 구원자가 신생아를 돌보는 엄마처럼 세심하기를 원하고 기대합니다. 그와 동시에 자신이 가장 취약할 때 양육자가 그랬듯 구원자 또한 자신을 버릴 거라고 당연하게 '예상'하죠. 그래서 우리는 어떤 관계에든 심각한 불안을 안은 채 접근하게 됩니다. 타인의 사랑을 받는 대가로 자기 전부를(벨라의 경우 자기 생명 자체를) 기꺼이 내놓으려 하죠. 하지만 앞 장에서 배운 대로 내면양육자를 발견하고 적극적으로 외부의 도움을 받아 상처받은 내면아이를 돌보면 자기 자신을 되찾을 수 있습니다. 그래야 자신의 욕구를 되살리고 자신이 바라는 것을 얻으려고 노력하는 데 도움이 되는 내적 자원을 축적할 수 있죠.

자기희생 vs 자기중심 vs 자기 채움

　사람은 누구나 살아가면서 자신이 처한 환경에 따라 자기희생, 자기중심, 자기 채움 상태를 경험합니다. 어린 시절에 어떤 식으로 적응했는지에 따라 이 스펙트럼에서 한쪽 극단으로 치우치기도 하죠. 다음의 설명을 읽고 어느 것에 가장 공감이 가는지 확인해 보세요. 혹시 각각 다른 상황에서 이 세 가지를 전부 느끼지는 않았나요? 설명을 천천히 읽으면서 몸과 감정이 어떤 식으로 반응하는지 가만히 느껴 보세요. 무엇이 올라오든 최대한 비판하지 않으려고 노력하면서요.

• **자기희생**: 자신이 고유한 가치를 타고났다고 생각하게 도와 주는 보살핌을 받지 못하면서(그래서 종종 자신을 비난하고 부끄럽게 여기면서) 생겨납니다. 이 상태에서는 사랑을 받으려면 먼저 주어야 한다고 믿습니다. 사랑과 긍정적 관심을 받으려면 자기 욕구를 적극적으로 채우려 해서는 안 된다고 생각하죠. 대개는 이미 자기 욕구가 희미해져 있으므로 이는 그리 어렵지 않습니다. 그래서 타인을 보살피느라 자기 시간을 다 써 버리고, 경계선을 긋거나 강화하려는 시도는 다 무효로 돌아갑니다. 자기 욕구를 인식하지 못하거나 겁이 나서 드러내지 못하므로 늘 기진맥진한 느낌이 들죠.

내면세계보다 외부 세계를 더 강하게 인식하며, 주로 생존 모드에서 움직이므로 휴식을 취하거나 자기 내면을 돌보기가 어려워집니다. 상대방에게서 눈을 떼면 견딜 수 없이 고통스러운 유기 상처가 다시 벌어질 것만 같습니다. 게다가 자기 내면과 거의 소통이 없으므로 자신을 믿지 못하고, 자신이 내린 결정을 자주 의심합니다.

부모와 공동 조절을 하지 못했던 자기희생적인 사람은 타인에게 의지해서 자신을 조절하려 드는 경향이 있습니다. 어린 시절 생존 전략으로 타인의 반응에 촉각을 세우는 법을 배우느라 자신의 욕구와 감정을 표현하는 법은 배우지 못한 것이죠.

이 글을 읽으며 이런 식으로 느꼈던 순간이 떠올랐나요? 그랬다면 그 기억을 노트에 적어 두세요. 기억과 함께 신체 감각이나 감정이 느껴졌다면 그것도 함께 적으세요. 관찰 내용은 치유 작업의 출발점이 됩니다.

• **자기중심**: 스펙트럼의 반대쪽 끝에는 자신이 원하고 필요로 하는 것을 해결해 줄 사람은 자기 혼자밖에 없다고 믿고 남에게 신경 쓰지 않는 성향이 있습니다. 이런 태도 뒤에는 자기희생적인 사람과 똑같은 공허함과 두려움이 숨어 있죠. 이 상태에서는 오로지 자기 욕구를 채우는 데만 집중하며, 자신을 대단한 사람이라고 여기는(동시에 타인을 비난하거나 하찮게 여기는) 경향을 보입니다. 이는 사실 자신이 가치 없는 사람이라는 깊이 파묻힌 감정에서 자신을 보호하려는 방편이죠.

다른 사람과 거리를 두는 편이 안전하다고 믿으므로 마음을 열기를 두려워하고 진심으로 공감하기를 꺼립니다. 가끔은 욕구 충족을 위해 타인에게 의지하지 않으려고 극도로 독립적인 모습을 보이기도 하죠. 반대로 상대방에게 부당한 요구 사항을 들이

밀기도 하고요. 슬프게도 상대가 이런 요구를 들어주더라도 마음속 공허함은 채워지지 않으므로 항상 더 많은 것을 원하게 됩니다. 그래서 교감신경 흥분 상태에서 좀처럼 벗어나지 못하죠.

취약해지는 것이 너무나 두려우므로 자기방어 차원에서 자신이 권력과 통제권을 더 많이 쥘 수 있는 관계에 집중합니다. 타인에게 마음을 여는 것이 안전에 위협이 된다고 느끼기에 공동 조절에도 애를 먹습니다. 안정감은 자신의 독립성에서 나온다고 여기죠. 다른 사람과 별개라는(가끔은 자신이 남보다 특별하거나 더 낫다는) 느낌을 선호하므로 타인과의 경계선을 명확히 긋습니다. 누구보다 자신을 굳게 믿고, 남을 잘 믿지 못합니다. 생존을 위한 수단으로 자신에게 집중하는 법을 익혔고, 남에게 지배당하거나 조종당해 자기 안의 공허함과 고통이 드러날까 두려워서 자신을 보호하려고 타인의 욕구를 거부합니다.

살다 보면 우리는 대부분 자기에게만 신경을 쓰거나, 아니면 그런 식으로 적응한 사람과 친밀한 관계를 맺게 될 때가 있습니다. 자신이 그렇게 행동했던 순간, 또는 타인이 자신에게 미친 영향을 기억나는 대로 노트에 적으세요. 자기중심적 충동을 비판하기는 쉽지만, 돌이켜 생각하면 이런 이기적 태도는 고통과 두려움에서 나온 것임을 금세 알 수 있습니다. 이런 경험 또한 치유 작업에서 유용한 시작점 역할을 합니다.

• **자기 채움**: 자신을 온전히 받아들이고 가치를 알아주는 부모가 있었다면, 또는 어린 시절의 상처를 완전히 치유했다면, 내면양육자와 외적 자원 양쪽을 다 갖춘 자기 채움 상태에 있다고 느낄 때가 많을 겁니다. 이 상태에서 우리는 효과적으로 자기 욕구를 채울 수도, 채워 달라고 요청할 수도 있습니다. 더불어 안정된 자존감을 느끼며 자신이 사랑받을 자격과 가치를 타고났다고 여기죠. 자신의 모든 부분을 받아들일 준비가 되어 있고, 자기 행동에 책임을 집니다. 내적으로나 외적으로나 건강한 경계선을 유지하고, 자신을 잃지 않으면서 타인에게 공감하는 능력도 갖추고 있습니다.

자기 채움 상태에서는 내면양육자 공동체를 불러내 자신을 사랑과 공감으로 가득 채울 수 있습니다. 이 말은 곧 자신을 쥐어짜거나 고갈시키지 않고도 타인에게 넉넉히 사랑을 줄 수 있다는 뜻입니다. 고통과 두려움이라는 커다란 짐을 짊어지고 있지 않으므로 자기 몸 안에서 안전하다고 느끼죠. 그 덕분에 채워지지 않을 거라는 두려움 없이 자기 욕구를 인식하고 돌볼 수 있게 됩니다. 상황에 따라 친밀함과 상호의존, 자주성 사이를 자유롭게 오갈 수도 있습니다. 관계란 원래 독립적인 동시에 서로 지지하는 것임을 이해하며, 타인을 신뢰할 줄도 압니다.

아주 잠깐이라도 자기 채움을 느꼈던 순간이 있다면 노트에 적어 보세요. 자기 채움을 강화하는 데 도움이 됩니다. 여기 집중할 때 몸에 어떤 느낌이 드는지 주목해 보세요. 다음은 위의 세 가지 상태와 자율신경계 간의 연관성을 정리한 표입니다.

자기희생 & 자기중심 교감신경	투쟁-도피 반응 활성화 공황 / 공포 / 불안 / 걱정 격분 / 울화 / 좌절 충동적 행동 / 에너지 확장
자기 채움 상태 배 측 미주 부교감신경	자신 및 타인과 소통하는 능력 기쁨에 찬 흥분 상태 긴장이 완전히 풀린 상태 장난스러움 / 호기심 / 공감 연민 / 안전하다는 느낌
자기희생 & 자기중심 등 측 미주 부교감신경	체념 / 수치심 / 우울함 외부와 차단(에너지 보존) 학습된 무기력(반복해서 소통을 시도하다가 결국 좌절에 빠진 경우)

앞서 언급한 대로 이 세 가지 상태는 스펙트럼상에 존재하며, 누구나 한 상태에서 다른 상태로 옮겨 갈 수 있습니다. 하지만 대부분 살면서 친밀한 관계를 맺을 때 이 가운데 한 가지 상태에 들어가는 경향이 있죠. 자기희생과 자기중심은 둘 다 교감신

경계(투쟁-도피 반응)를 자극하고 생존에 대한 두려움을 불러일으키는 반면, 자기 채움은 우리가 배 측 상태를 유지해서 더 쉽게 감정을 소화하고 타인과 소통하도록 도와줍니다. 자신의 모든 면을 인식하고 연민으로 받아들이며, 자신이 짊어진 핵심 상처를 치유하는 고된 작업을 거치다 보면 자기 채움 상태로 있는 순간이 자연스럽게 늘어날 겁니다.

🩵 이상화와 애정 폭격

불안형에게는 구원 환상이 진심으로 와닿을 확률이 높습니다. 자기도 모르는 사이 삶에서 되풀이되는 역학 관계였을지도 모르죠. 무의식적으로 새로운 연인을 구원자로 이상화했다가 그 사람이 떠나 버리면 더 깊은 좌절과 외로움에 빠지기를 반복했을 테니까요. 매우 흔히 보이는 이 역동은 앞서 살펴보았던 불안-회피 관계에서 특히 자주 나타납니다.

어린 시절 양육자에게 애정이 듬뿍 담긴 온전한 관심을 받아 본 적 없는 사람은 어른이 된 뒤에도 지속적이고 조건 없는 사랑에 감싸이는 기분을 애타게 갈구하기 마련입니다. 이런 이상화 idealization는 대체로 부모와 다른 양육자가 우리를 방치하고 상처

입히면서(물론 의도치 않게) 시작되죠.

막 발달하기 시작한 아기의 뇌는 엄마가 옆에 있어 주면 지극히 행복한 감각을, 엄마가 곁에 없으면 고통스럽고 두려운 감각을 경험합니다. 영유아기에 부모에게 충분한 보살핌을 받으면 이 두 가지 상태가 적절히 섞여서, 우리는 사람을 단점과 장점을 모두 지닌 존재로 받아들일 수 있게 되죠. 그리고 이는 자기 자신에게도 적용됩니다. 반대로 부모가 곁에서 따스함과 보살핌, 인정을 제공하지 못했다면 항상 곁에 있어 주는 완벽한 사람을 향한 갈증은 채워지지 않습니다. 내게 완벽히 딱 맞는 누군가를 원하는 욕구가 마음 깊이 남는 거죠.

새로운 연애 상대가 이런 종류의 관심을 쏟아부으며('애정 폭격'이라고도 하죠) 우리에게 다가오면 내면아이는 드디어 구원자가 나타났다고 느낍니다. 아기 때부터 그런 관심을 꿈꿔 왔으니까요. 이 관심이 칭찬이든, 애정의 증표든, 연애편지든, 별을 따다 주겠다는 약속이든, 좋은 의도에서 나온 것이든 아니든 상관없이 말이죠. 이제 우리는 상대를 이상화하기 시작합니다. 이 사람이 잘못을 저지를 리 없다고 믿고, 단점이 보이더라도 용서하거나 눈을 감을 마음의 준비를 합니다. 이런 마음이 커질수록 자신에게 이롭거나 필요한 것은 놓치고 말죠. 머지않아 내면아이는 이 사람을 붙잡기 위해서는 뭐든지 하려 들 테고, 우리는 점점 자기희생적으로 변해 갑니다.

또 한 가지 비극의 원인을 꼽자면 사람들이 대개 연애 초반에는 이런 식으로 상대에게 완전히 몰두하다가, 관계가 무르익으면서 자연스럽게 관심이 느슨해진다는 점입니다. 상대방을 향한 열렬한 관심은 바쁜 생업에 자리를 내주게 되죠. 관계가 순조롭게 진행되면 서로 신뢰가 쌓이면서 끊임없이 애정을 확인받고 싶은 욕구도 줄어듭니다. 하지만 내면아이가 여전히 심하게 상처받은 상태라면 이런 단계적 진전이 불가능합니다.

자아를 발달시키는 데 필요한 관심을 받지 못한 내면아이는 극단적인 경우 상대와 완전히 하나로 얽혀 뗄 수 없는 관계를 원할 수도 있습니다. 아기였을 때처럼 다른 사람의 에너지에 온전히 둘러싸이지 않고는 안전하다고 느끼지 못하기 때문이죠. 내면아이가 안전에 위협이 되는 요소를 감지할 때마다 내적 경계경보가 울려 퍼집니다. 그래서 우리는 연인과의 친밀함을 유지하는 데 집착하고, 자신의 모든 시간과 에너지, 관심을 상대에게 쏟아부으며 마지막 남은 자존감까지 몽땅 퍼내 버립니다.

설상가상으로 상대가 회피형일 경우 이런 집착은 거리만 더 벌어지게 할 뿐입니다. 이제 상대는 안전해지기 위해 거리를 두고 싶은 욕구를 느끼죠. 그래서 전화를 받지 않거나 아예 잠적하는 등의 반응을 보입니다.

이 일련의 흐름이 아프도록 익숙하다면, 이렇게 행동하고 느끼더라도 전혀 부끄러워할 일이 아님을 깨닫는 것이 중요합니다. 당신의 내면아이는 생존에 위협을 느껴서 친밀감을 유지하려고 애쓰는 것뿐입니다. 이 사실을 알아차리는 것 자체가 이런 상태로 빠져드는 것을 막는 법을 배우는 첫 번째 단계입니다.

구원자 신화는 버려졌다는 상처를 보호하는 데 활용되지만, 수많은 사람이 고통스럽고 때로는 학대마저 이루어지는 관계에 매달리게 하는 것 또한 바로 이 환상입니다. 여기서 자기희생은 미덕이며 반드시 타인의 욕구를 자기 욕구보다 우선시해야 한다는 뿌리 깊은 신념은 문제를 더 복잡하게 할 뿐이죠. 하지만 치유 작업을 거치면서 내면아이는 자신에게 내면양육자라는 내적 자원과 믿음직한 주변 사람들이라는 외적 자원이 있다는 사실을 알게 될 것입니다. 그렇게 되면 쓸모가 사라진 구원 환상 또한 점점 매력을 잃겠지요.

사랑을 향한 굶주림

자기희생 상태는 심해지면 '애정 굶주림love hunger' 또는 '감정 굶주림'이라고 불리는 방식으로 나타나기도 합니다. 사랑에 너무 굶주린 사람은 말 그대로 사랑의 대상을 '먹어 치우고' 싶다는 욕구를 느낀다고 하죠. 얼마 전에 끝난 연애로 슬픔에 잠긴 한 내담자는 급성 연애 중독에 빠졌다가 극심한 금단증상을 겪는 중이라고 털어놓으며 이렇게 말했죠. "그 사람이 너무 그리워서 확 '먹어 버리고' 싶어요." 아마 당신도 들어 본 적 있거나 심지어 써 본 적 있는 말일 겁니다.

누구든, 특히 회피형이라면 이런 욕구의 대상이 된다고 상상만 해도 숨이 막혀 견딜 수 없지 않을까요? 하지만 이건 단순히 내면아이가 마음속 공허함을 채우기 위해 다른 사람의 애정이 얼마나 '필요'한지 표현하는 것뿐입니다. 육체적 배고픔과 똑같이 신체적 '아픔'으로 나타나기도 하는 이 감각은 타인의 손길을 갈구하는 진짜 '배고픔'이죠. 공허함이 감정적 과식으로 이어지듯이 '애정 굶주림'은 '연애 폭식'으로 이어지기 쉽습니다. 하지만 그건 결코 우리를 완전히 채워 주지 못하죠. 그런 결핍은 내면양육자의 보살핌을 받아 자기 채움 상태가 되었을 때만 온전히 채워지기 때문입니다.

겨우 생후 2개월에 엄마를 병으로 잃은 이 내담자는 자신이 간절히 원했던 다정함으로 내면아이를 감싸 안기까지 몇 달의 치유 작업이 필요했습니다. 그 나이 때는 음식과 애정이 하나로 얽혀 있기에, 주 양육자를 잃은 아이는 신체적 욕구가 채워지더라도 여전히 배가 고프고 추운 느낌이 들 수밖에 없죠. 우리는 그녀 자신과 나부터 시작해서 주변의 믿음직한 친구들로 범위를 넓히면서 내면양육자 공동체를 차근차근 만들어 나갔습니다. 갓 태어난 아기가 생후 1년 동안 겪는 과정과 다를 바 없었죠.

이렇게 따스한 보살핌으로 자신을 감싸면서, 과거 연인을 향한 그녀의 갈망은 점차 줄어들었습니다. 무엇보다도 감정적 공허함을 넉넉한 관심으로 가득 채운 것은 마음을 치유하겠다는 그녀 자신의 적극적 선택이었고, 결국 그 내담자는 앞으로 나아가게 되었습니다.

💟 우상 끌어내리기

스텔라는 자신이 왜 자꾸 같은 유형의 남자만 골라 사귀는지 의아하다며 나를 찾아왔습니다. 큰 성공을 거둬 권력을 잡은, 대개는 자기 사업을 운영하느라 몹시 바쁜 남자들이었죠. 게다가 빠짐없이 유부남이었고요. 똑똑하고 지적인 여성인 스텔라는 왜 매번 자기 곁에 있어 줄 수 없을 게 뻔한 남자만 만나게 되는지 이해할 수 없다고 했습니다.

스텔라의 과거를 살펴보니 그녀가 끌렸던 남성은 모두 자기 아버지와 비슷한 점이 많았습니다. 스텔라는 아버지를 마치 영웅이라도 되는 것처럼 이상화했죠. 아버지는 매우 성공한 분이었고, 남들 앞에서 슬픔을 내비치는 것은 나약함의 증거라고 믿었습니다. 스텔라의 말에 따르면 할아버지 역시 강인한 분이라 아들이 세 살 무렵에 벌써 '어엿한 남자'답게 행동하도록 다그치

셨다더군요. 여기서 우리는 스텔라의 아버지가 이런 상처 탓에 자기 자신은 물론 타인의 고통이나 약한 모습을 인정하지 않으려 했음을 알게 되었죠.

스텔라는 아버지의 환심을 사려고 겉으로는 강한 모습을 보였지만 속으로는 인정받지 못한다는 고통과 함께 연약한 감정을 감춰야 했습니다. 가족의 패턴이 스텔라의 세대로 대물림된 것이죠. 스텔라는 자신이 열두 살 때 아버지가 재혼했으며, 새로 맞은 아내를 누구보다 소중히 여기는 모습이 역력했다는 이야기도 들려주었습니다. 그 뒤 몇 번의 상담을 거치며 자신이 오랫동안 아버지에게 선택받지 못하고 버려진 느낌을 받았다는 속내를 토로했죠. 그런데도 스텔라는 아버지의 행동에 화를 내기가 매우 어려웠습니다. 맞설 상대가 없을 듯한 분위기에 아버지를 떠받들 수밖에 없었거든요.

스텔라는 자기 자신을 포기하는 한이 있더라도 아버지가 필요했고, 아버지는 자신의 취약한 상처가 드러나지 않도록 희생적으로 보호해 줄 딸이 필요했습니다. 아버지를 나쁜 사람으로 생각할 수는 없었던 스텔라는 무의식적으로 아버지가 자신을 그렇게 대하는 건 자기 잘못이라고 여겼죠.

내가 보기에는 스텔라의 유기 상처가 성인이 된 이후의 연애에서 계속 반복되고 있음이 분명했습니다. 성공에 시간을 투자하느라 자기 자신은 물론 스텔라의 감정에도 별 관심을 보이지 않는 남자를 선택하는 것도, 자기 아내를 떠나지 않을 유부남만 만나는 것도 그래서였죠. 이 중에서 한 명이라도 스텔라를 택해 준다면 그녀의 가치가 증명되는 셈이니까요. 아니나 다를까 이런 시도는 역효과만 낳았습니다. 이들이 결국 스텔라를 선택하지 않을 때마다 마음속 신념은 단단히 굳어져 갔습니다. "나는 매력이 없어. 나는 부족해. 아무도 나를 우선으로 두지 않아."

우리는 스텔라가 내면아이의 여러 측면과 다시 소통하게 하는 것에 초점을 맞춰 상담을 진행했습니다. 스텔라의 열두 살짜리 내면아이는 아빠의 관심이 온통 재혼 상대에게 쏠리는 것을 보고 몹시 괴로워했죠. 그녀의 내면양육자에 속하게 된 내가 있는 상담실에서야 스텔라는 마침내 아버지를 향한 분노를 어느 정도 표현할 수 있게 되었고, 그런 감정이 자연스럽고 괜찮다는 사실을 받아들였습니다. 높은 단상에 세워 두었던 아버지를 눈 높이로 끌어내려 있는 그대로 바라보게 되었죠. 자기가 아는 유일한 방법으로 딸을 사랑했고 그 과정에서 딸을 거듭 낙담시킨 결점 있는 인간으로요.

시간을 두고 노력한 덕분에 스텔라는 슬픔을 감당할 용기를 냈습니다. 아무리 고통스럽더라도 모든 감정을 따뜻하게 맞아들이는 것이 자기 채움으로 가는 길임을 깨달은 거죠. 결국 자신의 감정을 이해하고, 나를 비롯한 타인에게 그간 받아 본 적 없던 따스한 관심과 인정을 받고, 이렇게 온전한 자신을 끌어안으면서 스텔라는 감정 소통이 잘 되는 새로운 인연을 만났습니다.

스텔라가 아버지를 이상화했듯 내면아이가 자기를 버린 인물을 이상화하는 것은 매우 자연스러운 일입니다. 우리는 단순히 좋았던 시절만을 기억하죠. 잠시나마 자기 욕구가 채워졌던 순간이니까요. 그렇게 고통과 두려움을 의식 바깥 한구석으로 밀쳐 두고 우리는 삶을 계속 살아 나갑니다. 그런 다음 관계를 맺을 때마다 예전의 좋았던 순간이 돌아오기를 애타게 기다리죠. 그런 순간이 연애 상대라는 형태로 다가올 때마다 마음의 위안을 느끼지만, 그 사람은 내 깊은 곳의 상처를 치유해 주지 못하기에 실망만 남을 뿐입니다. 내면아이와 소통하기 위해 도움을 받고 자신을 지지하는 내면 공동체를 만들어 갈 때, 비로소 우리는 균형을 되찾고 더 단단해진 모습으로 새로운 사랑을 만날 수 있게 됩니다.

💜 믿고 놓아 보내기

당신이 일부러 뒤로 넘어져도 받아 줄 게 확실한 사람들을 등지고 서 있다고 상상해 보세요. 정말로 안심하고 그 사람들 품으로 쓰러질 수 있을 만큼 스스로 안전하다고 느껴야 합니다. 실제로 쓰러졌더니 그들이 받아 줍니다. 구원 환상에서 벗어나는 것도 이와 같지요. 불안형이 버려진다는 깊은 고통에서 자신을 보호하려고 붙잡고 있던 환상을 포기하려면, 진정한 안전과 소통을 약속하는 누군가가 자신을 받아 줄 거라는 내적, 외적 확신이 필요합니다. 한번에 되는 일은 아니지만, 내면아이가 더 깊이 치유되고 내면양육자 공동체를 더 탄탄히 다지다 보면 마침내 손을 놓을 수 있는 순간이 옵니다.

지금으로서는 구원 환상을 내려놓겠다는 의도만으로도 충분합니다. 그렇게 마음먹은 뒤 강력하고도 다정한 내적, 외적 지지를 굳게 믿으며 혼자가 된다는 두려움 속으로 뛰어드는 것이 치유로 가는 다음 단계입니다. 이 길을 걸으려면 용기가 필요하죠. 어린 시절 처음 마음을 열고 남을 믿었을 때 당신은 고통받았고, 그 상처가 지금까지 남았으니까요.

이런 옛 상처를 계속 안고 살아가는 것은 우리가 인간이기 때문입니다. 하지만 인간의 특성은 여기서 끝이 아니죠. 우리 몸의 세포와 신경 경로 하나하나에 아직 개발되지 않은 건강함의 원천이 잠재되어 있습니다. 고통을 헤쳐 나간다는 것은 이런 타고난 건강함이 발현될 공간을 만든다는 뜻입니다.

당신은 이미 이만큼 왔고, 먼저 겪어 본 사람으로서 나는 당신이 사랑하는 사람을 쫓아다니고, 걱정하고, 자신을 희생하고, 자기 영혼을 좀먹는 관계를 유지하려고 안간힘을 쓰면서 얼마나 지쳤을지 잘 알고 있습니다. 자기희생 상태로 살아가는 것은 몹시 기운 빠지는 일이죠. 아무리 마사지를 받고 쇼핑으로 기분전환을 해도, 상처받은 채로 사랑을 지키려고 애쓰느라 빠져나가는 에너지를 채울 수는 없는 법입니다.

사랑하고 사랑받는 방법에 관해 자신이 지금껏 배웠던 것을 전부 놓아 보내는 것이 두렵게 느껴지겠지만, 나야말로 터널 반대편에서 당신을 기다리는 자유와 내적 평화를 보여 주는 산 증인입니다. 내담자들이 이 여정을 소화하고 자기 자신이라는 집으로 돌아오는 모습을 지켜보는 보람이 바로 내가 이 일을 하는 이유죠.

앞서 배웠듯 이 여정은 자신의 내면으로 돌아가 마음을 보살피면서 시작됩니다. 우리가 앞 장에서 연습한, 내면아이가 안고 있는 상처를 치유하는 과정도 포함되죠. 여기서는 그 작업을 계속하면서 상처 아래 감춰진 당신의 진짜 모습을 감지하는 능력을 좀 더 키우는 데 집중할 예정입니다. 다음에 소개할 '자기 채움 명상'을 활용해서 내면아이의 세계에 더 깊이 들어가 보려 합니다. 자신의 온전함을 일깨우고 내면의 평온함과 든든함을 키워 주는 내면양육자의 도움을 받은 당신은 내면아이의 감정을 전부 끌어안을 수 있게 되겠죠. 그렇게 해서 우리는 점점 현재를 소중히 여기며 감사와 기쁨, 공감과 사랑 같은 따스한 감정을 경험하는 방향으로 나아갈 수 있습니다.

이런 행복한 감정을 경험할 때 심장 박동은 부드럽고 조화로운 파도처럼 매우 규칙적인 패턴을 따릅니다. 이를 '결맞음 coherence'이라고 부르죠. 연습을 거듭하면 느슨하면서도 깨어 있는 이 결맞음 상태를 스스로 만들어 낼 수 있게 됩니다. 심장과 뇌가 동기화되어 애정 어린 본능의 목소리를 더 쉽게 들을 수 있고, 타고난 지혜에 더 가까이 다가갈 수 있죠. 이럴 때 우리는 더 안전하다고 느끼므로 배 측 상태에서 보내는 시간도 늘어나며, 그 결과 더 깊은 자기 채움을 경험하며 타인과도 더 쉽게 연결될 수 있습니다.

이 명상법은 긴장을 풀어서 뇌파를 베타에서 알파로 바꾸는 데도 큰 도움이 됩니다.[1] 긴장이 완전히 풀린 알파파 상태에서는 잠재의식에 접근하기가 쉬워지죠. 내면아이와 소통하며 자신을 가치 없다고 여기는 신념과 감정을 서서히 바꿔 나가는 작업이 이루어질 곳이 바로 여기입니다. 이 작업을 하며 애착 체계를 불안에서 안정으로 바꾸는 데 필요한 것을 얻을 수도 있고요. 어린 시절 애착 형성에 필요했으나 얻지 못했던 것을 채워 넣으면 이런 변화가 가능해지죠. 이는 내적 안정감을 키우는 데 중요한 필수 영양소와도 같습니다.

시작하기 전에 잠시 2장으로 돌아가 당신이 거기서 발견한 기억과 감정, 신념을 다시 살펴볼 필요가 있습니다. 취지를 세우는 것, 다시 말해 이 연습을 거쳐 어떤 삶의 방식으로 돌아가겠노라고 결심하는 것만으로도 큰 도움이 됩니다. 우리가 지금껏 해 온 작업에 어울리는 취지를 고르자면, "나는 지지받고 있다"라고 할 수 있겠네요. 자기 채움은 기본적으로 우리가 내적, 외적 자원은 물론 온 세상에서 자신에게 필요한 것을 얻을 수 있다는 믿음을 키워 나가는 과정이니까요.

마음 깊은 곳을 치유하는 이 명상에서도 나는 당신 곁을 지키겠습니다. 우리는 함께 믿음에 몸을 맡기고 고통과 치유가 있는 곳으로 뛰어들 준비가 되도록 당신의 마음을 이끌 것입니다. 이는 마음 깊숙한 곳까지 들어가는 연습이며, 거듭할수록 효과를 발휘합니다. 새로운 상태가 자리 잡게 하려면 반복해서 새 신경 경로를 튼튼하게 만들어야 하니까요. 가능하다면 매일 이 연습을 위한 시간을 따로 마련해서 온전한 자신에게 차근차근 다가가 보세요. 당신이 처음부터 본질적 가치를 타고났다는 사실을 점차 선명하게 깨닫게 될 겁니다. 두고 보세요. 지금은 완전히 받아들일 수 없더라도, 미래의 당신은 지금의 당신에게 분명히 고마워할 테니까요!

연습 8

자기 채움 일일 명상

이제 우리는 내면아이를 치유하고, 내면양육자와의 관계를 돈독히 하며, 내면파수꾼이 경계심을 늦추고 여유를 되찾게 하는 지금까지의 작업을 한층 깊이 있게 진행할 예정입니다. 지금 이 순간 어떻게 느끼든, 우리 몸의 모든 신경계는 자기 나름의 건강함을 타고난다는 사실을 기억하세요. 예를 들어 근육은 긴장을 풀고 이완할 능력을 가졌죠. 그와 동시에 우리 몸은 과거에 경험한 고통과 두려움에 적응한 상태입니다. 고통스러운 사건이 일어날 때의 감각 기억이 신체에 저장되어 있다는 뜻이죠. 당신 몸의 근육에는 아마 늘 긴장된 곳이 있을 겁니다. 아무리 마사지를 받거나 스트레칭을 해도 이런 근육은 금세 다시 뭉치죠. 이건 그런 긴장에 감춰진 의미를 살펴봐야 한다는 신호입니다. 내면아이가 이해받고, 인정받기를 원하는 부분이 여기 들어 있습니다.

그래서 이제는 상처와 치유로 가는 길을 함께 담고 있는 당신의 지혜로운 몸에 조심스럽게 접근하려 합니다. 몸에 귀 기울이면 치유의 길이 서서히 모습을 드러내죠. 근육의 신호를 감지해 여유 공간을 만들고, 복부와 심장의 이야기에 귀 기울이고, 내면양육자 공동체를 불러와 따스하고 안정된 공간을 유지하도록 내가 이끌어 줄 겁니다. 나아가 지금껏 계속 당신 몸 안에 잠들어 있던 풍부한 선천적 건강의 원천으로 돌아가도록 도와드리려 합니다.

그런 다음 발아래서 당신을 떠받치는 땅의 든든함을 느끼며 심장에 접촉해서 그 안을 지지받는 느낌으로 가득 채우는 데 집중할 겁니다. 이 명상의 또 다른 장점은 수련 과정에서 심장뇌가 옥시토신, 즉 인간이 타인에게 애정 어린 신뢰를 느낄 때 나오는 호르몬을 분비한다는 점입니다.[2] 몸 안에 저장된 에너지가 발산되도록 하면, 내부에서 솟아오르는 고양감을 느끼게 됩니다. 심장의 이 따스한 감정에 접촉하면 의도적으로 옥시토신을 만들어 낼 수 있고, 이는 고통에 좋은 약이 되죠.

이 명상은 천천히 진행하는 편이 바람직하므로 짧게는 20분에서 길게는 30~40분 정도 시간을 마련해 두는 것이 좋습니다. 그날의 시간 여유와 기분에 따라 단계별로 진행해도 되고, 한꺼번에 끝까지 해도 괜찮습니다.

시작하기 전에 우선 방해받지 않을 만한 안전한 장소를 찾으세요. 쿠션과 담요를 가져다가 포근한 자리를 만들어도 좋고요. 바닥에 누우면 땅이 떠받쳐 주는 듯한 느낌이 들어 도움이 됩니다. 무릎 밑에 뭔가를 받쳐 허리를 편하게 하고, 머리에는 작은 베개를 베면 한층 안정감 있는 자세를 취할 수 있습니다. 앉아서 명상할 때와 마찬가지로 척추 중립 상태를 유지하고, 균형이 잘 잡힌 동시에 편안한 자세를 찾아보세요. 그런 다음 느긋하게 긴장을 풀 마음의 준비를 합니다. 집중을 흩뜨릴 만한 전자기기는 전원을 꺼 두세요. 다음에 나오는 단계별 설명은 그저 제안일 뿐이며, 어느 부분에선가 꺼려진다면 마음의 소리를 따라 자기 속도대로 나아가면 됩니다.

이 수련에서는 신체 각 부분에 의식을 집중하는 것이 중요하다는 점을 미리 말씀드립니다. 당연히 처음 시도할 때는 대부분 의식이 이리저리 흩어집니다. 그렇다고 답답해할 필요는 전혀 없습니다. 그냥 자신을 격려하면서 다시 호흡에 집중하기만 하면 됩니다. 그러다 보면 이 과정을 돕는 내면양육자의 목소리가 들려올 수도 있죠. 자, 이제 시작해 봅시다.

❶ 안전하고 편안하며 집중할 수 있는 상태가 되었다면 우선 바닥이 몸을 떠받쳐 주는 느낌을 느껴 보세요. 침대에 누워 있더라도 그 아래서 몸을 지지해 주는 지면을 느껴 봅니다. 안정감을 느끼는 데

도움이 된다면 눈가리개를 사용하는 것도 좋습니다.

❷ 천천히 호흡하면서 숨결이 몸 안에 퍼지는 것을 느끼고 알아차려 보세요. 복부가 360도로 펼쳐지도록 숨을 들이쉬고, 그 숨이 모든 세포와 손발 끝까지 스며들고 파도치듯 심장을 씻어 내리는 것을 느껴 보세요. 호흡이 잘 스며들지 않는 부분은 없는지 점검해 보세요. 이유는 따지지 말고 확인만 하면 됩니다. 느긋하게 이완된 곳과 관심이 필요한 곳이 각각 어디인지 호흡이 알려줄 겁니다. 이 순간에 할 수 있는 만큼 몸을 호흡으로 가득 채워 내부를 확장한 다음 입을 통해 내보냅니다. 속도를 늦추고 깊이 들어갈 때 올라오는 느낌에 주의를 기울이면서 되도록 천천히 호흡하세요.

❸ 계속 이런 식으로 숨을 쉬면서 지금 이대로 여기 몸 안에 있어도 괜찮다고 자신을 완전히 안심시킵니다. 호흡이란 몸 밖과 몸 안에서 동시에 일어나는 일이므로 당신이 세상과 단절되는 일은 없다는 사실을 곱씹어 보세요. 긴장을 머금은 곳은 없는지 몸을 구석구석 찬찬히 훑어봅니다. 어깨나 골반, 턱관절 쪽은 뭉치기 쉬우니 자세히 살피세요. 어디든 긴장이 느껴지는 곳이 있다면 이 근육이 뭔가 내게 들려줄 얘기가 있는 것은 아닌지 잠시 생각해 봅니다. 긴장된 부분이 서서히 풀려 부드러워진다고 상상하세요. 근육이 당신을 앞으로 나아가게 할 준비가 된 것 같은 느낌이 든다면, 붙들고 있던 것을 놓아줄 준비가 되었는지 물어보듯이 그 부분에 가만히 숨을 불어넣어 보세요. 숨을 열 번 쉬면서 아직 긴장이 느껴지는 부분에 숨결을 보냅니다.

❹ 이제 신체의 몇몇 부분을 돌아가며 더 깊이 인식해 볼 차례입니다. 귀 기울이는 마음으로 접근한다면 당신 몸은 기꺼이 자기 지혜를 나눠줄 겁니다. 이 부분은 아주 쉬울 수도, 까다로울 수도 있습니다. 어느 쪽이든 거기에는 의미가 담겨 있죠. 앞서 정한 취지, 즉 "나는 지지받고 있다"라는 말을 되새기면, 숨어 있던 의미가 떠오르게 하는 데 도움이 됩니다. 이는 대개 감각의 형태로 시작되어 일종의 소중함이나 고통스러움이 담긴 감정, 기억, 또는 본능적 앎으로 바뀌어 가죠. 이건 모두 자신이 지지받았거나 버림받았다고 느꼈던 경험을 당신에게 들려주려는 내면아이의 목소리입니다.

우리는 대부분 이런 식으로 귀를 기울이는 데 익숙지 않으므로, 상황이 어떻게 흘러가든 부디 자신을 상냥하게 받아들여 주세요. 그런 다정함이야말로 이 과제를 제대로 해내든 그렇지 않든 당신이 얼마나 사랑받고 있는지, 얼마나 온전히 받아들여지고 있는지 일깨워 주는 내면양육자의 존재를 보여 줍니다.

❺ 다리, 팔과 어깨, 허리, 목과 턱관절, 눈 주변 등 특히 긴장하기 쉬운 부분의 근육에 주의를 집중합니다. 우선 가장 아래쪽인 다리에 관심을 돌려 봅시다. 거기 도착하거든 뭔가를 바꾸려 하지 말고 그냥 귀를 기울이세요. 이건 매우 중요합니다. 그래야만 몸이 자기 지혜를 나눠 주고 근육에 담긴 내면아이의 이야기를 들려줄 여유가 생기기 때문이죠. 아마도 이완된 부분과 긴장된 부분이 있음을 느낄 수 있을 겁니다. 그리고 어쩌면 당신의 관심을 요구하는 특정 부분을 감지할지도 모릅니다. 그 부분에 의식이 머무르게 하면 근육

이 들려주고 싶어 하는 이야기에 마음을 열 수 있습니다.

몸의 언어는 '감각'이므로 감각에 집중하는 것은 곧 몸에 담긴 이야기에 귀 기울이는 것이죠. 때로는 집중하는 동안 감각이 달라지기도 합니다. 줄어들거나 강해질 수도 있습니다. 예전에 겪었던 경험의 기억이 떠오를 수도 있고요. 슬픔이나 기쁨, 혼란, 평온함, 분노 등 인간이 겪는 온갖 종류의 감정이 느껴질 수도 있습니다. 이런 섬세한 소통을 하나하나 받아들이다 보면 당신이 이야기를 들어 준 근육과 자기 자신에게서 감사의 뜻이 느껴질 때도 있습니다.

❻ 다리 근육의 이야기를 충분히 들었다는 느낌이 들면 호흡으로 주의를 옮긴 다음, 대화를 나눠 줘서 고맙다는 뜻을 담아 부드럽게 숨을 들이쉬고 내쉽니다. 호흡할 때도 근육에 어떤 식으로 영향을 미치겠다는 의도 없이 그냥 감사의 뜻만 담아 전하세요.

❼ 이제 팔과 어깨로 옮겨 가서 이 과정을 반복합니다. 집중하고, 귀 기울이고, 들려오는 이야기를 받아 주고, 감사의 호흡을 전하세요.

❽ 이번에는 허리로 옮겨 갑니다.

❾ 다음에는 목과 턱관절로 이동하세요.

❿ 다음에는 눈 주변에 집중합니다.

⓫ 이제 복부에 관심을 쏟을 차례입니다. 한 손이나 두 손을 배에 얹고 어디에 얹었을 때 편안한지 느껴 보면 큰 도움이 됩니다. 복부뇌는 사실 쇄골이 시작되는 지점까지 뻗어 있으므로 손이 그쪽으로 이끌린다면 그대로 따라가도 괜찮습니다. 당신은 명령하려는 것이 아니라 귀 기울이러 여기 온 것이니까요. 몸의 언어는 '감각'임을

기억하면 지금 당신의 배가 어떤 느낌을 전하려 하는지 눈치채기가 좀 더 쉬워집니다. 배의 크기와 모양이 이러이러해야 한다는 문화적 요구가 수없이 많다는 점을 생각하면 첫 번째 반응은 이에 관련된 것일 수도 있습니다. 이를테면 "너는 너무 커"라든가 "나는 네가 마음에 안 들어" 같은 목소리가 툭 튀어나올지도 모르죠. 그런 말이 나오거든 그 메시지에 배가 어떻게 반응하는지 느껴 보세요. 다시 들숨으로 배를 꽉 채우는 데 집중한 다음 끝까지 크게 숨을 내쉽니다. 여기 머무르며 열 번 호흡하세요.

❷ 이제 더 깊은 곳의 소리까지 들을 수 있는지 알아볼 차례입니다. 이런 식으로 물어도 좋습니다. "오늘 나한테 들려줄 이야기가 있니?" 그런 다음 돌아오는 반응을 받아들이세요. 때에 따라 반응은 아주 많을 수도, 전혀 없을 수도 있습니다. '전혀 없음'은 지금 안전한 상태임을 알려 주는 이완된 감각이기도 합니다. 반대로 긴장이나 떨림이 느껴진다면 그 감각을 가만히 관찰하면서 거기에서 나오고 싶어 하는 것이 무엇인지 살펴보세요. 근육과 마찬가지로 배에서도 기억이나 감정, 혹은 다른 감각이 올라올 수 있습니다. 위로와 안정감을 제공하는 내면양육자의 도움을 받아 최대한 많은 것을 받아들여 보세요. 힘을 빼고 몸 아래의 땅에 더 깊이 밀착하면, 자신을 받쳐 주는 모든 지지를 믿고 스스로 몸을 맡기는 자신을 깨닫게 될지도 모릅니다.

❸ 이제 감사한 마음을 담은 깊은 호흡을 배에 세 번 보냅니다. 배는 당신의 안전을 지키는 수호자이자 음식을 소화하고 면역 체계를 떠

받치는 지원군입니다. 배에는 우리가 관계를 맺으며 희망과 행복을 느꼈던 아름다운 순간의 기억이 저장되어 있죠. 더불어 치유가 필요한 고통스럽고 괴로웠던 순간의 기억도 여기 들어 있습니다. 배에 호흡을 가득 채우면서 이런 말을 건네 보세요. "내가 항상 귀 기울일 게. 너는 늘 지지받을 거야." 배에 머무르며 호흡을 열 번 합니다.

❹ 이번에는 호흡에 집중한 다음 숨을 심장 주변에 채워 넣습니다. 들이쉴 때 숨을 모았다가 내쉴 때 심장으로 보내세요. 여기 머무르면서 열 번에서 스무 번가량 호흡을 불어넣으며 당신을 위해 계속 뛰는 심장에 감사하다는 마음을 전합니다. 심장 박동에 귀를 기울여 보세요. 아니면 이 부분에 계속 숨결을 보내면서 심장의 이미지를 떠올려 보는 것도 좋습니다. 직감의 중심인 가슴은 찢어지는 듯했던 고통뿐 아니라 지혜와 소통의 기쁨도 담고 있는 기관입니다. 호흡하면서 심장이 부드러워질 준비가 되었는지 확인하세요. 숨을 쉴 때마다 심장 주위를 이완하려 해 보세요.

❺ 이제 내면양육자 공동체와 접촉해 볼 차례입니다. 이번에도 몸 바깥쪽과 안쪽에 동시에 존재하는 호흡을 상징 삼아 연결을 시도합니다. 내면양육자도 호흡과 마찬가지로 당신의 외부와 내면에 동시에 존재하니까요. 당신을 사랑하고 지지해 주었던 사람 한 명을 떠올린 다음, 그 사람의 따스하고 든든한 지지가 당신과 함께하도록 불러내는 데 집중해 봅시다. 따뜻하게 빛나는 존재를 마음에 품고 있을 때 이런 조건 없는 지지에 연결된 감정이 솟아오르는 것은 매우 자연스러운 일입니다. 어쩌면 뭔가 이미지가 떠오르거나 이

에너지가 가져다주는 따스함이 피부로 느껴질지도 모릅니다.

❶❻ 당신을 바라보는 내면양육자의 존재를 느껴 보세요. 이들은 애정 어린 눈으로 당신을 주목하고, 당신이 얼마나 많은 일을 겪고 얼마나 괴로워했는지 이해해 줍니다. 당신의 기쁨과 고통을 모두 목격하고, 그 모든 감정을 당신과 함께 감당합니다. 내면양육자는 이제 당신에게 자신들의 지지와 발밑을 받쳐 주는 땅이 있으니 믿고 놓아 보내도 된다고 알려줍니다. 당신을 품어 주며 당신이 언제든 지지받으리라는 사실을 상기시켜 주는 대지를 느끼면서 신뢰하는 마음을 끌어올리면 뒤로 쓰러져도 두렵지 않습니다. 우리는 내적, 외적 지지를 다 갖추고 있으며, 대지의 따스한 품이 늘 사랑으로 우리를 받쳐 주리라는 점을 느껴 보세요. 어쩌면 당신은 결코 혼자가 아니라는 생각이 이미 당신 안에 자리 잡기 시작했음을 깨닫게 될지도 모릅니다.

❶❼ 특정한 내면양육자를 떠올리면서 대지의 따스하고 든든한 느낌을 들이마시는 연습을 해 보세요. 이 양육자는 심지어 반려동물이어도, 당신이 자유롭고 지지받는다고 느꼈던 추억의 순간이어도 괜찮습니다. 그 에너지를 모아 숨을 들이쉰 다음 그 느낌이 몸 전체를 통과하도록 해 보세요. 따스함과 든든함이라는 감각 느낌을 온몸에 채우고, 숨을 들이쉬고 내쉴 때마다 이 에너지가 몸 전체를 순환한다고 상상합니다. 여기서 열 번 호흡하면서 지지받는 감각이 몸 전체를 따라 흐르는 느낌이 들도록 연습합니다. 따스함, 애정, 보살핌을 받아들일 수 있도록 마음을 열어 보세요. 심장 주변 공간

을 의식하면서 필요한 만큼 머무르세요.

❶❽ 도움이 된다면 가슴에서 알맞다고 느껴지는 곳에 한 손 또는 두 손을 얹어도 좋습니다. 손이 딱 맞는 곳에 놓였다는 느낌이 들면 심장과 가슴에서 느껴지는 감각에 귀 기울입니다. 이렇게 물어보세요. "지금 나한테 들려주고 싶은 이야기가 있니?" 감정이나 기억, 감각이 떠오를 겁니다. 심장의 지혜를 믿으면서 무엇이 올라오든 최대한 받아들이세요. 고통스러운 기억이나 느낌이 떠오르거든 내면아이를 위로하거나 안심시켜 주세요. 당신 내면에서 들려오는 이야기는 귀중한 선물입니다.

❶❾ 심장이 오늘 할 이야기를 다 했다는 느낌이 들면 심장에 몇 번 숨을 불어넣으면서 내면아이에게 들려줄 다른 말이 있는지, 또는 당신에게만 전할 메시지가 있는지 물어보세요. 뭔가 다른 것이 떠오르지 않는지 확인하면서 두어 번 호흡합니다. 심장에서 당신을 이끌어 주는 속삭임이 들려오는 것을 느낄 수도 있습니다.

❷⓿ 명상을 끝마칠 준비를 하면서 인식을 몸 전체로 확장해도 좋습니다. 심호흡 세 번을 근육과 복부, 심장에 불어넣으며 소중하고 지혜로운 몸에 감사의 말을 전합니다. 이렇게 상냥한 방식으로 자신과 함께하는 이 순간에 원하는 만큼 시간을 들여 감사를 표하세요.

❷❶ 마무리로 천천히 허리를 곧게 세워 앉은 자세로 돌아온 다음, 눈을 감은 채로 눈가리개를 벗고 원래 있던 공간으로 돌아옵니다.

❷❷ 눈을 뜨고, 기지개를 켜고, 잠시 방 안의 사물을 자세히 살펴보면서, 다시 현실 세계를 느끼며 돌아오세요. 오늘 우리 여정은 이것

으로 마치겠습니다.

명상이 끝난 뒤 느낀 점을 노트에 기록하거나 그림으로 그려 두는 것도 좋은 방법입니다. 정해진 형식은 없습니다. 그냥 자연스럽게 떠오르는 단어나 이미지를 종이에 옮긴다고 생각하세요. 여유가 생긴 기분이 들 수도, 무언가 올라온 것을 가만히 받아들일 시간이 필요할 수도 있습니다. 필요한 만큼 시간을 갖고, 자신을 다정하게 다독여 주세요. 혹시 내면파수꾼이 나타나서 당신이 스스로 필요하다고 생각하지 않는 다른 일을 시키려고 하면 네 말을 듣고 있다고 알려준 다음, 이번에는 알아서 잘할 수 있다고 말하세요.

핵심은 이 경험을 너무 깊이 분석하거나, 올라온 것을 논리적으로 이해하려 들지 않는 데 있습니다. 모든 것을 있는 그대로 놓아두고, 이 명상법을 규칙적으로 연습하세요. 점점 강력해지는 내면양육자의 도움을 받아 내면아이의 경험에 더 가까이 접근하게 되면서 매번 다른 느낌을 받게 될 겁니다. 규칙적 수련은 오래된 고통을 해방하고 내면양육자와의 소통을 강화하는 데 큰 도움이 됩니다.

❤ 마음 해독제

아마 당신은 이제 이 치유 여정에서 지지가 얼마나 중요한지 느낄 겁니다. 우리는 각자 과거에 우리를 보살펴 주었던 사람들에게서 얻은 내적 자원, 치유 과정을 함께해 주는 믿음직한 이들로 구성된 외적 자원, 그리고 따스하게 품어 주는 세상 만물과의 소통에서 나오는 '정신적 자원'을 갖추고 있죠. 이 모든 자원이 결합해서 내면양육자 공동체의 모습과 목소리를 이루고, 당신 안의 이 공동체는 나날이 더 크게 자라납니다. 언제든 비판하지 않고 귀 기울여 주는 믿음직한 친구 한두 명이나 상담사, 멘토 또는 안내자가 있으면 이 작업에 필요한 안정적 베이스 캠프를 만드는 데 큰 도움이 되죠.

내면아이가 잠재의식 속의 기억을 드러내게 하는 열쇠는 지지받는다는 감각 느낌입니다. 필요하지만 당시에는 얻지 못했던 것을 제공함으로써 옛 상처가 치유되기 시작하죠. 뇌 관점에서 말하자면 편도체가 중앙 전두엽의 지원을 받으면서 점점 안전하고 보살핌을 받는 느낌이 들기 시작한다는 뜻입니다. 내면양육자는 당신의 심장 안에, 그리고 당신이 치유되면서 느끼는 따스한 포근함 안에 동시에 존재한다고 할 수 있습니다. 예전에 당신의 편도체는 매번 버려질 거라 예상하면서 경계 태세를 늦추지 않았습니다. 하지만 이제는 자극을 받더라도 곰곰이 생각하고 자신을 가라앉힐 여유가 있죠.

무엇보다 좋은 것은 치유 과정을 계속해 나가면 인간관계에서 내면아이가 품는 기대를 재조정할 수 있다는 점입니다. 이런 변화는 관계에 대한 감각 느낌이 달라지면서 시작되고, 누군가의 파트너가 된다는 것에 관한 잠재의식 속 신념의 변화로 이어집니다. 시간이 지나면 자신의 가치, 그리고 그것이 사랑을 주고받는 데 미치는 영향에 대한 의식적 사고방식 또한 천천히 달라질 겁니다.

몸의 목소리에 귀 기울이고 온전한 자신을 연민으로 받아들일 공간을 만드는 것은 영혼을 위한 보약입니다. 이것이야말로 외적 경험이 내면아이의 상처를 건드리고 당신의 감정과 행동을 좌지우지하도록 놔두는 대신, 마음을 치유하는 내적 인식을 발판으로 세상과 소통하는 방법이죠.

다시 말해 이 작업은 자신을 향한 내적 헌신이며, 자기희생, 공의존, 연애 중독을 불러왔던 내적 방치에 대한 궁극적 해독제 역할을 합니다. 그 결과는 거의 기적에 가깝죠. 처음에는 상황이 더 불안정해진다고 느낄지도 모르지만, 그건 당신이 과도기에 있기 때문이니 걱정하지 마세요. 이런 과도기를 '영혼의 어두운 밤'이라고 부르는 것을 들어 보았을지 모르겠네요. 직접 겪어 본 나한테는 꽤 익숙한 비유죠.

'내면 작업'이라는 말을 들으면 나는 눈 덮인 산꼭대기에서 부처처럼 명상에 잠기는 멋진 여성을 떠올리곤 했습니다. 이 길을 찾아낸 다른 이들은 당차면서도 자기 관리가 완벽한 사람이라고 생각했죠. 비욘세와 줄리아 로버츠를 섞은 다음 루비 로즈 같은 모델의 세련미를 살짝 뿌린 존재라고나 할까요. 이렇게 누가 봐도 내적 평화와 당당한 자신감이 느껴지는 인물을 소설 미디어에서 보면, 당신은 아마 자신은 절대 그만큼 아무렇지 않게 자신감을 뿜어내는 멋진 사람이 되지 못하리라 생각하겠죠. 하지만 그 사람은 바로 당신입니다.

필터를 잔뜩 먹인 사진 뒤에서는 누구나 모든 것이 다 무너지는 듯한 순간, 고통스럽고 견디기 힘든 순간을 겪습니다. 자신이 타고난 힘을 알아차리고 끌어내리면 솔직한 시선으로 내면을 들여다보는 과정이 필요한데, 이 과정이 항상 밝고 아름다울 수는 없는 법이거든요. 이건 누구라도 남에게 보여 주기를 꺼릴 만한 부분이고, 그래도 괜찮습니다. 자기 안에서 켜켜이 쌓인 미지의 영역을 파 내려가는 지저분하고 불편한 과정을 남들이 보도록 굳이 내놓을 필요는 없죠. 안쪽에서만 제대로 느낄 수 있는 이 지극히 개인적인 작업은 당신이 초대한 믿음직하고 다정한 이들에게만 공유하면 충분합니다.

처음으로 공의존과 연애 중독이라는 문제를 스스로 직시하기 시작했을 때 나는 한동안 우울증을 겪었습니다. 더는 연애로 도피할 수 없다는 점을 알았기에 내 유기 공포 문제를 정면으로 바라볼 수밖에 없었죠. 평생 나 자신과 마주하지 않으려고 발버둥 치며 살았고 고통스러울 것도 알았지만, 결국 시간을 들여 내 내면세계와 거기 들어 있는 내용물을 들여다봐야 한다는 사실을 깨달았던 겁니다.

어린 시절 내가 느꼈던 외로움에 깊이 접촉할 때 마음이 몹시 무거웠습니다. 그래서 내가 이 무거움과 압박감을 마주하는 동안 곁에 있어 달라고 상담사에게 부탁했지요. 사랑받을 자격이 없다는 두려움과 스스로 가치가 없다는 수치심을 마주하는 동안에는 나 자신에게 전념하는 데 집중했습니다. 그러는 동안 자신에게 "사랑해"라고 수없이 되뇌기도 했죠.

처음에는 끔찍한 기분이 들었습니다. 이건 사실이 아닌 공허한 말일 뿐이라고 생각했으니까요. 하지만 시간이 지나면서 스스로 내 말을 믿게 되었고, 그 말에 담긴 따스함이 내 에너지 체계를 순환하는 것이 느껴졌습니다. 심장이 서서히 열리기 시작했고, 마침내 내면으로 들어가는 것이 기쁘게 느껴지게 되었죠. 더불어 나를 완성해 줄 '운명적 상대'를 찾으려고 애쓰기를 그만두고, 지금 내 곁에서 다정한 관심을 주는 이들과 관계를 쌓는 데 마음을 쏟았습니다.

이 모든 치유는 시간이 필요하고, 연습이 필요하고, 억지로 되는 것도 아니기에 자신에게 상냥해야 한다는 점을 잊지 마세요. 벽에 부딪히더라도 그게 아주 정상적인 상황임을 되새기고 자신에게 집중하기만 하면 됩니다. 핵심 상처 치유하기는 집 전체의 배선을 바꾸면서 마라톤을 뛰는 것과 같습니다. 그 정도로 고된 일이므로 당신은 이 과정을 밟아 나가며 언제든지 적극적으로 다른 이들의 도움을 받을 자격이 아주 충분합니다.

언젠가 당신이 온전한 자신을 받아들이게 되는 날이 반드시 온다는 점을 기억하세요. 나는 이제 더 이상 내가 아닌 다른 사람이 되고 싶다는 생각이 들지 않는다는 것을 깨달았던 때가 지금도 기억납니다. 그 순간, 남들은 다 자기 삶을 완벽하게 관리한다는 생각에서 벗어나서 우리 모두 그저 사랑하고 사랑받기 위해 최선을 다할 따름이라는 사실을 알게 되었죠. 내가 자기만의 방식으로 성장하고 진화할 나라는 존재를 온전히 받아들이고, 무슨 일이 있더라도 자신을 잘 돌보기로 마음먹은 것도 이때부터였습니다. 이 여정을 함께해 준 사람들도 당연히 큰 도움이 되었지만, 나 또한 조금씩 자신을 되찾는 작업에 전념함으로써 내 몫을 다했죠.

이 책을 집어든 여러분은 치유의 여정에서 각자 다른 곳에 서 있을 겁니다. 살아오면서 더 많은 고통과 트라우마를 겪은 사람일수록 이 과정이 더욱 힘겹겠지만, 처음에 이 방법이 통하지 않는 것 같다고 해서 좌절하지 마세요. 혹시라도 낙심했다면 나를 떠올리며 마음을 달래길 바랍니다. 당신이 지금 내 상담실에 앉아 있다면 나는 당신 눈을 똑바로 바라보며 또박또박 말씀드릴 겁니다. "당신은 당신 생각보다 훨씬 더 많은 지지를 받고 있고, 절대 혼자가 아니에요." 그러니 노력을, 신뢰를, 자신을 향한 헌신을 절대 멈추지 마세요.

3부

온전한 자신이 되어
사랑하기

7장

유연하게
선 긋기

여기서 말하는 경계선은 단단한 벽돌로 쌓은 벽이 아니라
열렸다 닫혔다 하는 문에 가깝습니다.
우리 목표는 아무도 필요 없을 정도로
혼자 알아서 잘 지내는 것이 아니라,
타인과 건강하고 '유연한' 관계를 맺는 것입니다.
자아감이 뚜렷해질수록 자신을 잃어버리는 일 없이
사랑하는 사람과의 관계에 자신을 완전히 던질 수 있다는 것은
참으로 아름다운 모순이죠.

　치유 과정을 거치면서 당신이 얻을 새로운 능력 중에는 단단한 벽도 활짝 열린 문도 아닌 건강한 경계선을 긋는 능력도 있습니다. 이 경계선은 상호 존중에서 생겨나며, 그 존중을 유지하는 데 도움이 되고, 각자의 욕구는 다 중요하다는 사실을 반영하죠. 불안 애착형에게 이는 대체로 새로운 경험일 겁니다. 자라면서 자기 욕구를 돌보는 대신 타인의 욕구를 눈치채는 비상한 민감함을 갖고 살아왔으니까요. 부모님은 우리가 자신의 경계를 명확히 설정하는 법을 배우도록 도와줄 수 없었죠. 그 결과 타인을 우선시하는 패턴이 우리에게 깊이 각인되었습니다.

　경계선을 잘 긋는다는 것은 사랑하고 사랑받는 능력을 차단한다는 뜻이 아닙니다. 위협과 최후통첩을 남발하거나, 상대가 당신을 화나게 하는 순간 곧바로 칼 같이 헤어지라는 뜻도 아니고요. 그보다는 사랑을 잃을까 봐 두려워 자신과 타인의 욕구 사이에서 균형을 잡으려는 시도조차 못 하는 일이 없도록 자기 채움과 치유에 더욱 힘을 쏟아야 한다는 뜻이죠.

건강한 '우리'를 이루려면 뚜렷한 '나'를 먼저 만들어 두어야 하는 법입니다. 그러기 위해서는 건강한 '나'를 이미 갖춘 사람들과 관계를 맺으며, 서로를 성장시키는 '우리'가 된다는 것이 무엇인지, 바람직한 공동 조절이란 어떤 것인지 경험할 필요가 있죠. 믿음직한 사람들을 주변에 두고 내면양육자와의 관계를 강화하면, 융통성 있는 경계선 긋기가 양쪽의 욕구를 모두 채워 줌으로써 관계를 튼튼히 하는 데 얼마나 중요한 역할을 하는지 알게 될 겁니다.

🛡️ 내부 경계선 세우기

모든 사람에게는 두 가지 종류의 경계선, 즉 내부와 외부 경계선이 있습니다. 그러니 무엇을 용납하고 무엇을 용납하지 않을지 정해서 그걸 파트너에게 알려 주면 끝나는 문제는 아니죠. 이건 외부 경계선에 해당하며, 자신에게 무엇이 괜찮고 무엇이 괜찮지 않은지 알아내는 능력에 달려 있습니다. 이 능력은 우리가 하고 있는 내면 치유 작업으로 키울 수 있죠.

그렇다면 내부 경계선은 어떻게 생겨날까요? 어린 시절 우리는 자기 마음속에서 무슨 일이 일어나는지 읽어 주고 반응해 줄 부모나 양육자가 필요합니다. 화가 났을 때 엄마가 "아유, 우리 아가, 지금 엄청 화났나 보네"라고 말하면 내 모습이 있는 그대로 이해받고 인정받았다고 느끼죠. 그리고 내 욕구가 정당하며, 내게 무엇이 필요한지 스스로 알아낼 수 있다는 사실을 학습합니다. 이는 앞으로 생겨날 내부 경계선의 탄탄한 토대가 되죠.

하지만 부모님이 내 분노를 보고 기분이 상해 고개를 돌려 버리면 나는 그 감정이 뭔가 잘못되었다고 느낍니다. 친밀한 사람들과 소통하려는 욕구는 자신을 알고자 하는 욕구보다 훨씬 강하므로, 그 감정을 '나쁨'으로 분류하고 치워 버립니다. 그것이 나에게 가장 중요한 사람들과의 관계를 망치기 때문이죠. 더불어 이제 내가 부모의 기분을 상하게 하지는 않았는지 더 주의 깊게 살피면서 부모의 비위를 맞추려고 갖은 애를 씁니다. 자신에게 무엇이 필요한지 안다는 자신감 대신 관계를 유지하기 위해 나 자신을 내주는 습관이 몸에 배었으므로, 건강한 경계선이란 어떤 것인지 전혀 알지 못합니다.

웬만한 감정은 다 받아들여 주더라도 두어 가지는 절대 용납하지 않는 부모를 둔 아이들도 있습니다. 예를 들어 어떤 엄마는 아이를 사랑하고 잘 보살펴 주지만, 아이가 쉬려고 엄마에게서 관심을 돌리는 것을 참지 못합니다. 엄마 자신이 유기 상처를 안고 있기에 아기와 억지로 다시 연결되려 하는 것이죠. 여기서 아기는 자신이 쉬어서는 안 되며, 쉬었다가는 엄마와의 연결을 잃고 만다는 것을 배웁니다.

짐작하겠지만, 이 아이는 자기 감정을 대부분 편안하게 받아들이면서도 관계에서만큼은 자신이 항상 상대방 곁을 지켜야 한다는 패턴이 깊이 각인된 어른으로 자랍니다. 심지어 필요하다면 언제든지 자기만의 시간을 가져도 된다고 상대가 아무리 말해도 소용이 없죠. 이 사람은 "아니, 지금은 맥주 마시고 싶지 않아"라고는 말할 수 있어도, "오늘 저녁엔 미니 골프 치러 같이 못 갈 것 같아"라는 말은 하지 못합니다. 아무리 피곤해도 말이죠. 이런 식으로 사람은 각자 경계선을 긋는 데 애를 먹는 영역도 있고, 자기 욕구를 명확히 알고 당당히 밝힐 수 있는 영역도 있습니다.

앞의 내용을 찬찬히 읽으면서 어린 시절 양육자들이 당신의 어떤 감정을 정확히 읽어 주고 따스하게 받아들여 주었는지, 그리고 어떤 것을 못마땅해하거나 부정했는지 되짚어 보면 큰 도움이 될 겁니다. 따스하게 받아들여질 때 당신 몸에서는 어떤 감각이 느껴지나요? 특정 감정이 용납되지 않는다고 느낄 때는?

여기서 작동하는 메커니즘이 한 가지 더 있습니다. 부모와의 관계에서 우리는 자신이 '부모와 분리된' 개별적 존재라는 사실을 배워야 합니다. 예를 들어 아기가 울고 누군가가 눈치채서 반응을 보일 때마다 아기는 자기 행동이 타인에게 영향을 미친다는 사실을 어렴풋이 이해합니다. 이 경우에는 누군가가 아기를 도우러 달려오기에 알게 되죠. 아하! 이 사람은 나와 분리되어 있구나. 그렇지 않다면 이 사람도 괴로워서 울고 있을 테니까.

하지만 주 양육자가 '실제로' 눈에 띄게 괴로워하는 모습을 보인다면, 아기는 욕구에 응답받지 못할 뿐만 아니라 양육자의 감정과 고민까지 자기 것처럼 흡수하기도 합니다. 엄마와 자신이 따로 분리된 개인이라는 감각 느낌을 경험하지 못한 아이는 어른이 되어서도 타인과 분리된 뚜렷한 자아 감각을 형성하는 데 애를 먹습니다. 이 현상은 친구나 동료, 연인, 그리고 자녀와의 관계 등에서 두루 나타나죠.

여기서 그치지 않고 우리는 어린 시절 양육자의 존재를 내면화합니다. 상황이 바람직하다면 애정과 관심을 주는 이 존재는 우리 내면양육자 공동체의 첫 번째 목소리가 되어 줍니다. 그러면 우리는 양육자와 물리적으로 떨어져 있으면서도 감정적 연결을 유지하는 능력을 키울 수 있습니다. '우리 안에 그들의 존재가 있기' 때문이죠. 하지만 당연히 우리는 불안을 불러일으키는 부모도 내면화합니다. 물리적으로 함께 있지 않을 때도 그들의 존재는 내면에서 계속 두려움을 자극하죠.

간단히 말해 어린 시절 '독립적'이어도 안전하다고 느낀 사람일수록 어른이 된 뒤 유연한 경계선을 긋고 건강한 '상호의존' 관계를 형성하는 능력이 뛰어납니다. 자신의 욕구와 감정을 믿는 법을 배웠고, 부모와 별개인 자신이 가치 있는 인간임을 주변의 도움으로 몸소 느꼈기 때문이죠. 같은 맥락에서 양육자에게 의지해도 된다고 느낀 적이 없는 사람일수록 분리와 소통 양쪽에서 문제를 겪을 가능성이 큽니다. 내부 경계선 긋는 법을 배우지 못하고, 관계를 잃게 될까 두려워서 자기 자신을 내주는 습관이 들었기 때문이죠. 그래서 연결된 느낌을 유지하기 위해 연인과 그 사람의 내면아이의 감정이며 욕구에 맞추느라 자기 자신을 소모합니다. 어린 시절 부모님에게 했던 것처럼요.

내부 경계선을 스스로 감지하지 못하면 외부에도 명확하고 유연한 경계선을 그을 수 없습니다. 안정된 자아감을 발달시키지 못했기에 파트너의 감정에 어쩔 수 없이 휘말리게 되죠. 건강한 경계선이란 이런 것이라고 가르쳐 준다고 해결되는 문제도 아닙니다. 한번 학습된 패턴은 깊이 각인되어 벗어나기 어려우니까요.

지금껏 파트너가 아주 조금이라도 아쉬워하거나 감정적으로 괴로워하는 듯한 모습을 보이면 모든 것을 내던지고 그 사람의 욕구에 맞춰 주려 하는 내담자를 수없이 만났습니다. 그러면서도 그들은 뭐가 잘못됐는지 전혀 깨닫지 못했죠. 또는 괴로움을 덜어 주려고 노력하기보다는 상대의 감정적 파도에 휩쓸려 버리는 사람도 있습니다. 예를 들어 한 내담자는 파트너가 실직하자 그와 함께 우울증에 빠져들었습니다. 어머니와의 관계에서 겪은 일과 똑같았죠.

치유 과정 없이 이 악순환을 깨뜨리기는 지극히 어렵습니다. 내면아이가 이것이야말로 연결을 유지하는 유일한 방법이라고 믿고 있기 때문이죠. 상대를 보살피면 그 대가로 자신도 보살핌을 받을 가능성이 커진다고 여기는 겁니다. 더 깊은 속내를 들여다보면 내면아이는 자기가 최선을 다해도 양육자가 꼭 돌아오는 건 아니라는 것을 경험으로 알고 있습니다. 그러니 언제든지 최선을 다하는 것을 넘어 자신을 무리하게 쥐어짤 태세를 갖추고 있죠. 그렇기에 늘 지치고 극심한 불안을 느끼고요. 하지만 근본적 치유 없이는 노력을 그만두었을 때 차오를, 버려진다는 끔찍한 고통보다는 차라리 이쪽을 택할 수밖에 없습니다.

물론 파트너에게 공감하며 시간을 들이는 것은 좋은 일이지만, 자기 욕구에도 공감하고 시간을 들여 균형을 잡으려면 자기 채움으로 기반을 다져야 합니다. 상대도 이와 똑같이 해 준다면 우리는 각자 치유되고 성장하며 만족스럽고 오래가는 관계의 토대를 갖추는 셈입니다. 꾸준한 자기 채움을 통해서 당신은 불안해지는 일 없이 관계 안에서 지지와 자유를 둘 다 느끼는 방식으로 경계선을 탐색하게 될 것이 틀림없습니다.

💜 홀로서기가 아닌 함께 서기

그토록 오랫동안 경계선을 긋지 못한 채로 살다가 치유 작업을 시작했을 때 무게추가 반대쪽으로 쏠리는 것은 흔한 일입니다. 자기 나름의 욕구와 소망을 품은 별개의 인간으로서 '나'를 자각하게 되면, 아무도 필요하지 않은 강하고 독립적인 인간이야말로 자신의 목표이자 궁극적 안전을 보장한다고 여기기 쉽죠. 이런 믿음에는 우리 문화의 영향도 있습니다.

너무나 오랫동안 자신을 내주고 난 뒤에는 이것이야말로 당당한 삶의 방식이라고 느낄 수도 있지만, 단순히 벽을 둘러치는 것은 지속적인 친밀한 관계로 가는 방법이 아니라 또 다른 형태의 방어기제일 뿐입니다. 어쩌면 이런 생각이 들겠죠. '아무도 내 곁에 두지 않을 테니까 이제 상처받을 일은 없어.' 하지만 머지않아 예전과 똑같이 외롭다는 사실을 깨닫게 됩니다.

여기서 내가 말하는 경계선은 단단한 벽돌로 쌓은 벽이 아니라 열렸다 닫혔다 하는 문에 가깝습니다. 우리 목표는 아무도 필요 없을 정도로 혼자 알아서 잘 지내는 것이 아니라, 타인과 건강하고 '유연한' 관계를 맺는 것입니다. 결국 인간은 소통하도록 만들어진 존재이기에[1] 혼자만의 삶이 아무리 재미있을지라도 궁극적으로는 따스하고 다정한 관계를 맺고 싶어 하기 마련이죠. 믿을 만한 연구에 따르면 인간은 타인과의 소통을 '기대'하도록 진화했으며, 그렇지 못할 때는, 심지어 의식적으로 알아차리지 못하더라도 내적 고통을 느낀다고 합니다.

그렇다면 불안 애착형들은 어떻게 해야 사랑에 빠지되 허우적거리지는 않을 수 있을까요? 아마 짐작하겠지만, 답은 치유에 투자하는 겁니다. 자아감이 뚜렷해질수록 자신을 잃어버리는 일 없이 사랑하는 사람과의 관계에 자신을 완전히 던질 수 있다는 것은 참으로 아름다운 모순이죠.

이는 감정과 행동이 신뢰가 아닌 공포에 좌우되는 공의존과는 완전히 다릅니다. 우리가 상대에게만 의존해서 위안과 안정감, 사랑을 얻으려고 하면 둘의 관계는 금세 매력을 잃고 불만족스러워지고 맙니다. 반면 '상호의존' 관계는 어느 한쪽의 안녕이 위협받는 일 없이 두 사람이 각자 자기 방식대로 성장하고 발전할 공간을 제공하죠. 이는 계속 친밀감을 더하며 오래도록 이어지는 연인 관계의 기반이 됩니다.

그러려면 내적 안정감과 신뢰, 그리고 어느 한쪽도 침해받거나 방치당한다는 느낌에 휩싸이는 일 없이 '함께'와 '따로'를 자연스럽게 오가는 능력이 요구되죠. 그뿐 아니라 모든 관계에서 발생할 수밖에 없는 갈등을 겪고 나서도 관계를 바로잡을 수 있다는 믿음이 필요합니다. 이런 갈등 해결이 실제로 관계를 더 튼튼하게 해 준다는 점도 알아야 하고요.

내부 경계선이 뚜렷해지면 자기 욕구를 더 쉽게 자각하고 편안한 마음으로 파트너에게 알릴 수 있으며, 파트너가 자신과 다른 욕구를 품고 있다는 사실에 위협을 느끼지 않게 됩니다. 그래서 이런 욕구를 어떤 식으로 충족할지 의논하고, 자아감을 잃지 않은 채 필요한 타협을 해낼 수 있죠. 다른 관점에서 보자면 양쪽 파트너가 각자 자신의 감정과 행동에 책임을 지고 관계에 이바지할 때, 두 사람이 점점 가까워져도 안전할 만큼의 견고함이 생겨난다고 할 수 있습니다.

🖤 분노가 중요한 이유

내부 경계선이 분명해지면 어떤 식으로 외부 경계선을 그어야 할지 알 수 있게 됩니다. 반대로 내부 경계가 뚜렷하지 않으면 내면아이는 스스로 그게 좋은 생각이라고 여기면서도 경계선을 지키며 행동하는 데 애를 먹을 때가 많습니다. 내면아이에게는 그게 너무 위협적이기 때문이죠.

우리 사회가 금기시하며, 특히 여성에게는 좀처럼 허락되지 않는 경계선인 '분노'부터 살펴보기로 하죠. 모든 감정은 자신 또는 타인에게 전할 중요한 내용을 담은 메시지라는 점을 떠올려 봅시다. 그렇다면 분노에 담긴 메시지는 무엇일까요? 분노는 고통을 전하는 중요한 의사소통 수단인 동시에 경계가 침범된 곳, 또는 경계선을 그어야 할 곳이 어디인지 우리에게 알려 주는 역할을 합니다. 분노를 찬찬히 들여다보면 그 뒤에서 상처받거나 두려운 감정이 발견될 때가 많습니다. 이렇듯 분노는 채워지지 않은 욕구와 두려움, 고통을 알아차리도록 도와주는 수많은 감정으로 이어지는 신호입니다.

목덜미에 머리카락이 나기 시작하는 지점의 척추에는 우리가 거듭 소통하려 하는데도 아무도 곁에 있어 주지 않을 때 깨어나는 신경 회로가 있습니다. 요람에 혼자 남겨져 스트레스를 받은 아기는 울먹이다가 크게 소리 내어 울기 시작하고, 이내 파르르 떨면서 얼굴이 빨개지도록 화를 냅니다. 이건 다음과 같은 뜻을 전하는 건강한 반응이죠. "와 주지 않아서 힘들어요. 왜 오지 않나요? 왜 와 주지 않아요? 왜요?" 어른이 된 뒤 우리가 이렇게 '울부짖으면' 그저 분노만을 감지한 파트너의 신경계는 이를 위험 신호로 해석하고 투쟁-도피 반응을 일으킬 가능성이 큽니다. 하지만 앞서도 말했듯 이런 식으로 소통을 간절히 바라는 욕구는 지극히 정상입니다.

인간으로서 우리는 "당신은 나와 함께야?"라는 근본적 질문을 반복해서 던집니다. 거듭거듭 "아니"라는 대답만 돌아온다고 느끼면 한계에 도달하죠. 이런 반응이 타당함을 이해하면, 분노가 폭발할 때마다 그 뒤에는 고통스럽고 두려운 경험이 깔려 있음을 깨닫게 됩니다. 아기는 훌쩍임으로 슬픔을, 큰 울음 소리로 두려움을, 분노로 엄청난 좌절감을 표현하죠. 어른인 우리는 아마 좀 더 세련된 언어로 자기 욕구를 표현하겠지만, 타인이 우리를 제대로 보고, 욕구를 알아차려 주고, 곁에 있어 주기를 바라는 마음은 다를 바가 없습니다.

어른이 된 뒤의 인간관계에서 분노를 건강하게 표현하는 방법은 먼저 올라오는 감정을 알아차리고, 내면을 살펴 어떤 고통이나 두려움이 분노를 불러일으키는지 알아보고, 그 다음 상대에게 차분하게 그 분노와 고통 또는 두려움의 원인을 설명하는 것입니다. 그렇게 하면 파트너가 우리 감정에 책임을 느끼게 하지 않고도 감정을 온전히 전달할 수 있지요.

요람에 누운 아기였던 우리는 그 뒤로 많은 일을 겪었습니다.

불안형 애착을 형성했다는 사실은 상당히 많은 고통과 두려움을 경험했음을 의미하죠. 그래서 상대방의 아주 작은 행동이 우리에겐 엄청난 분노 폭발의 도화선이 되기도 합니다.

그런데 문제는 그보다 복잡할 때가 많습니다. 앞서 살펴보았듯 불안형은 갈등을 두려워하므로, 사랑받으려면 늘 파트너를 만족시켜야 하며 성가시게 해서는 안 된다고 믿습니다. 아주 작은 균열의 신호라도, 특히 자신이 초래한 일이라면 더욱, 그것이 곧 관계의 끝을 의미한다고 여깁니다. 하지만 감정은 무시한다고 사라지지 않죠. 그래서 우리는 자기비판이라는 형태로 칼끝을 자신에게 돌립니다.

그렇게 깊이 쑤셔 넣어진 감정은 다음번에 활성화될 때까지 딱지 아래에서 곪는 상처처럼 점점 악화됩니다. 이 지경에 이르면 꾹꾹 눌러 담았던 분노는 폭력적, 공격적, 폭발적으로 변질되기 쉽습니다. 무엇 때문에 속상한지 차분히 털어놓는 어른의 대화 대신 감정이 왈칵 쏟아지고 말죠. 어쩌면 떼를 쓰면서 '당신 탓에' 내 기분이 이렇게 됐다고 비난하는 이야기를 지어낼지도 모릅니다. 경계선을 긋는 대신 불바다를 만드는 셈이죠.

하지만 이건 누구 잘못도 아닙니다. 우리는 왜 자신이 화가 났는지 곰곰이 되짚어 보는 데 필요한 신경 회로를 발달시키지 못했을 뿐이거든요. 그래서 감정이 커지면 폭발할 수밖에 없는 거죠. 우리가 지금 걷는 치유의 길은 여기에 좋은 약이므로 이제 분노는 친밀한 관계에서도 우리의 아군으로 바뀔 수 있습니다.

안전하게 분노 표현하기

어린 시절 우리는 주변 사람들이 분노를 느끼고 표현하는 모습을 보며 많은 것을 배웠습니다. 다음 질문을 살펴보면 당신이 왜 갈등에 지금 같은 방식으로 대처하게 되었는지 이해하는 데 도움이 됩니다.

- ◆ 어린 시절 집에서 경험했던 갈등은 어떤 모습이었나요? 거리낌 없이 표현되었나요, 아니면 감춰졌나요?
- ◆ 분노를 표현해도 안전한 환경이었나요? 분노를 드러내면 어떤 일이 일어났나요?
- ◆ 부모님과 다른 가족은 좌절감을 어떤 식으로 처리했나요?
- ◆ 주변 사람들이 욕구를 표현할 때 거기에는 분노도 담겨 있었나요?
- ◆ 지금은 분노에 관해 어떻게 생각하나요? 이 감정을 못마땅하게 여기는 마음이 있나요?
- ◆ 목소리를 높이면 어떤 일이 일어난다고 배웠나요?
- ◆ 사랑하는 사람에게 좌절감을 표현할 때 당신 내면에서는 어떤 일이 일어나나요?
- ◆ 분노가 치밀 때 마음이 얼마나 불편한가요? 그리고 보통 어떤 식으로 대처하나요?

당신이 분노를 대하는 방식이 어린 시절 강력한 학습의 결과임을 눈치챘나요? 이 점을 깨닫는 것이야말로 분노와 관련된 패턴을 깨는 첫 단계입니다. 이 자연스러운 감정을 제대로 처리하지 못하고 안에다 꼭꼭 숨기면 결국 분노를 자신에게 돌리거나, 우울증에 빠지거나, 아니면 두 상황을 모두 겪게 되죠. 필요하거나 원하는 것을 밝혀 봤자 소용없다는 메시지를 스스로 세뇌한 결과, 우리는 입을 다물고 그냥 포기해 버립니다.

하지만 내면아이가 방치당하고 무시당하고 오해받을 때마다 투쟁-도피 반응에서 '투쟁' 부분이 편도체에 환하게 불을 밝혀 분노를 일으킵니다. 우리는 이를 의식적으로 알아차리고 받아들여야 하죠. 그러려면 먼저 감정과 분노 표현에 관련된 내면아이의 상처를 진지하게 들여다볼 필요가 있습니다.

어린 시절 우리는 대체로 분노라는 감정을 겁냈습니다. 분노를 드러내면 위험한 일이 생겼기 때문이죠. 화를 내면 호통과 함께 못됐다는 말을, 착하게 굴지 않으면 혼쭐이 난다는 소리를 들었습니다. 심지어 부모님은 우리를 방에 가두고 가 버리기도 했죠. 상황이 이럴 때 과연 분노를 표현해도 안전하다는 느낌이 들었을까요? 분노를 표현하면 상대도 그런 식으로 반응할 거라고 두려워하는 것은 당연하지 않을까요?

하지만 분노를 똑바로 마주하고 원인을 살핀다면, 이 감정을 인생에 꼭 필요한 활력이자 인간관계를 탐색해 나갈 때 귀중한 역할을 하는 아군으로 삼을 수 있습니다.

화가 났을 때 목소리를 내며, 상대를 존중하면서도 반대 의견을 내고 거절할 줄 아는 내적 균형을 발달시키는 것은 분노를 적절하게 표현함으로써 외부 경계선을 긋는 일입니다. 그러려면 당연히 시행착오를 겪는 기간이 필요하죠. 시도해 보고 실수를 저질러도 된다는 뜻입니다. 시간이 지나면 우리는 자신을 지키는 강력한 방어책인 분노를 소중히 여기게 됩니다. 입에 발린 말 대신 다소 까칠한 진실을 택하면서 적절한 경계선이 생겨날 겁니다. 이것이야말로 자신을 돌보는 동시에 연애에서도 대등한 파트너가 되는 길이죠.

❀ 할 말 하는 사람이 매력적이다

내담자 사샤가 건강한 분노를 활용해 인간관계에서 선 긋는 법을 배운 사례를 함께 살펴보도록 하죠. 내게 처음 찾아왔을 때 사샤는 삶의 거의 모든 측면에서 경계선을 긋지 못해 애를 먹는다고 털어놓았습니다. 누군가를 사귈 때마다, 심지어 친구 관계에서도 엄청난 부담을 느낀다고 했죠. 싫다고 말하고 싶은데 자기도 모르게 좋다고 할 때가 많았고, 그럴 때 종종 가슴 속에서 '뜨거운 울화'가 치밀었습니다.

또한 적극적으로 연애 상대를 찾았지만, 사귀가 시작하면 하나같이 두어 주를 넘기지 못했습니다. 사샤는 자신이 무엇을 원하거나 필요로 하는지 전혀 느끼지 못했고, 상대방은 그런 그녀에게 금세 흥미를 잃어버렸기 때문이죠. 한 남자 친구는 이런 말까지 했습니다. "넌 항상 내 말에 맞장구만 쳐. 같이 뭘 할지 네가 정한 적이 한번도 없잖아." 사샤는 무척 창피하다고 느꼈지만, 이 잔인한 말 덕분에 나를 찾아와 도움을 받게 되었습니다. 남자 친구의 말이 경고음을 울려 그녀의 등을 떠민 셈이죠.

과거를 조금 들여다보자 사샤는 본인이 보호자 역할을 해야 하는 가정에서 자랐다는 점을 알게 되었습니다. 네 자녀 가운데 맏이로서 여러 가지 추가 책임을 떠맡아야 했죠. 아이들이 너무 떠들거나 소란을 떨면 어머니는 불안해하고 아버지는 격노했기 때문에 집안의 평화를 유지하는 것도 그녀 몫이었습니다. 어린 사샤는 "내가 입을 다물고 남들이 원하는 대로 하면 사랑받을 수 있어"라는 사실을 배웠습니다.

경계선 긋는 연습을 시작할 때 우리는 아직도 매일 딸에게 전화하는 어머니를 첫 대상으로 삼았습니다. 어머니는 한참 전화기를 붙들고 불평을 늘어놓았고, 사샤는 열심히 맞장구 치고 도울 방법을 생각하면서 어머니의 모든 감정과 자신의 분노를 온몸으로 느껴야만 했습니다. 그러고는 자신의 분노를 재빨리 억눌렀죠. 내가 사샤에게 "어머니와 전화할 때 기분이 좋은가요?"라고 묻자 그녀는 "아니요!"라고 대답했습니다. 그 대답에 담긴 강렬함은 내가 사샤에게서 처음으로 엿본 강한 감정 표출이었죠.

나와 함께 내면아이의 목소리를 들은 사샤는 자신이 감정을 경험할 만한 여유가 전혀 없었음을 깨달았습니다. 쉽게 불안해하며 딸과의 경계선이 모호한 어머니가 늘 딸의 힘을 빌려 자기 감정을 조절해 왔음이 분명했죠. 얼마 뒤 사샤는 어머니와 매일 전화하던 습관을 바꾸고 경계선을 긋는다는 생각에 불안해지기는 했어도, 자신의 분노를 좀 더 깊이 이해하게 되었습니다. 그런데 앞으로 어떻게 진행할지 이야기하다 보니, 아버지도 문제의 일부라는 점이 보였습니다. 사샤가 어머니를 진정시키지 못하면 아버지가 이성을 잃고 온 가족에게 소리를 질렀거든요.

우리는 먼저 사샤의 내면양육자를 불러내서 내면아이에게 지금 우리와 함께 있을 때는 안전하다고 알렸습니다. 그런 다음 두려워할 만한 이유가 충분한 내면아이에게 너무 벅차지 않은 방식으로 경계선을 그을 방법을 탐색했죠.

우선은 어머니와 딸 역할극부터 시작했습니다. 사샤는 이렇게 말했죠. "내가 제일 두려운 건 불만을 털어놓을 내가 없으면 엄마는 어떻게 될까 하는 거예요. 그리고 엄마가 나한테 화를 내면 어떡할까 하는 것도요." 바로 이 두려움이야말로 모든 인간관계에서 사샤가 애를 먹게 한 근원이었죠. 우리가 했던 연습의 가장 큰 효과는 사샤가 자신의 욕구와 소망, 자신이 겪는 모든 종류의 감정을 인지하고 받아들일 수 있도록 해 주는 신경 회로를 만든 것이었습니다. 사샤는 조금씩 자기 채움을 향해 나아가고 있었죠.

두려운 기억을 안은 내면아이를 계속 보살피면서, 사샤는 어머니가 '실제로' 화를 냈을 때 약간 심장 박동이 빨라지기는 해도 자기 몸이 예전만큼 위협을 느끼지 않는다는 사실을 알았습니다. 우리는 빨라진 박동을 따라 내면아이의 경험 안으로 들어가서 다시 아이를 안심시켜 주었죠. 이런 연습을 거친 뒤 사샤는 어머니와의 사이에 진짜 경계선을 세우기 시작했고, 내면양육자를 불러내 자기 신체 안에서 안전한 느낌을 받으면서 몸을 다시 차분한 상태로 되돌릴 수 있게 되었습니다.

경계선 작업에는 시간이 꽤 걸렸습니다. 처음에 어머니는 이걸 썩 좋아하지 않았죠. 하지만 사샤는 끈질기게 버티며 어머니에게 할 말은 하고 선을 긋는 자유를 몸소 느꼈습니다. 어느 시점이 되자 매일 감정을 쏟아붓는 어머니에게 자신이 얼마나 화가 났는지 깨닫고는, 끊임없는 불평이 듣기 싫고 그게 자신에게 악영향을 미친다고 어머니에게 강한 어조로 표현했습니다. 회사 점심시간에 전화하는 것도 그만두라고, 통화할 수 있는 시간을 따로 알려 주겠다고 했고요. 이 강력한 선언은 크나큰 발전이었습니다. 통화를 끝낸 사샤는 사실 불안으로 쓰러질 지경이었죠. 하지만 두 손 들고 다시 어머니에게 전화하는 대신, 불편한 마음을 견디며 불안이 가라앉기를 기다렸습니다.

이러한 대화의 '간격'은 건강한 경계선의 좋은 예이며, 사샤가 자기 조절을 도울 내부 자원을 착실히 쌓은 결과였죠. 이틀 뒤 사샤의 어머니는 딸에게 전화를 걸어 자기가 매일 했던 불평이 네게 상처를 줬던 것을 이제야 알았다며 사과했습니다. 사샤는 귀를 믿을 수 없을 지경이었죠. 이런 상호작용을 통해 그녀는 사과하거나, 자기가 그은 경계선을 지우거나, 다시 자기 욕구를 뒷전으로 미뤄서 급하게 불안을 없애려 들지 않아도 안전할 수 있음을 경험했습니다.

시간이 지나면서 사샤는 다시 데이트를 시작했고, 자기 마음을 당당히 말할 때 더 강해지고 섹시해진 느낌이 든다고 했습니다. 조금씩 조금씩 사샤는 솔직한 마음을 털어놓아도 괜찮을 뿐만 아니라 그렇게 해야 더 건강하고 균형 잡힌 관계를 맺을 수 있음을 배워 나갔죠. 더불어 자기 욕구를 채워 달라고 부탁해도 남을 배려하는 자신의 능력이 사라지는 것이 아니라는 사실도 알았습니다. 이것은 오히려 자신을 새롭게 존중하게 된 그녀를 똑같이 존중해 주는 사람을 만나는 데 도움이 되었죠.

✱ 거절당할까 두렵다면

사샤의 이야기에서 알 수 있듯이 경계선 긋기는 자기 보호를 위한 것이지만, 그 과정에서 우리는 거절에 취약해지기도 합니다. 불안형에게는 깊이 뿌리박힌 유기 공포가 있음을 고려하면, 싫다고 말하거나 상대를 멀리 밀어낼지도 모르는 욕구를 드러내는 것은 너무나 어려운 일이죠. 자신에게 필요한 것, 특히 사랑을 달라고 요청하려 하면 지레 겁이 납니다. 얻지 못할까 봐 두려우니까요. 하지만 진짜 친밀한 관계로 가는 유일한 길은 거절당할까 봐 두렵더라도 시간을 들여 내면아이의 핵심 상처를 돌보고, 어떻게든 용기를 내서 자기 욕구를 표현하는 겁니다.

이런 식으로 목소리를 높여도 된다고 스스로 허락하려면 연습이 필요합니다. 연습을 거듭하다 보면 어느새 자신에게 맞는 경계선을 찾아낼 수 있게 되죠. 예를 들어 내향적인 사람의 경계선은 외향적인 사람의 것과는 유형이 상당히 다릅니다. 내향형은 자기 내면세계에서 많은 시간을 보내므로 자신이 편안하게 느끼고 자신에게 잘 맞는 경계선이 어떤 것인지는 잘 알지만, 이를 상대에게 알리는 데는 시간이 좀 걸리는 편입니다. 반면, 외향형은 타인과의 상호작용을 통해 자신의 소망과 욕구를 알아내는 경향이 있으므로 그 자리에서 경계선을 만들어 내고, 이를 즉시 직설적으로 표현하죠.

점점 자기다워지는 자기 채움 과정에 맞춰 경계선을 설정하는 것은 앞으로도 꾸준히 해야 할 일입니다. 치유가 진행되면서 경계선이 더 명확해지는 동시에 현재 상황에 맞게 더 유연한 모습으로 계속 변화할 테니까요. 안에 지켜야 할 것이 적어지면 그만큼 소중한 이들에게 우리의 진짜 감정을 표현할 공간이 늘어납니다.

그 과정에서 우리는 상대의 감정을 통제하려는 욕구도 내려놓게 됩니다. 우리가 감정을 온전히 느낄 자유가 있다면 상대방 또한 마찬가지죠. 다른 사람들이 어떻게 반응할까 두려워서 진정한 자신을 감출 때마다, 우리는 자신을 방치하는 길로 접어들 뿐만 아니라 서로 배우고 더욱 가까워질 기회까지 차단하는 셈입니다.

치유가 진행되는 동안 누군가를 잃을지 모른다는 두려움과 명확한 경계선의 효과를 느끼는 데서 오는 즐거움 사이에서 한바탕 줄다리기가 벌어집니다. 자기 채움에 더 가까이 다가갈수록 두 종류의 경계, 즉 자기 욕구에 '예'라고 말하는 경계선과 타인의 욕구에 '아니요'라고 말하는 경계선이 모두 중요하다는 점을 느끼게 되지요.

당신이 반대 의견을 내거나 욕구를 표현할 때마다 차단해 버리는 사람과 관계를 맺고 있다면, 그 사람은 온전한 당신을 만날 기회를 얻을 자격이 없는 사람입니다. 건강한 관계에서 사람들은 서로 무언가를 요구하고 한계선을 긋도록 허락하고, 그런 반응이 상대에게 어떤 영향을 미치는지 열린 태도로 귀 기울여 듣습니다. 이는 두 사람이 함께 성장하도록 돕는 강력한 선순환이죠. 이런 관계는 예외 없이 자신에게 필요한 것, 즉 치유 과정을 통해 떠오른 욕구를 자각하고 표현해도 수치스럽거나 위험한 상황이 벌어지지 않는다는 사실을 이해함으로써 시작됩니다.

갈등이나 거절이 두려워서 경계선을 긋는 데 애를 먹고 있다는 깨달음은 이제 내면아이와 시간을 보내라는 초대장인 셈입니다. 다음에 설명할 과제를 통해 건강한 방식으로 경계선을 긋는 방법을 연습해 보세요.

💙 선 잘 긋는 방법

1단계: 일시 정지 버튼 누르기

우리는 사람들을 행복하게 하길 원하므로 뭔가 요구받으면 일단 '네'라는 대답이 반사적으로 튀어나옵니다. 심지어 그 요구가 현실적으로 자신이 해 줄 수 있는 수준을 훌쩍 뛰어넘어서, 거기에 맞추려면 자기 욕구를 제쳐 두어야 할 때도 그렇죠. 이럴 때 해야 할 일은 좀 더 자신의 욕구와 능력에 맞는 방식으로 대처할 수 있도록 차분히 생각할 시간을 버는 것입니다. 어떤 대답이 튀어나오려 하든 확신이 없다면 일단 멈추고 이렇게 말하세요. "잘 모르겠어. 좀 생각해 보고 나중에 대답할게."

2단계: 자기 내면과 대화하기

일단 그 상황에서 잠시 발을 빼고 나면 어떤 대처가 자신에게, 그리고 관계 자체에 이로운지 내면아이에게 물어볼 차례입니다. 눈을 감고 내면의 안전지대로 아이를 만나러 가세요. 아이가 무엇을 원하는지, 뭔가 마음에 걸리는 것은 없는지 물어보세요. 내면양육자를 불러내서 내면아이에게 귀 기울일 수 있게 도와 달라고 해도 좋습니다. 이 대화의 첫 번째 단계는 다른 사람들이 어떻게 반응할지가 아니라 자기 욕구와 소망을 기준으로 내면아이가 '예'와 '아니요' 중 뭐라고 대답하는지 듣는 것입니다. 내면아이가 기꺼이 하겠다고 하나요? 자기 자신을 내팽개치지 않고도 요청받은 것을 해 줄 수 있다고 느끼나요? 내면아이가 다른 사람의 반응을 걱정하기 시작하면, 어떻게 할지 결정하고 난 다음 다시 돌아와서 그 얘기를 하자고 안심시켜 주세요.

3단계: 몸의 대답 확인하기

시간을 들여 내면아이의 의향을 확인하다 보면 몸에서 자연스럽게 '예'인지 '아니요'인지 느껴질 때가 많습니다. 두 가지 대답을 각각 떠올리면서 복부, 근육, 심장이 어떻게 반응하는지 확인해 보세요. 어느 쪽을 떠올렸을 때 복부가 부드러워지고 심장이 확장되고 근육의 긴장이 풀리나요? 가끔은 답이 금세 분명해질 때도, 그렇지 않을 때도 있습니다. 이런 종류의 '듣기'는 새로 배운 방법인 만큼 시간을 넉넉히 들이세요. 당신은 지금 몸의 지혜에 귀 기울일 공간에 발을 들이는 중입니다. 연습을 거듭할수록 스스로 결정한 주체적 '예' 또는 '아니요'의 에너지를 더 쉽게 느낄 수 있게 됩니다.

4단계: 주체적 거절을 위한 준비

답이 '예'라면 행동에 옮기기 쉽습니다. 하지만 '아니요'일 때는 이를 행동에 옮기는 데 강한 거부감을 느낄 수 있죠. 이제 더는 가정이 아니라 실제로 해야 하는 일이니까요. 이럴 때는 내면 아이와 내면양육자에게로 돌아가서 '아니요'라는 말을 하는 장면을 그려 보면 도움이 됩니다. 내면아이에게 다른 사람의 반응을 걱정하거나 안 된다고 말하는 데 죄책감을 느끼는 것은 자연스럽다는 사실을 알려 주고, 그런 감정 뒤에 숨은 이유를 살펴봐도 좋습니다. 버려질까 봐 내면아이가 겁을 먹었을 수도 있고, 아니면 내면파수꾼이 그렇게 해야 '착해 보인다'는 이유로 아이의 등을 떠밀고 있는지도 모릅니다. 그러니 내면아이가 하고 싶은 말을 끝까지 잘 들을 필요가 있습니다.

5단계: 경계선 표현하기

자신이 하고 싶은 대답이 분명해지고 상대방의 요청이 우리 몸에 일으킨 감정적 반응이 가라앉으면, 아까 상황으로 돌아와서 경계선을 차분하고 어른스럽게 전달할 준비가 된 것입니다. 대답은 '아니요'일 수도, 조건이나 한계가 붙은 '예'일 수도 있죠. 우리가 해 온 작업 덕분에 자신의 선택에 대해 변명하거나 사과해야 한다고 느끼는 두려움 어린 충동은 확연히 줄었을 겁니다. 이런 식으로 자기 자신, 자기 욕구와 한계를 존중하는 태도를 보이면 상대도 차츰 내가 그은 경계선을 존중하게 됩니다. 그러면 두 사람 사이의 안정감과 친밀감도 자연히 늘어나겠죠.

⬢ 벽이 문으로 바뀌는 순간

경계선 긋기가 관계의 문을 쾅 닫고 열쇠를 내다 버리는 것을 뜻할 때도 있을까요? 네, 가끔은 두 사람의 욕구가 절대 양립할 수 없어서 친밀한 관계가 아예 불가능할 때도 있습니다. 이에 관해서는 조금 뒤에 다시 이야기하기로 하죠. 어쨌거나 선명하게 그은 경계선에도 대개 어느 정도의 융통성은 있기 마련입니다. 예를 들어 사랑하는 사람이 당신을 속상하게 하는 행동을 그만두지 못한다면 그냥 그 사람을 있는 그대로 받아들이고, 자신에게 필요한 것을 얻을 다른 방법을 찾아 앞으로 나아가는 것이 더 나은 선택지(이자 다른 유형의 경계선)일지도 모릅니다. 그런 결론은 개인의 상황에 따라 매우 다르게 해석될 수 있죠.

한 예로, 둘이 의논해서 주말은 절대 일하지 않는 날로 정했는데도 상대방이 주말에 하루는 일해야겠다고 합니다. 그럼 일단 내가 실망하는 이유부터 찬찬히 살펴보는 편이 바람직합니다. 지켜지지 않았던 예전 약속들이 떠올라서 내면아이가 동요했나요? 만약 그렇다면 관계를 완전히 바꾸는 결정을 내리기 전에 내면아이를 다독이는 것이 가능할까요? 내면아이를 이해하고 보살펴 주었을 때 감정이 누그러지고, 나아가 이별 외에 다른 대안이 떠오르나요? 타협의 여지가 있을까요?

당신이 이런 식으로 생각하기 시작했다면 그건 내면아이가 아닌 어른 자아가 앞으로 나섰다는 신호입니다. 지금이 바로 이

교착 상태를 해결할 아이디어가 있는지 파트너와 얘기를 나눠 보기 좋은 때죠.

그 사람이 앞으로도 주말에 꼬박꼬박 일해야 한다면 당신은 그 시간 동안 자기 나름대로 뭔가 생산적인 활동을 하고 싶은지 생각해 볼 수도 있습니다. 연인이 일에 파묻혀 지내는 동안 문예 창작 석사 학위를 따기로 마음먹은 내담자도 있었습니다. 이런 상황에서는 관계의 전반적 질에 많은 것이 좌우됩니다. 그 내담자는 현재 관계에서 이전의 연애에서는 경험하지 못했던 만족감과 안정감을 느낀다고 했죠. 그녀의 어른 자아는 모든 것을 고려할 때 관계를 유지하는 편이 낫다고 판단했던 겁니다.

완벽한 관계란 없습니다. 받아들이고 타협하는 법을 배워야 할 때도, 더 단단한 경계선을 구축해야 할 때도 있는 법입니다.

모든 일이 그렇듯 우리가 긋는 경계선에도 다양한 스펙트럼이 존재합니다. 우선 매일 무엇이 필요한지 자신과 대화하는 간단한 습관이 있습니다. 특정한 뭔가를 요구하기보다는 자신의 욕구와 성향을 스스로 잘 인지하고 있는지 가볍게 확인하는 것이죠. 자기편을 들고, 마음을 열고, 상대에게 욕구 충족을 부탁하는 태도도 있습니다. 요청을 승낙하거나 거절할 준비가 될 때까지 어떤 상황에 잠시 거리를 두는 방법도 있고요. 가끔은 의사를 분명히 밝히기 위해 정중한 분노가 필요할 때도 있습니다. 혹은 상대에게 나가는 문을 보여 줘야 할 때도 있죠.

경계선 스펙트럼의 한쪽 극단에는 관계를 감옥으로 바꾸어

버리는 견고한 벽이 서 있을 겁니다. 이 또한 두려움에서 비롯된 것이지만, 이 경우 공포의 원인은 유기나 방치가 아니라 침해와 구속이죠. 불안형이 이런 벽을 세울 가능성은 적지만, 회피형 파트너에게서 느껴 봤을 가능성은 상당히 큽니다. 우리 목표는 자신을 채워서 예민한 '동시에' 강한 사람이 되는 것이며, 그러면 더욱 유연한 경계선을 세울 만한 여유가 생깁니다. 어떻게 그렇게 되는지 한번 살펴보죠.

필요에 따라 열고 닫는 마음의 문

몸과 정신, 마음과 영혼이 자신의 집이라고 상상해 봅시다. 집이 잘 관리되고 있다면 당신은 그 안에서 안전함을 느끼고, 나아가 그곳을 머무르고 싶은 공간으로 가꾸려는 의욕을 품겠지요. 이제 조금 더 범위가 넓은 당신의 에너지 체계가 집을 둘러싼 울타리라고 생각해 보세요. 울타리에는 문이 달려 있어서 누구를 안으로 들일지 당신이 정할 수 있습니다.

새로운 사람을 만났다고 곧장 집으로 초대하지는 않죠. 우선 이 사람을 알아 가는 기간을 거칠 겁니다. 일단 신뢰가 쌓이고 나면 저녁 식사에 초대할 수도 있겠지요. 나중에는 집에서 자고 가라고 권할지도 모릅니다. 하지만 여기에는 시간이 걸리기 마련이고, 당신은 경험을 쌓으면서 자신의 신체적, 감정적, 정신적 공간에 누군가를 들이는 데 익숙해집니다. 동시에 신뢰 덕분에 이 사람이 오가는 것을 편안하게 받아들이게 되죠.

이 비유는 우리가 누군가를 자신만의 세계에 초대했을 때 생겨나는 상호의존 관계의 자연스러운 변화를 나타냅니다. 자기 자신으로 돌아오고, 자기만의 내면 공간을 돌보기 위해 충분한 거리를 두는 것이 얼마나 중요한지 아마 눈치챘겠죠? 경계선이 없었다면 이 새로운 사람은 처음 만난 날 당신 집에 머무르고, 바로 다음 날 자기 물건을 몽땅 싸 들고 왔을지도 모릅니다. 복도에서는 짐이 걸리적거리고 집 안은 소란스러워졌겠죠.

이 두 번째 시나리오는 불안 애착형에게 그리 낯설지 않을 겁니다. 불안형은 자기 영역의 경계가 어디까지인지 파악하는 감각이 현저히 떨어져 있기 때문이죠. 이런 특성과 자신이 사랑받을 수 없다는 두려움이 합쳐지면서 불안형은 기회가 다시 오지 않을지도 모른다는 생각에 아무나 집에 들여놓기도 합니다. 단지 따스한 체온을 지닌 누군가가 집에 있다는 것만으로도 훨씬 덜 외로우니까요. 때로는 이와 반대로 너무 겁이 나서 먼저 집에 들어오라는 말을 꺼내지 못할 수도 있습니다.

하지만 일단 누군가를 들여놓고 애착을 느끼면, 필요할 때도 감히 내보낼 생각을 하지 못할 확률이 매우 높죠. 이 두 가지 모두 진정한 친밀감으로 향하는 자연스러운 진전을 건너뛰는 방식입니다. 또한 이들의 내면아이가 버려질까 봐 너무 두려워하는 나머지 모든 관계의 기본이자 핵심인, 연결과 분리 사이의 자연스러운 전환이 제대로 이루어지지 않는 상태인 거죠.

이런 상황에서는 누군가가 자기 집에 들어오면 기분이 너무 좋아서 그 사람이 영원히 떠나지 않기를 바랄 수도 있습니다. 당신은 내심 그 사람이 집 밖에 나갔다가는 다시 돌아오지 않을까 봐 두려워하죠. 그래서 이제 상대방이 머무르게 하려고 안간힘을 씁니다. 냉장고에는 그 사람이 좋아하는 음식만 한가득 채우고, 그 사람이 어지른 곳을 청소하고, 심지어 실내 장식도 새로 합니다.

이 방법이 통하지 않고 그 사람이 그래도 나가겠다고 하면(심지어 잠깐 장 보러 가는 것뿐이라 해도), 자기도 가방을 챙겨서 자기 집을 버리고 같이 가겠다고 나서는 일도 있죠. 어린 시절의 상처가 너무 깊다면 상대방이 당신의 절박함을 느끼고 완전히 떠나버릴 때까지 자신이 집 없는 신세가 됐다는 사실을 눈치채지 못할 수도 있습니다.

여기서 얻을 수 있는 교훈은 자기 경계선을 적절히 유지하는 능력을 키울수록 자신만의 공간을 원하는 타인의 욕구도 존중할 수 있게 된다는 것입니다. 방금 만난 사람을 집으로 초대한 다음 떠나지 못하게 하면 그 사람은 황당해할 테고, 그 사람이 짐을 싸 들고 와서 우리 집으로 이사 오겠다고 선언하면 우리도 똑같이 곤란해질 겁니다. 불안형이 자신의 새 연인 후보를 '운명적 상대'로 선언하고 그 사람을 자기 옆에 붙들어 두려고 온갖 노력을 기울일 때도 상대방은 이와 비슷한 느낌을 받겠지요.

사람은 누구나 자신만의 공간이 필요합니다. 이 점을 이해하면 가끔 떨어져 있으려는 연인의 욕구는 당신을 버리려는 것이 아니라, 자아감을 새롭게 채우고 가다듬는 건강한 숨 고르기라는 사실을 깨닫게 됩니다.

이 '집'이라는 비유가 와닿는다면 경계선을 긋기 위해 신체 감각에 귀 기울이는 연습을 할 때 활용해도 좋습니다. 집에 누가 침입하면 어떤 기분이 들까요? 누군가를 집에 들여도 안전하다고 느낄 때는 언제인가요? 혼자서 몸단장을 하고, 쉬고, 기분을 전환할 시간이 필요할 때는? 이 집 안에 내면아이, 내면양육자와 대화를 나눌 안전지대를 만들 수도 있습니다. 집을 관리하듯 매일 이 대화를 나누며 내면세계를 자신을 위한 안식처로 삼는 것도 좋은 방법이죠. 시간이 지나면 누구를, 무엇을 들여놓을지 분별하는 법을 익혀 이 공간을 보호하는 것이 제2의 천성처럼 자연스러워질 겁니다.

❤️ 타협 불가 조건 파악하기

유연한 경계선은 파트너와 안정된 관계를 맺는 데 필요한 핵심 요소지만, 자신이 연애에서 타협할 수 없는 조건이 무엇인지 아는 것도 똑같이 중요합니다. 흔히 생각하는 기본 조건(책임감 있는 소비 습관 등)이나 아예 논외인 것(바람피우기 등)도 있지만, 그 외에도 종교나 정치 성향, 사회 운동 참여 등 조건은 매우 다양합니다. 그러니 자기 조건을 미리 알아 두는 것이 필요하죠. 신체적 폭력이나 기타 극단적 개인 침해는 누가 봐도 분명하지만, 그 밖의 문제는 지극히 개인적이니까요.

목록을 작성해 보면 자신을 희생하지 않고는 타협할 수 없는 영역, 어느 정도 타협이 가능한 영역, 아무런 문제가 없는 영역을 구분하는 데 도움이 됩니다. 종이를 한 장 꺼내서 세 칸으로 나눈 다음 각각 '절대 안 됨' '경우에 따라' '괜찮음'으로 제목을 붙입니다. 그런 다음 뭐든 머리에 떠오르는 분야에 대해 질문하고 이렇게 답해 보세요.

"내 파트너가 ○○○ 한다면, 나는 헤어질 거야/받아들일 수 있어/전혀 신경 안 써."

나와 함께 목록을 작성했던 한 친구는 이 문답을 활용해서 자신의 타협 불가 조건을 빠르게 적어 나갔습니다. 담배 안 되고, 바람 안 되고, 인종차별 성향 안 되고, 아이는 없어야 하고, 결혼한 적 없어야 하고, 종교는 꼭 있어야 하고, 매일 술 마시면 안 되고, 자녀 계획 있어야 하고. 그와 더불어 자신이 아주 즐겁게 받아들일 조건도 몇 개 찾아냈습니다. 서로 다른 정신적 관심사, 서로 다른 음악 취향, 여행을 좋아하는 것 등이었죠. 그 과정에서 친구는 자기 안의 모험가와 호기심 많은 탐색가 기질을 발견하기도 했습니다. 그리고 함께 살 동네나 자녀 수 같은 몇몇 영역은 타협이 가능할 듯하다고 했고요. 선호하는 선택지가 있기는 했지만, 꼭 그대로 되어야 하는 것은 아닌 영역이었죠.

내면아이와의 소통 작업은 우리 자신에게 정말로 중요한 것이 무엇인지 알아내는 데 큰 도움이 됩니다. 진정한 자신을 파악하지 못하면 타협 불가 조건도 알아내기 어려우며, 그 결과 고통스러워 견디기 힘든 관계에 제 발로 걸어 들어가게 될 수도 있습니다. 또는 연애 초반에 두 사람이 각자 주의를 기울이고 최선을 다하더라도, 친밀감이 더해지면서 서로 몰랐던 면모가 드러나기도 합니다. 이런 사실을 깨닫고 자신의 타협 불가 조건을 분명히 인지하고 나면, 그냥 떠나는 것이 최선의 경계선 긋기일 때도 적지 않습니다. 내담자 레베카는 이 점을 잘 보여 주는 예였죠.

이별만이 답일 때

레베카는 4년 동안 마이크와 사귀었습니다. 둘의 관계를 나한테 설명하기 시작한 레베카는 마이크가 원래는 매우 자상했다고 했습니다. 하지만 최근 들어 주중에는 일하느라 바쁘고, 토요일에는 자기 친구들과 테니스를 친 다음 술을 마시러 간다고 했죠. 그 결과 레베카는 일요일에만 그와 함께 지낼 수 있었고, 그나마 거의 온종일 숙취에 시달리는 마이크의 관심을 끌려고 애써야 했습니다. 예전에 학대하는 남자 친구를 몇 번이나 겪었던 레베카는 마이크가 통제하려 들거나 폭력적으로 구는 건 아니라고 강조했습니다. 하지만 그렇다고 관계를 진전시키고 싶어 하는 기색도 전혀 보이지 않았죠. 레베카는 자신이 마이크의 우선순위 목록에서 꼴찌인 것처럼 느껴진다고 했고, 마이크의 행동을 보면 실제로 그런 것 같았습니다.

한편 레베카는 결혼해서 아이를 낳고 싶어 했고, 같은 생각을 가진 사람과 함께 삶을 꾸려 나가기를 간절히 원했습니다. 사귀기 시작하고 얼마 안 되었을 때 둘은 이에 관해 이야기를 나눴고, 마이크는 자기도 그런 삶을 원한다고 분명히 말했죠. 두 사람은 레베카 소유의 아파트에서 살았고, 집안 살림은 레베카가 도맡았습니다. 시간이 지날수록 억울함이 쌓였지만, 레베카가 마이크와 헤어질 생각을 할 만큼은 아니었습니다. 어느 날 마이크가 이런 말을 하기 전까지는요.

"앞으로도 나는 아이를 갖고 싶어질 것 같지가 않아. 둘 다 아주 부지런히 일하고 이 집에서 계속 살면 일찍 은퇴해서 편하게 지낼 수 있을 거야." 이 말을 들은 레베카는 피가 끓어올랐을 뿐 아니라 꿈이 산산이 부서지는 느낌을 받았습니다. 그리고 자신이 뭔가를 해야 한다는 사실을 깨달았죠.

내면아이, 그리고 다정한 할머니를 포함한 강력한 내면양육자 공동체와 깊이 소통하면서 레베카는 마이크가 사실 상당히 오랫동안 그런 식이었음을 인정하게 되었습니다. 말로는 레베카가 원하는 것을 자기도 원한다고 했지만, 그의 언행은 일치하지 않았죠. 레베카는 레베카대로 다시 혼자가 되어 처음부터 새로 시작해야 한다는 두려움 때문에 모든 징조를 무시하고 잘될지도 모른다는 가능성에 매달리고 있었고요. 나와 함께 치유 작업을 진행하면서 레베카는 자신이 깊이 상처받은 동시에 이해받지 못한다고 느꼈다는 점을 알아차리게 되었고, 이제는 자기 욕구를 우선시하기로 마음먹었습니다.

마이크를 잃을 위험이 있음을 알면서도 레베카는 마침내 자신이 원하는 바를 그에게 말할 마음의 준비를 했습니다. 말을 꺼낼 생각만 해도 불안이 치밀었지만, 자기 내면 공동체를 불러내서 지지받으며 용감하게 나섰죠. 내면아이에게는 자신이 같은 것을 원하는 사람을 만날 자격이 있다고 미리 설명했습니다. 결국 레베카는 용기를 끌어내 마이크에게 당신이 가정을 꾸리기를 진심으로 원하지 않으면 헤어지는 수밖에 없다고 선언했지요.

마이크는 아이를 원치 않는다고 단호하게 답했고, 얼마 뒤 레베카는 관계를 정리했습니다. 그녀는 이 경험이 어땠는지 내게 들려주었죠. 레베카는 친구들에게 연락해 위로받았을 뿐 아니라 내면양육자와 작은 반려견의 도움으로 밤에 가끔 덮쳐오는 외로움의 파도를 무사히 넘길 수 있었다고 털어놓았습니다. 반려견이 곁에 있음을 아는 것만으로도 외로움이 한결 줄어들었다고요. 레베카는 내면양육자의 목소리를 빌려 내면아이에게 마이크와의 관계는 자신이 원하는 것을 결코 줄 수 없었음을 설명하기도 했습니다. 필요한 도움을 받은 덕분에 레베카는 자신을 치유하며 이별 후의 시간을 무사히 보낼 수 있었죠.

레베카의 이야기는 자신을 먼저 채운 다음 견고한 경계를 세워야 할 때를 보여 주는 완벽한 예입니다. 관계를 끝낸다는 것이 혼자가 된다는 뜻은 아님을 알려 주는 사례이기도 하죠. 레베카는 이별 후의 과도기를 넘기기 위해 믿음직한 친구, 상담사, 반려견의 도움이 필요하다는 사실을 잘 알았습니다. 외로움을 잊기 위해서가 아니라, 자신이 건강하고 안정된 관계를 누릴 자격이 있음을 스스로 되새기기 위해서였죠.

조건 없는 사랑을 주는 털북숭이 친구들은 이럴 때 엄청난 도움이 됩니다. 이혼 뒤 자신을 채우는 법을 배울 때 내가 직접 겪으며 깨달은 사실이죠. 내 작은 귀염둥이 티토(하늘에서 평안하길)는 무슨 일이 있든 늘 내 곁을 지켰고, 덕분에 나는 안정된 애착이란 어떤 것인지 잊지 않을 수 있었습니다. 언젠가 다른 사람과 안정된 관계를 맺을 수 있도록 티토가 나를 준비시켜 준 셈이죠.

🩶 이별에 대한 건강한 애도

레베카가 마이크와의 관계에서 배운 또 다른 중요한 교훈은 떠나보내기의 가능성입니다. 소통은 인간의 생물학적 본능임을 고려하면 이별은 누구에게나 어려운 일이지만, 어린 시절의 상처가 활성화된 불안 애착형에게는 두 배로 힘든 과제죠. 레베카의 경우 자신이 원하는 모습의 마이크라는 환상에 자그마치 4년을 매달렸습니다. 하지만 혼자 남을까 봐 두려워서, 어차피 이게 최선이라는 생각으로 관계를 지속하는 것은 우리가 진정으로 누릴 자격이 있고 필요로 하는 사랑과 관계를 얻지 못하게 막는 행동입니다.

레베카처럼 먼저 이별을 선언하는 것이 진정한 떠나보내기의 겨우 첫 단계일 때도 있습니다. 마음 한구석에서 여전히 관계의 환상에 매달리거나, 문을 완전히 닫아 버리면 너무 약해지는 느낌이 든다는 이유로 상대방과 연락을 이어 가며 '불씨를 남겨 두기'도 하죠. 그렇게 되면 그 사람의 존재가 계속 발목을 잡아서 당신이 후련한 마음으로 나아가지 못하도록 방해합니다.

게다가 이런 상태에서는 '후버링hoovering'에 넘어가기도 쉽습니다. 진공청소기 상표에서 따온 단어인 후버링은 전 애인이 삶에 다시 끼어들어 당신을 재결합으로 '빨아들이려' 하는 행위를 가리키는 신조어입니다. 이를 막는 유일한 방법은 옛 애착을 남김없이 훌훌 털어내는 것이죠. 그러려면 깨진 꿈을 충분히 애도하는 동시에 접촉을 막을 경계선을 적절한 곳에 세워야 합니다.

헤어짐의 고통을 느끼는 것은 내면아이만이 아닙니다. 이 관계에 정성을 다한 어른 자아 또한 괴로움을 느낄 수밖에 없죠. 온전한 애도 과정에는 가슴이 찢어질 듯한 슬픔, 부정, 타협, 분노가 전부 포함됩니다. 우리가 이런 감정에 휘둘릴 때 뒤를 받쳐 줄 사람들을 곁에 두면 이 과정을 안전하게 겪어 낼 수 있죠. 이런 식의 완전한 애도는 우리 몸과 정신, 마음과 영혼을 싹 씻어 내리는 정화 과정입니다. 아주 희미한 관계의 불씨에 매달려 감정을 막는 대신, 과감히 뛰어들어 슬픔과 마주하는 것이야말로 더 크고 열린 마음으로 깊이 사랑할 자유를 얻도록 도와주는 치유입니다.

상실에 대한 애도는 대체로 시간이 걸리며, 단계적으로 일어납니다. 더구나 불안형들은 더 오래 걸리는 경향이 있죠. 타인에게 깊은 애착을 느끼던 상태에서 자기 자신에게로 돌아오는 과정은 상당히 벅찬 경험이니까요. 그래서 이 과정을 헤쳐 나가며 외부의 긍정적 지지에 기대는 것이 특히 더 중요합니다. 손을 뻗어 도움을 구하는 것은 건강하며 정상적인 행동입니다. 친구와 가족에게 의지함으로써 우리는 슬픔을 한 겹씩 천천히 벗겨내고 우리에게 사랑과 지지를 보내는 사람들로 빈자리를 채울 수 있죠. 임상심리학자이자 작가인 수 존슨 Sue Johnson 박사는 자신의 저서 《꼭 안아 주세요 Hold Me Tight》에서 이렇게 말했습니다. "괴로움은 피할 수 없지만, 괴로움을 혼자 견디려 해서는 안 됩니다."[2]

사람들은 이런 말을 자주 합니다. "썩 좋은 관계는 아니었지만, 저는 여전히 그 사람이 그리워요." 관계의 질과 관계없이 상실은 여전히 상실입니다. 이미 상실을 여러 번 겪어 본 내면아이는 좋았던 시절에 미련을 품고 매달리기 마련이죠. 외부의 지지와 내면양육자의 따스한 존재감은 이 상실감이 진짜이며 이 또한 지나가리라는 사실을 기억하는 데 도움이 됩니다. 우리가 현재의 상실을 애도할 때마다 앞서 겪었던 유기 상처와 외로움도 표면으로 떠오릅니다. 이 점을 이해하면 떠나보내는 과정이 다소 오래 걸린다 해도 자신에게 연민을 가질 수 있죠. 이 시기는 오히려 앞으로 더 건강한 관계를 맺을 수 있도록 준비하는 깊은 치유의 시간이 될 수 있습니다.

도움을 받아 이 터널을 무사히 빠져나오면 우리는 더 열린 마음으로 소통하며, 헤어져 있어도 괜찮은 자신을 발견하게 됩니다. 자신에게 무엇이 필요한지 더 명확히 파악하고 자기 욕구를 드러내도 괜찮다는 점도 알게 되죠. 타인을 통제하고 싶은 욕심도 줄어들고, 자신을 더 잘 보살피는 쪽으로 행동도 달라집니다. 그리고 무엇보다도 자신의 타협 불가 조건을 존중하며, 넘어서는 안 될 선이 침범당했을 때 기꺼이 놓아 보내는 법을 배우게 됩니다.

궁극적으로 이는 우리가 스스로 성장할 공간을 만들고, 건강하고 만족스러운 애착을 제공하는 사람들과 돈독한 관계를 맺는 유일한 길입니다. 지금도 여전히 당신이 이걸 해낼 수 있을지 의심스럽나요? 곧 깨닫게 되겠지만, 우리가 함께하는 모든 작업을 통해 당신은 자신이 인간관계에서 갈구하는 안전함과 안정감을 만들어 낼 채비를 착착 갖추는 중입니다. 다음 장에서는 사랑하고 사랑받는 새로운 방법, 즉 자신을 완성해 줄 파트너를 기다리기보다 자신이 먼저 능동적으로 바람직한 관계를 만들어 가는 방법을 탐색할 예정입니다.

8장

갈등이라는
파도를 헤쳐
나가는 법

세상에 '완벽한' 연애 같은 건 존재하지 않습니다.
두 사람이 함께하다 보면 필연적으로 언젠가는
상대방의 아픈 곳을 자기도 모르게 건드리기 마련입니다.
이 자연스러운 '균열'을 기꺼이 받아들이고
성장할 기회로 여기면, 제대로 메워진 균열은 오히려
타인과의 연결을 단단하게 만드는 역할을 합니다.
그 과정에서 갈등이 꼭 이별로 이어지지는 않는다는
사실을 깨닫게 되죠.

　세상에 '완벽한' 연애 같은 건 존재하지 않습니다. '완벽한' 사람이 존재하지 않으니까요. 사람은 누구나 상처가 있고, 각자의 방식으로 그 상처를 드러내고 보상받으려 합니다. 그리고 타인과의 관계는 이런 상처가 건드려지기 쉬운 무대죠. 지금까지 이 책에서 우리가 해 온 작업, 즉 자기 채움은 기본적으로 평생에 걸쳐 우리를 사랑하고 지지해 준 이들의 존재를 담은 우리 안의 목소리인 내면양육자와 튼튼한 관계를 구축해서 어린 시절의 상처를 치유하는 과정입니다. 자신을 성장시킨다고 할 때 우리 내면에서는 일어나는 일이 바로 이런 것이죠.

　이렇게 확립된 내적 관계를 통해 우리는 핵심 상처를 치유하고 신경 회로를 안정적으로 다시 놓는 작업을 해 왔습니다. 이 여정을 함께하며 당신과 내가 발전시킨 관계도 이런 과정의 일부죠. 계속 이어지는 이 동반 관계가 늘 당신과 함께할 것임을 꼭 기억하길 바랍니다.

여기서 잠시 걸음을 멈추고 나이가 몇 살이든, 어린 시절에 어떤 상처를 받았든 상관없이 뇌의 배선을 바꿔서 더 안정적이고 안전한 인간관계를 맺을 수 있다는 점이 얼마나 멋진지 생각해 보기로 하죠. 이런 과정을 거치면서 차분해진 자율신경계는 우리가 불안을 느끼더라도 더 쉽게 안정된 상태로 돌아갈 수 있습니다. 감정에 대한 반응도 정돈되어서, 벌컥 화를 내거나 어떻게 좀 해 달라고 남에게 매달리지 않고도 강렬한 감정을 다룰 수 있죠. 자기 욕구와 소망에 귀 기울일 줄 알고, 관계를 맺을 때도 자신과 상대의 욕구 사이에서 균형을 잡는 것을 염두에 둡니다. 공감 능력도 향상되어 사랑하는 사람을 더 잘 이해하고 받아들일 수 있고요.

이 모든 변화 덕분에 친밀한 관계는 끊임없는 불안을 달랠 수단이 아니라 치유되고 함께 성장하는 공간이 되죠. 이는 평생 계속되는 작업입니다. 현재와 미래의 인간관계는 우리가 다른 방식으로 소통하는 법을 연습하는 무대죠. 어릴 적부터 당신이 꿈꾸던, 영원히 행복하게 사는 해피 엔딩을 약속할 수는 없지만, 이 내면 작업을 통해 당신이 완전히 새로운 방식으로 사랑하고 사랑받는 법을 경험하게 되리라는 점은 보장합니다. 이는 당신이 관계에서 취하는 태도와 당신이 만나게 될 사람의 유형 양쪽에 커다란 영향을 미칠 것입니다.

당신을 지지하는 이들에게서 꾸준히 이해와 인정을 받으면 자존감이 자라납니다. 그러면 자연스럽게 자기 가치를 알아봐주는 사람들, 친구나 동료와 비슷한 생각을 하게 되겠죠. 당신은 원래부터 사랑받을 가치가 없다는 잘못된 생각을 행동으로 증명하듯, 당신에게 관심을 주지 않는 사람을 무의식적으로 찾아다닐 일도 없어질 겁니다. 이미 누군가를 사귀고 있다면 당신 내면에서 일어나는 변화가 상대방에게도 예기치 못한 방식으로 영향을 줄 수 있습니다.

앞서 살펴본 대로 한쪽이 튼튼한 자아감을 갖고 안정을 되찾는다고 해서 다른 한쪽에게도 반드시 비슷한 변화가 일어나지는 않습니다. 고통에서 벗어나려고 회피형으로 적응했던 사람이라면 친밀한 관계를 맺을 능력이 강화된 당신의 모습을 보고 겁을 먹을지도 모릅니다. 반대로 이 회피를 부르는 고통에 우리가 공감하는 것을 보고 그 사람 또한 치유를 원하게 될 수도 있죠. 아니면 상처가 너무 깊은 나머지 관계가 그대로 끝나게 될 가능성도 있습니다.

관계가 지속된다고 해도 여기서부터 꽃길만 펼쳐진다는 뜻은 아닙니다. 관계에서 갈등은 필연적이며, 자기 채움에 가까워진다는 것은 이 자연스러운 '균열'을 기꺼이 받아들인다는 뜻이기도 하니까요. 갈등을 성장할 기회로 여기면 상대방의 욕구를 더 잘 인식하는 데 도움이 되죠. 제대로 메워진 균열은 오히려 타인과의 연결을 단단하게 만드는 역할을 합니다.

감정적 반응을 일시 정지하는 능력은 든든한 아군입니다. 분노나 비난으로 불난 데 기름을 붓기보다는, 자기 욕구를 충족하는 데 도움이 되는 방식으로 마음을 차분하게 전달하도록 시간을 벌어 주죠. 치유가 진행될수록 우리는 내면아이의 아픈 부위가 어디인지 더욱 민감하게 느끼고, 상대방의 상처에 대해서도 같은 방식으로 귀 기울일 줄 알게 됩니다. 치유 과정을 어디까지 진행했든, 관계를 맺으며 상호의존이라는 아름다운 춤을 계속 추다 보면 더 배우고 생각할 거리가 끝없이 나오기 마련입니다.

우리는 지금 힘든 상황을 상대 탓으로 돌리는 대신, 불안 애착 체계의 한구석에 잊힌 채로 먼지를 뒤집어쓰고 있던 고통과 두려움을 자기 것으로 받아들이는 법을 배우는 중입니다. 우리가 함께한 모든 작업이 당신을 여기까지 데려왔죠. 이 장에서는 현재 연애 중이든 아니든 당신이 지금 배우는 것, 나아가 몸으로 익히고 있는 것을 타인과의 소통에 직접 적용하는 법을 알아봅니다.

🩶 밀월 기간이 끝날 때

커플 상담사로서 나는 낭만적 사랑이 지극한 행복을 끊임없이 가져다주는 요술 램프라도 되는 것처럼 미화하는 문화에 불만이 아주 많습니다. 실제로는 일이 그렇게 돌아가지 않기 때문이죠. 현실에서 연애는 도파민이 넘쳐나는 밀월 기간이 다 지난 '다음', 그러니까 눈에서 콩깍지가 떨어지고 상대를 결점까지 포함한 있는 그대로의 모습으로 바라보기 시작했을 때 비로소 시작됩니다. 이 두 번째 단계의 양상은 커플마다 다르지만, 확연히 눈에 띄는 몇몇 특징이 있습니다.

이 시기에는 관계가 깊어지며 두 사람의 본모습이 조금씩 더 드러납니다. 그에 따라 각자의 내면아이도 친밀함에 자극받게 되죠. 회피형인 사람은 아마 관계에서 한발 물러서며 일에 시간을 더 많이 할애할 겁니다. 그러면 불안형의 내면아이는 버려진다는 두려움에 동요하겠죠. 그렇게 지금껏 숨겨져 보이지 않았던 어린 시절의 익숙한 패턴이 다시 나타날 무대가 마련되는 셈입니다.

이 외에도 패턴은 다양합니다. 회피형 두 사람이 만났다면 각자의 삶에 더 많은 관심을 쏟느라 상호의존 관계를 확립하지 못하고 평행선을 걸으며 초반의 열정이 어디로 사라졌는지 의아해할지도 모릅니다. 불안형 둘이 만나면 갈등을 일으키는 방식으로 서로 매달릴 수도 있고요. 하지만 둘 중 한 명 이상이 안정된 애착을 형성할 줄 안다면 이 단계는 진정으로 만족스러운 상호의존적 파트너 관계를 향해 나아가기 위한 풍성한 발견과 건설적 타협의 시기가 될 수 있습니다.

어떤 관계에서든 이 기간에는 그 나름대로 어려움이 있습니다. 내 완벽한 연인이 알고 보니 까다롭다든가, 투덜거리기 일쑤

라든가, 꽉 막혔다든가, 도저히 입에 대기 힘든 요리를 굳이 하겠다고 고집을 부린다는 사실을 알게 되면 겁이 나죠. 사람이 겁을 먹었을 때 흔히 보이는 반응 가운데 하나는 분노입니다. 이제 우리는 이 관계에서 자신의 욕구를 관철하기 위해 권력 투쟁을 해야 하는 처지에 놓인 듯한 느낌을 받기 시작합니다.

한쪽 파트너는 일주일에 한 번은 친구들과 늦게까지 놀아야 한다고 말합니다. 그러면 다른 한쪽은 저녁 시간에 함께 와인을 마시는 것이 자신에게 아주 중요하다고 주장하죠. 이런 식으로 타협이 필요한 여러 가지 요청과 얽힌 크고 작은 문제가 연이어 발생합니다. 이런 요구가 상대방의 아픈 곳이나 타협 불가 조건과 맞아떨어지면 균열이 생기고, 이는 말다툼이나 불화로 이어지기 쉽습니다. 연애가 '일'처럼 느껴지면서 이렇게까지 노력할 가치가 있는지 자문하게 되는 것도 바로 이 시기죠.

하지만 이는 매우 정상일 뿐 아니라 연애에서 자기 경계선을 확립하는 건강한 과정입니다. 동시에 상대가 어떤 사람인지 자세히 알게 됨으로써 관계를 더욱 돈독하게 만들 수 있는 시기이기도 하죠. "우리는 절대 싸우지 않아요"라고 말하는 커플을 보면 나는 분명히 어느 한 사람이 거의 양보하고 있지 않을까(자신을 희생해서) 의심합니다. 반대로 서로 양립할 수 없는 타협 불가 조건 탓에 상대방의 기본 욕구를 계속 짓밟으며 쉴 새 없이 싸우는 커플도 있을 겁니다. 이 지경이 되면 관계를 끝내는 것이 자신을 위한 선택이겠죠.

하지만 두 사람이 가장 중요한 영역에서 마음이 맞고, 계속 대화하며 타협안을 찾을 의지가 있으며, 기본적으로 상대방의 욕구를 존중한다면, 그리고 '사랑 호르몬' 효과가 떨어진 뒤에도 서로 함께하고자 하는 마음이 있다면, 이들은 특별한 관계를 향해 나아가고 있다고 봐도 좋습니다.

밀월 기간은 며칠에서 몇 주, 몇 달, 심지어 두어 해까지 가기도 합니다. 어쨌거나 폭주하던 호르몬이 감소하면 용기를 내서 이 관계에 더 깊이 들어갈 만한 가치가 있는지 결정해야 할 때가 찾아오죠. 이 시점에 중요한 것은 다음 두 가지 질문입니다. "이 관계가 더 깊은 소통을 원하는 내 욕구를 만족시켜 줄 수 있을까?" "이 사람도 우리 연애를 발전시켜 둘 다 성장하는 관계로 만드는 데 관심이 있을까?" 양쪽 질문에 명확한 답을 얻으려면 시간이 걸리지만, 기꺼이 마음을 열고 참을성 있게 진지한 대화를 나눈다면 답은 나오게 되어 있습니다. 그 과정이 환상 속 연애의 이미지와는 전혀 맞지 않겠지만요.

데이트 앱을 열고 새로운 상대를 만나 다음 '밀월'을 즐기는 건 아주 간단하기에, 이 시기에 배를 갈아타는 사람이 꽤 많습니다. 하지만 상황이 어려워질 때마다 뒤로 물러난다면 자신을 성장시킬 막대한 기회를 내버리는 셈입니다. 이 성장은 친구, 가족, 동료뿐 아니라 상처받은 내면아이를 포함한 우리의 모든 관계에 커다란 영향을 미치죠.

완벽한 사이 말고, 완벽하지 않아도 괜찮은 사이

사랑에 대한 우리 사회의 비현실적 기대를 생각하면 갈등을 헤쳐 나가기란 언제나 어려울 수밖에 없습니다. 불안 애착형은 특히 균열의 조짐만 보여도 자기희생과 공의존이라는 옛 패턴에 다시 빠져들기 쉽죠. 우리는 지금까지 내면아이에게 귀 기울이는 작업을 해 왔지만, 살아 숨 쉬는 다른 인간과 함께 어려움을 겪어 낸다는 것은 완전히 다른 이야기입니다.

오래된 유기 상처가 자극받으면 자신이 간절히 원하는 사랑과 관심을 얻으려고 절박해진 나머지 마구 매달리거나 떼를 쓸지도 모릅니다. 내 욕구에 완벽히 맞춰진 것처럼 행동해서 내가 온전히 이해받는다고 느끼게 해 주었던 연인이 이제는 나와 백 퍼센트 마음이 통하지는 않는다는 사실을 깨달으면 내면아이는 배신당했다고 느끼기도 합니다.

만약 그렇다면 여기서 잠시 멈추고 5장과 6장에서 배웠던 방법들로 돌아가서 우리를 지지해 주었던 사람들에게로 주의를 돌릴 필요가 있습니다. 이 새로운 관계가 자기중심적 이기주의자와 떼쓰는 어린애 중에 누가 '나쁜 사람'인지 따지는 끝없는 소모전으로 변질되기 전에 말이죠.

상처에 정신이 팔리면 우리는 사물을 흑백으로 보기 쉽지만, 내면아이가 다시 내면양육자와 소통하면 흥분했던 신경계가 가라앉아서 지금 상황이 누구의 책임도 아님을 깨닫게 됩니다. 더

붙어 우리가 느끼는 고통과 두려움이 꼭 상대방 탓이 아니라는 것도 느끼게 되죠. 사실 우리의 파트너는 아래 어떤 상처가 묻혀 있는지 전혀 알지 못한 채 우리 마음속 지뢰를 밟았을 뿐일 확률이 높습니다.

일단 마음의 평정을 찾고 나면 이런 균열은 사실 건강하고 안정된 애착을 형성하는 정상적인 과정에 속한다는 사실도 쉽게 떠오릅니다. 알고 보면 인간은 모두, 아주 상태가 좋을 때조차 쉽게 실수하는 존재니까요!

한 연구에 따르면 애착이 잘 형성된 엄마와 아기 사이에서 일어나는 상호작용 가운데 절반 이상은 서로 어긋나며, 중요한 것은 이런 어긋남의 순간을 수정해서 다시 연결된 상태로 돌릴 수 있다는 점이라고 합니다.[1] 양육자들은 대개 아이에게 주파수를 맞추려고 최선을 다하지만, 어떤 이유로든 소통이 제대로 이루어지지 않는 경우가 있죠. 그럴 때는 아이의 괴로움을 해소해 주려는 '의도'를 보이는 것 자체가 안정된 애착 형성 과정에서 매우 중요합니다.

구체적으로는 아이의 괴로움을 인지하고, 뭐가 잘못됐는지 물어보고, 아이의 감정을 인정해 줘야 합니다. 특별할 것 없는 이 간단한 상호작용이 아이의 신경계에 부모가 자신을 일부러 상처입히거나 버리려 한 것이 아니며, 머지않아 욕구가 채워질 기회가 찾아오리라는 사실을 알려줍니다. 이렇듯 실제 문제의 해결책을 찾아내기도 전에 그저 알아주고 귀 기울이는 것만으로도 균열은 상당 부분 보수되지요.

관계의 안정성과 지속성은 상호 존중, 투명성, 열린 마음, 겸손함, 그리고 상대의 말에 깊이 귀 기울이는 능력을 토대로 생겨납니다. 이런 자질은 갈등 상황에서 균열을 보수하는 데 필요한 안전망을 만들어 내죠. 문제를 누구 탓으로 돌리기보다는 특정 영역에서는 각자의 욕구와 관점이 매우 다르며 그래도 괜찮다는 사실을 이해하는 포용력이 길러진다는 의미입니다.

사람은 각자 저마다의 역사가 있으며, 이 삶의 역사는 그 사람이 스트레스 상황에서 반응하는 방식에 큰 영향을 미칩니다. 상처에 따라 자신의 반응이 어떻게 달라지는지 알고 나면, 자기 파트너의 반응, 특히 방어적인 기분이 들 때 어떤 반응을 보이는지에 호기심이 생길 수도 있습니다. 우리를 포함해 모든 사람은 겁을 먹고 자신을 보호해야 할 필요를 느낄 때 뾰족하게 굴며 남 탓을 하는 경향이 있죠. 이런 방어적 반응에 우리가 비난이나 역습을 가하지 않고 오히려 호기심을 보이면, 상대방은 뭐가 어떻게 되고 있는지 좀 더 솔직하게 말해도 안전하겠다고 느낄 가능성이 큽니다.

결국 문제 해결은 현재 상태를 있는 그대로 받아들이고 서로 안전하게 속내를 공유하며, 무엇이 튀어나오든 열린 마음과 호기심을 유지하는 태도에서 시작됩니다. 우리는 지금까지 이런 자세를 자기 내면 공동체에서, 그리고 연애보다는 일반적으로 위험 부담이 적은 관계에서 연습해 왔죠. 그러니 이제는 한층 더 발돋움해서 연인 사이에서도 이 선물을 건넬 차례입니다.

치유를 계속하다 보면 자신과 비슷하게 안정된 애착 형성을 위해 노력하는 능력을 갖춘 사람을 만나게 될 확률이 높아지지만, 그렇다고 해서 예전의 불안해지기 쉬운 경향이 사라지는 것은 아닙니다. 안정된 관계에서도 때때로 불안은 모습을 드러냅니다. 차이점은 이제 당신이 상황을 파악하고 다른 방식으로 대처할 능력을 키우고 있다는 데 있죠. 장기적으로 잘 유지되는 관계를 원한다면 문제가 생겼을 때 '둘 다' 내면을 들여다볼 마음의 준비가 되어 있는 것이 중요합니다. 이것이 바로 관계가 '완벽하지 않아도' 괜찮게 해 주는 조건입니다.

두 사람 모두 서로를 진정으로 알아 가는(그리고 사랑하는) 데 어떤 노력이 필요한지 이미 알고 있다면, 가끔 올라오는 각자의 '문젯거리'는 오히려 친밀감을 더욱 깊어지게 할 기회가 됩니다. 이는 곧 과거의 패턴이 되살아날 때 이를 알아차릴 능력을 갖춘다는 뜻이지요.[2] 그러면 과도한 반응은 줄어들고, 두 사람이 함께 일시 정지 버튼을 눌러 각자의 마음에서 무슨 일이 일어나고 있는지 찬찬히 살펴볼 수 있습니다. '이마고 부부 치료Imago Relationship Therapy'(커플 각자의 어린 시절 상처를 치유함으로써 관계에서 긍정적 변화를 이끌어 내는 치료법—편집자)의 공동 창시자인 하빌 헨드릭스Harville Hendrix는 이를 "자각 있는 파트너 관계"라고 불렀습니다.

밀월 기간이 끝났을지라도 사랑은 초반의 열렬한 끌림에서 맛보았던 그 무엇보다도 더 깊고 만족스러워질 수 있습니다. 당신과 파트너가 서로 더 많은 부분을 따뜻이 받아들일수록 안정감은 더욱 커지고, 이는 다시 열린 마음과 더 큰 친밀감으로 이어집니다. 날마다 조금씩 더 가까워진다는 뜻이죠.

🩷 누가 맞고 틀린지는 아무 의미 없다

물론 처음부터 그렇게 잘 풀리지는 않습니다. 짐작하겠지만 나를 찾아오는 커플 중 99퍼센트는 3차 세계대전도 불사할 태도로 상담실에 들어서죠. 이들은 자기가 벽에 대고 말하는 것 같은 기분이 든다며 파트너가 "진실을 똑똑히 보도록" 눈을 뜨게 해 달라고 호소합니다. 하지만 관계의 치유는 자기주장을 증명한다고 이루어지지 않습니다. 필요한 것은 오히려 정반대죠.

말싸움에서 이기고 상대방이 내 관점에서 상황을 보게 하는 대신 두 사람이 같은 팀이라는 점, 그리고 각자의 관점에서는 각자의 의견이 일리가 있다는 점을 기억해야 합니다. 잘못된 감정이란 없으며, 사실마저도 각자에게 다른 의미가 있죠. 게다가 감정이 격하게 분출될 때는 누가 무슨 말을 했는지 기억하는 것조차 쉽지 않습니다.

상담실에서 나는 이 점을 보여 주려고 휴대전화를 자주 활용합니다. 커플이 서로 마주 보게 앉힌 다음 내가 가운데에서 휴대전화를 들어 올립니다. 한 사람은 주로 내 반려견 사진이 떠 있는 화면을, 다른 사람은 카메라 렌즈와 케이스가 있는 뒷면을 보게 되죠. 그리고 둘에게 내 전화기가 어떻게 생겼는지 묻습니다. 물론 실제로는 같은 물건을 보고 있는데도 둘의 묘사는 매우 다르죠. 나는 둘을 잠시 멈추게 하고 모든 커플이 막히는 지점이 바로 여기라고 설명합니다. 서로 자기가 보고 느끼는 것이 진실이라고 끝없이 주장하지만, 사실 각자의 관점에 따라 사물을 보는 방식은 항상 가지각색일 수밖에 없습니다.

그런 뒤 우리는 자기 관점이 옳다고 증명하려 드는 대신 상대방의 렌즈를 통해 보는 상황은 어떨지 호기심을 품을 때 생겨나는 공감에 관해 이야기를 나눕니다. 두 사람에게 각자 자신이 실제로 관찰한 것은 제쳐 두고 상대방의 자리에서(말 그대로) 내 휴대전화를 본다고 상상해 보라고 하기도 합니다. 같은 전화기, 다른 관점인 셈이죠. 이 시나리오에서 틀린 사람은 없고, 누가 옳다고 싸울 필요도 없습니다. 이 단순한 시연은 커플들이 실제로 무슨 일이 일어났는지 밝히려고 애쓰는 고집보다, 각자의 경험은 '각자에게' 진짜라는 점을 기꺼이 존중하는 태도의 중요성을 이해하도록 해 줍니다.

다음 단계는 둘의 의견 충돌에 어떤 렌즈가 사용되었는지 찾아내는 데 집중하는 것입니다. 이 단계는 각자의 내면아이와 접촉해서 핵심 상처가 무엇인지 알아내는 작업으로 시작됩니다. 이와 더불어 어떤 강력한 문화적 메시지가 우리에게 영향을 미쳤는지 알아보는 것도 도움이 되지요. 커플이 각각 어린 시절 가족 내에서 겪은 경험이나 사회가 심어 준 기대치 등을 털어놓을 때, 나머지 한쪽은 가만히 귀 기울입니다. 그러면서 지금 너무나 당연하게 튀어나오는 반응 뒤에 숨어 있는 고통과 두려움에 자연스레 공감하게 됩니다.

이 작업으로 성숙한 상호의존 관계의 기반이 놓입니다. 충분한 연습을 거치면 의견 충돌이 일어났을 때 비난과 다툼을 열린 태도와 공감으로 대체할 수 있습니다. 목소리는 부드러워지고, 균열은 메워지고, 두 사람이 함께 치유와 성장으로 향하게 됩니다. '나와 너의 승부'였던 관계가 조금씩 '우리 팀'으로 바뀌는 셈이죠.

방금 말한 과정은 어떤 일이 가능한지 감을 잡도록 제시한 본보기 같은 것입니다. 이 과정에 발을 들이면 실제로는 훨씬 복잡하고 까다롭다는 사실을 알게 되죠. 회피, 분노, 비난, 숨기, 통제하기 등 사람은 누구나 오랜 시간에 걸쳐 깊이 각인된 자기 나름의 방어책이 있습니다. 내면아이의 상처를 지키는 이 파수꾼들은 귀중한 아군입니다. 치유가 진행되고 관계에서 안전성이 확보되면, 난공불락일 것 같던 이들은 의외로 자발적으로 물러납니다.

그러나 여기에는 시간이 걸리며, 그 과정에서 우리는 밀고 당기기를 숱하게 겪어야 하죠. 어떤 날은 껄끄러운 화제가 나와도 호기심과 관심을 보일 만큼 둘 다 안정된 기분을 느끼지만, 한 명이 또는 둘 다 피곤하거나, 몸이 아프거나, 주제가 너무 민감해서 옛 방어기제에 다시 의지해 버리는 날도 있습니다. 어쩌면 싸우고 나서 둘이 각방을 쓰는 날이 있을지도 모릅니다. 하지만 이 치유 과정을 함께하기로 두 사람이 뜻을 모았다면, 서로 이해하려고 애쓰며 다음 날 상황이 어긋난 곳에서부터 다시 시작할 수 있을 겁니다.

내 편인듯 내 편 아닌 방어기제

그런데 변화의 필요성을 알고 있다면 왜 그냥 달라지기로 마음먹는 것으로 문제가 해결되지 않을까요? 앞서 살펴보았듯 우리는 영유아기에 관계란 어떤 것인지에 대한 기대를 형성하기 시작합니다. 이런 기대치의 일부는 자율신경계에 기록되죠. 대체로 부모와 따뜻하고 안전하게 연결되지 못했다면 교감신경계의 투쟁-도피 반응은 거의 항상 켜진 상태입니다. 연결이 끊어져 괴로워해도 나와 가장 친밀한 사람이 도와주러 오지 않는다고 예상하므로, 그 사람을 최대한 가까이 붙들어 두기 위해 자기 행동을 수정하기 시작합니다.

나이가 들면서는 자신의 부족한 가치, 부모의 무관심, 타인을 향한 기대치, 사람들을 붙잡아 두기 위해 해야 하는 일 등에 관한 생각을 확고한 신념으로 만들어서, 자기 몸과 마음에서 일어나는 일이 '말이 되게' 하려고 애쓰죠. 동시에 남들에게 더는 상처받지 않으려고 방어기제를 만들어 냅니다. 여기서 트집 잡기, 남 탓하기, 자신이 옳아야 한다는 고집이 생겨나죠. 어른이 될 무렵이면 수없이 반복된 이 방어책들이 이미 우리 자신의 일부로 자리 잡습니다. 이들의 임무는 예민한 내면아이가 깨어날 때마다, 특히 가장 가까운 관계에서 문제가 생길 때마다 자동으로 우리를 도우러 나서는 것입니다.

친밀한 사이에서는 부모의 미묘한 태도나 행동 변화까지 감지하는 법을 배워야 했던 우리의 적응 방식이 다시 앞으로 나섭니다. 잊어버린 문자 메시지 한 개, 지나가는 말 한마디에도 가장 깊은 두려움을 건드리는 동시에 그 뒤에 숨은 신념을 강화하는 생각의 타래가 우르르 쏟아집니다. 신경계는 무의식적으로 익숙한 종류의 위험을 감지하고, 잘 갈고닦은 방어기제를 출동시켜 자신을 보호하려 하죠.

이 과정은 우리가 아무 생각 없이 차를 운전하는 것처럼 자동으로 이루어집니다. 깨어난 옛 상처의 감정과 감각은 마치 지금 새로 받은 상처처럼 '느껴'지므로, 우리 마음은 이 상황을 설명하기 위해 현재의 관계에서 거기 들어맞는 이야기를 찾아내려 합니다. 사소한 틀어짐을 과대 해석해서 왜 자신이 불안하며 그게 왜 상대방의 탓인가 하는 줄거리를 만들어 내죠. 이제 우리는 되려 그 사람이 나를 사랑하지 않으며, 당연히 곧 나를 버릴 거라는 증거를 더 찾아내려고 기를 씁니다.

이건 모두 어린 시절부터 내면아이를 안전하게 지키기 위해 몸에 익힌 자기방어 기술에 속합니다. 슬프게도 자기가 만들어 낸 이야기에 매달리는 태도는 자신이 정말 원하는 것을 요구하고 얻어 내는 데 방해가 되는 걸림돌일 뿐입니다. 게다가 우리는 스스로 너무 불안해진 나머지, 상대방 또한 상처받고 있는지 어떤지 궁금해할 여유조차 없습니다.

성급한 결론을 내리고 최악의 시나리오를 상상하는 것은 그 이야기가 현실로 이루어질 확률을 높일 뿐입니다. 호기심과 열린 마음을 유지하는 열쇠는 속도를 늦추고 두 사람에게 무슨 일이 일어나고 있는지 살피며 소통을 이어가는 여유에 있습니다. 진화적 특성에 따라, 두려울 때 인간은 위협이 되는 요소에 집중하는 반면, 차분할 때는 더 큰 그림을 볼 수 있죠. 이 책에서 우리가 하고 있는 내면아이와의 소통 작업은 이를 위한 신경 회로를 차근차근 만들어 줍니다. 그러다 보면 불안이 올라오는 것을 먼저 알아차리고 믿음직한 친구에게 연락하거나 내면양육자와 시간을 보내며 대처할 줄 알게 되죠.

자기방어 내려놓고 대화하기

어느 정도 침착함을 되찾으면 자신을 겁먹게 했던 연인의 행동에 어떤 맥락이 있는지 살필 여유가 생깁니다. 예를 들어 그 사람이 요즘 회사 일로 바쁘고 스트레스를 받아서 문자에 답장할 시간이 별로 없다는 사실이 떠오를지도 모릅니다. 조금 마음이 편해지면 어떤 관계에서든 소통의 강도는 두 사람이 각자 관계 바깥에서 처한 상황에 따라 계속 달라진다는 점을 수긍하게 되죠. 심지어 최근에 상대가 고민을 이야기하고 싶다고 했을 때 막상 자신도 제대로 귀 기울이지 못했던 기억이 날 수도 있습니다. 그렇다면 이제 낮 동안 연락이 부실하다고 투덜대는 대신, 저녁에 공감하는 태도로 현관에서 연인을 맞이하며 어떻게 지냈는지 물어볼 수도 있겠지요.

상황이 반대로 흘러갈 수도 있습니다. 집에 돌아온 그 사람이 다짜고짜 이런 말을 던집니다. "오늘 전화했을 때 대체 어디 있었어?" 말의 내용보다도 따지는 듯한 말투에 즉시 자신을 방어하고 보호해야겠다는 충동이 일어납니다. 하지만 당신이 상대방의 핵심 상처를 염두에 둔다면, 날카로운 어조 뒤에 숨은 두려움을 알아차릴 수 있죠. 어린 시절 그의 어머니는 너무 취해 운전을 할 수 없어서 학교가 끝나도 데리러 오지 않은 적이 수없이 많았습니다. 두 사람이 과거를 공유한 덕분에 당신은 방치당해 겁을 먹었던 아이의 슬픔에 공감하고, 그런 연유로 당신이 전화를 받지 않은 것이 그에게는 큰일로 느껴졌으리라 짐작할 수 있습니다.

그래서 당신은 성난 파수꾼이 시키는 대로 하는 대신, 그 사람에 관해 아는 큰 그림을 토대로 이런 말을 건넵니다. "걱정하게 해서 미안해." 두 사람이 이런 종류의 깊은 대화를 한동안 꾸준히 실천했다면 당신의 따뜻한 말에 안전함을 느낀 상대도 이렇게 반응할 겁니다. "날카롭게 말해서 미안해." 상대방의 내면 아이도 항상 대화에 참여한다는 사실을 기억하면, 자신을 방어하려는 반사적 반응을 자제하고 치유와 더 깊은 친밀감을 향해 나아갈 수 있습니다.

커플 상담 초반에는 두 사람이 충돌을 일으킬 때 한쪽이 방어 모드에 들어가면 다른 한쪽도 이에 맞서 똑같은 강도의 반응을 일으키는 도미노 효과가 자주 눈에 띕니다. 이 시점에서 필요한 것은 상황을 가라앉히고 다른 유형의 반응을 제시해 줄 타인(이 경우에는 나)의 지원입니다.

두 사람이 각자 무엇을 두려워하고 무엇에 상처받는지 알고자 하는 내 호기심은 두 사람이 서로를 보는 방식에 영향을 줍니다. 이런 경우에는 내가 내면양육자의 목소리이자 그들이 세상을 보는 방식의 일부가 되는 것이죠. 각자의 핵심 상처를 다정하고 안전한 방식으로 받아들이면, 상대방을 바라보고 이해하는 과정에 내면아이도 함께하도록 유도하기가 쉬워집니다.

5장과 6장에서 우리가 했던 작업도 이와 똑같습니다. 당신의 파트너가 기꺼이 그러겠다고 한다면 이 책을 함께 읽어 보세요. 커플들이 내 상담실에서 하는 것과 똑같은 방식으로 대화하는 데 도움이 될 겁니다. 그러고 나면 두 사람 모두 자기 감정을 상대방 탓으로 돌리는 대신, 마음을 열고 스스로 취약한 모습을 드러내며 자기 욕구를 솔직히 공유하기가 한결 쉬워질 테지요.

당신에게 필요한 것은 더 많은 관심, 또는 단순히 사랑받고 있다는 확인일지도 모릅니다. 고통을 느낄 때조차 솔직하고 연민 어린 대화를 나누는 능력은 자신을 채우고, 지속적인 친밀감과 상호의존 관계를 이루는 데 꼭 필요한 핵심 요소입니다.

♥ 사랑 근육 스트레칭

괴로움이 너무 심할 때 우리는 옛 고통과 두려움이 깨어나 시야를 좁히고 안전하지 않다는 느낌에만 집중하게 하는 일종의 '수축'을 겪습니다. 건강한 관계를 이루고 싶다면 이와는 반대로 행동해야겠죠. 양쪽 모두 자신이 편안하게 느끼는 영역 밖으로 몸을 쭉 뻗어서, 속이 상할 때 다른 방식으로 반응하려고 노력해야 한다는 뜻입니다.

경계선에 관해 다룰 때 각자 성격과 역사가 다른 사람들은 각기 다른 방식으로 경계선을 긋는다는 이야기를 했었지요. 방어기제도 마찬가지입니다. 버려진다는 두려움이 활성화되면 불안형은 대개 문제를 당장 해결하려고 달려듭니다. 불확실한 상황에서 점점 심해지는 불안을 견딜 수가 없기 때문이죠. 불안형은 해답을, 해결책을 원합니다. 그것도 당장! 넘치도록 솟아올라 사방으로 퍼지는 감정 탓에 불안형은 무엇이든 붙잡아 의지할 것을 찾으려고 다리 여덟 달린 문어처럼 힘껏 손을 뻗습니다.

자신에게 필요한 만큼의 확신을 얻지 못하면 이들은 분노 상태로 접어들고, 어떻게든 상대와 접촉을 유지하고 원하는 것을 얻어 내려고 갈등을 유발합니다. 이는 비판, 비난, 욕설, 비명이나 심지어 물건을 던지는 행위 등으로 나타나죠. 어린 시절 이런 행동이 통했거나 자기 부모가 이런 식으로 싸우는 모습을 봤다면 이 패턴은 이미 깊이 각인되어 수시로 튀어나오겠지요.

회피형인 사람은 위험에 다른 방식으로 접근합니다. 무엇보다 회피형이 위험하다고 느끼는 것은 친밀감의 부족이 아니라 '과도함'이죠. 대개 스스로는 모르지만, 회피형의 마음은 어린 시절 감정적 보살핌을 받지 못한 고통으로 가득 차 있기에 마음의 문을 열고 가까이 오라고 말하는 사람은 위협으로 느껴질 수밖에 없습니다. 두려움에 대한 회피형의 반응은 마음의 문을 닫고 거북이처럼 '머리를 집어넣는' 것입니다. 가까워지면 안 되는 온갖 논리적 근거를 찾아내는 이들은 매우 이성적으로 보일 수 있지만, 사실 회피형의 내면에는 취약함과 그로 인해 벌어지는 상황에 대한 강력한 불신이 도사리고 있습니다.

부담이 너무 강해지면 이들은 화를 내거나, 비꼬거나, 모욕을 가해서 상대가 수치심을 느끼고 잠시나마 물러서거나 아예 떠나게 하려고 애를 씁니다. 이들의 가족 또한 같은 식으로 행동했을 확률이 높으므로, 이런 반응 패턴은 어릴 적부터 깊숙이 각인된 것이죠.

커플들이 실제로 보이는 패턴은 각기 다르겠지만, 갈등 상황에서 사람의 마음이 얼마나 쉽고 빠르게 멀어지는지 대강 감을 잡을 수 있었을 겁니다. 하지만 좋은 소식도 있습니다. 이런 불화와 의견 충돌의 순간이야말로 사랑하고 사랑받는 새로운 방법을 배울 최적의 성장 기회가 되기도 한다는 점이죠.

이런 얽히고설킨 감정이 최고조에 이르렀을 때 새로운 길을 가기 위해 우리에게 필요한 것은 모두 그 자리에 있습니다. 겁을 먹은 두 내면아이, 연결되기를 원하는 두 사람, 다른 식으로 반응하도록 배선을 바꿔야 하는 두 개의 뇌, 이 관계를 안전한 안식처로 바꿀 잠재력을 지닌 두 파트너. 여기가 바로 사랑 근육 스트레칭이 필요한 곳입니다.

고통스러울 때는 마음을 닫고 감정을 거둬들이는 성향의 사람이 속내를 털어놓는 법을 배우기는 절대 쉬운 일이 아닙니다. 불안에 짓눌린 사람 또한 뒤로 물러나야 한다는 말을 들으면 겁부터 먹을 수밖에 없죠. 양쪽 모두 깊이 각인된 방어기제로 돌아가고 싶은 강렬한 충동을 느낄 겁니다. 이런 사실을 전부 인정하면 서로에게 연민을 느낄 수 있고, 이는 새로운 소통을 위한 중요한 진전입니다.

각자 마음을 여는 법 또는 속도를 늦추는 법을 배우기 시작할 때 두 사람은 상대방 역시 자신과 비슷하게 두려움에서 오는 신체 감각을 느끼고 있음을 눈치채게 됩니다. 이에 관해 함께 얘기하다 보면 공감과 소통이 더 깊어지죠. 둘은 이렇게 조금씩 교감신경이 흥분된 단절 상태에서 벗어나 서로 연결된 배 측 상태로 옮겨 갑니다. 여기서부터 이들은 큰 그림을 그릴 수 있고, 각자의 내면아이가 필요한 것을 얻을 가능성이 훨씬 커집니다.

이 과정을 여러 번 반복하다 보면 우리 뇌는 다른 사람과 관계 맺는 법, 사랑하고 사랑받는 법에 관련된 완전히 새로운 경로를 만들죠. 그렇게 되려면 이 과정이 몹시 힘들고 들쑥날쑥하다는 것을, 아주 고통스러운 날도 비교적 견딜 만한 날도 있다는 점을 거듭 마음에 새겨야 합니다. 뭔가 선형적으로 쭉쭉 좋아지기만 하리라는 기대를 버리고 나선형에 가까운 발전에 만족을 느낀다면, 우리는 정말로 사랑하는 사람과 함께 치유하며 상호의존하는 장기적 관계를 향해 나아가고 있는 것입니다.

사랑하고 사랑받는 새로운 방식

이 요점을 증명할 개인적 이야기를 들려 드릴까 합니다. 이혼한 뒤 나는 상당한 치유 작업을 거쳤습니다. 그렇지만 솔직히 말하자면 한번 불안형이었던 사람은 계속 어느 정도는 불안형으로 살아갑니다. 핵심 상처뿐만 아니라 성향도 비슷한 불안형들의 몸과 마음은 대체로 뭔가 겁나는 일이 생기면 항상 비슷한 방식으로 반응하죠. 시간이 지날수록 반응의 강도는 줄어들고 내적 자원이 늘어나기는 하지만, 우리가 관계의 변화에 어떻게 반응하는지는 그때그때 다릅니다.

문자 메시지는 늘 내 타협 불가 조건 중 하나였기에 나는 지금의 파트너를 만났을 때 문자에 최대한 빨리(합리적인 선에서)

답하는 것이 내게는 무척 중요하다고 미리 강조했습니다. 그런데도 가끔은 그에게 문자를 보낸 뒤 몇 시간이고 답장을 받지 못할 때도 있습니다. 평소에는 꼬박꼬박 답장이 오는 걸 알기에 그럴 때 내 몸은 뭔가 잘못되었다는 신호를 보내고, 계속 그에게서 연락이 없으면 짜증이 치미는 것이 느껴집니다. 교감신경계가 반응하는 거죠. 상황은 여기서 두 가지로 갈라집니다.

나는 뭐가 어떻게 된 거냐고 따질 수 있습니다. 이 경우 그는 어떤 상황이었는지 내게 말하기 '싫어질' 가능성이 크겠죠. 그러면 나는 그에게 버럭 화를 내고 싶어질 겁니다. 그가 어디로 숨으려고 하든 나는 불안을 달래려고 문어처럼 촉수를 뻗어 그에게서 반응을 끌어내려 합니다. 때로는 고통이 너무 심해지면 내 내면아이가 짐을 꾸려 떠나 버리고 싶어 하겠죠. 정말로 도망치기를 원해서가 아니라, 밀려오는 감정이 너무나 강렬해서 내 몸전체가 어떻게든 반응하려 하니까요.

하지만 나는 이런 충동대로 행동하지는 않습니다. 속이 상한 와중에도 내 일부는 이미 익숙해진 패턴을 가만히 관찰하고 있기 때문이죠. 내부 지원군의 도움을 받아 나는 치솟은 감정의 사다리를 차근차근 밟아 내려옵니다. 다년간의 수련을 거치면서, 익숙한 패턴으로 돌아가려 한다고 자신을 비난할수록 문제가 더 심각해질 뿐이라는 점도 배웠죠. 가뜩이나 안 좋은 상황에 수치심 한 숟가락을 더하는 것은 전혀 도움이 되지 않습니다. 그래서 나는 심호흡을 하고, 파트너에게 장문의 메시지를 보내서 미안하다고 사과하고, 그저 쉽게 불안해지는 인간일 뿐인 나 자신을 용서합니다.

마음에 좀 더 여유가 있을 때는 아예 처음부터 다른 길을 택할 수도 있습니다. 문자에 답장이 오지 않으면 나는 의식적으로 더 큰 그림에 초점을 맞춥니다. 일단 이런 일이 예전에도 있었으며, 대개는 그가 문자를 받았을 당시에 어떤 일에 매여 있다가 다음 일로 넘어가면서 답장을 잊었을 뿐임을 기억해 냅니다. 그리고 그는 나를 사랑한다고 말하며 스스로를 안심시킵니다. 보채고 조를 때 그가 별로 좋은 반응을 보이지 않는다는 사실도 떠올립니다. 그러다 보면 '파트너의' 내면아이에 관해 내가 아는 것, 그가 부담을 느끼면 뒤로 물러서는 이유도 생각나죠. 가능하다면 발을 땅에 딱 붙이고 심호흡하면서 울고불고하지 않고도 이 상황을 넘길 수 있다고 자신을 다독입니다.

이 두 가지 반응 사이를 왔다 갔다 하면서 천천히 성장이 이루어집니다.

내면아이에게 안전한 안식처를 제공하는 작업에 노력을 기울이는 동시에, 나는 파트너가 기분이 상했을 때 속내를 털어놓기에 안전한 환경을 만드는 법도 배워야 했습니다. 그러려면 우선 그가 나를 버리려는 게 아님을 나 자신에게 상기시켜야 했죠. 그가 물러나는 것은 자기 상처를 느끼고 있다는 뜻일 뿐이니까요. 더불어 지금 느끼는 고통은 내 안의 오래된 상처가 반응하는 것이지 현재 파트너의 행동 탓이 아니라는 점을 내면아이가 인지하도록 해야 했습니다. 이렇게 공을 들인 결과, 실제로 파트너가 자기 감정을 다스리고, 속이 상한 이유를 나와 공유하려고 노력하도록 도울 수 있음을 깨달았지요.

이 점을 배우면서 나는 우리 둘이 반사적이지 않고 성숙한 방식으로 대화해서 서로 소통하고 이해하는 관계로 다시 돌아갈 때까지 안전한 환경을 유지할 수 있게 되었습니다. 차분히 관찰하고, 외부와 내부에서 지원을 얻고, 남을 탓하지 않으며 자기 감정을 온전히 받아들이는 능력은 아무리 힘든 날에도 내가 옛 감정에 완전히 사로잡히지 않도록 도와줍니다. 내 파트너 또한 나를 차단하는 자기 버릇을 깨닫고 마음을 여는 법과 화가 났을 때 마음을 털어놓는 법을 익히려고 노력하고 있죠. 그런 모습을 보면 그가 내게 상처를 주려고 물러나는 것이 아니라 자신을 보호하려는 것뿐임을 잊지 않게 됩니다. 그 덕분에 나는 문제를 내 위주로만 해석하지 않고 상황을 헤쳐나갈 수 있죠.

관계 문제를 공부해서 그걸로 먹고사는 전문가인 나도 '여전히' 불안을 느끼며, 내 반응을 알아차리고 마음을 가다듬는 데 어려움을 겪을 때가 있다는 사실을 기억하세요. 하지만 연애에서 스스로 안전하다고 느끼는 영역을 기꺼이 벗어나 발돋움하면서 그와 나는 훨씬 오래가는 친밀함과 소통을 유지할 수 있게 되었습니다. 시간이 지나면서 균열의 횟수와 강도도 줄어들었죠. 균열을 빠르게 보수하고 다시 연결된 상태로 돌아오는 법을 배우는 동안, 우리는 갈등이 생길 때도 서로의 사랑을 더 굳게 믿을 수 있었습니다.

내 파트너는 회피 성향이 있으나 동시에 뛰어난 공감과 소통 잠재력이 있는 사람입니다. 그리고 나와 함께 기꺼이 배우고 발전하겠다는 꾸준한 의지를 드러내며 우리 관계에 진심임을 몸소 보여 줍니다. 내 전남편은 그렇지 못했죠. 이처럼 우리의 불안한 모습까지 있는 그대로 받아들이는 상대를 만나는 것이야말로 더 깊은 친밀함과 상호의존 관계로 발전하는 지름길임을 몇 번이고 강조하고 싶습니다. 잠시 멈추고 애정 어린 방식으로 반응하기를 택할 때마다 당신은 '우리라는 팀'을 선택하는 것임을 기억하세요.

❤️ 타임아웃 활용법

물론 갈등이 일어날 때만 커플이 치유될 수 있는 것은 아닙니다. 상황이 좋을 때 두 사람이 각자 고통과 두려움에 반응하는 방식(분노, 비난, 후퇴, 시나리오 짜기, 울기 등)에 관해 허심탄회하게 이야기를 나누는 것도 큰 도움이 됩니다. 이런 반응이 겁을 먹거나 상처받았다는 신호임을 미리 공유해 두면, 둘 중 한 사람이 균형을 되찾기 위해 도움이 필요할 때 서로 빠르게 눈치챌 수 있겠지요. 문제가 폭발하기 '전'에 시간을 들여서 상대방의 패턴을 미리 알아 둠으로써 두 사람은 균열이 생길 때마다 함께 보수하려는 의지를 보이겠다는 약속을 하는 셈입니다. 이런 식으로 미리 대비하는 준비성은 결국 몸에 밴 습관으로 자리 잡게 됩니다.

각자 자기 욕구와 관련된 요청을 할 수 있게 미리 합의하는 것도 커플 치유에서 좋은 출발점입니다. "저기, 요즘 조금 멀어진 느낌이 드는데, 얘기 좀 할 수 있을까?" 이렇게 솔직하게 요구할 수 있는 안전한 공간을 만들어 두면, 균열이 생길 때 다른 방식으로 대처할 수 있는 토대가 되기도 합니다. 혹은 의견 충돌이 일어났을 때 어느 한쪽이라도 머리를 식힐 공간이 필요하다 싶으면 타임아웃을 선언하기로 약속하는 것도 좋은 방법이죠. 상황이 과열되면 어느 한쪽이 그냥 지금 자기 마음을 얘기하기로 하는 겁니다.

예를 들면 이런 식입니다. "화가 나서 잠깐 쉬어야겠어. 조금 있다가 속이 가라앉으면 다시 돌아올게." "밖으로 뛰쳐나가고 싶은 기분이 들기 시작했어. 잠깐 나가서 몇 분만 조용히 앉아 있다 올게. 그 뒤에 다시 얘기해도 될까?" 상황이 가라앉기를 기다렸다가 다시 소통할 때까지 일정한 시간을 정해 두는 것을 선호하는 커플도 있습니다. 불안형은 더 쉽게 감정에 휩쓸리고 과열되기도 쉬운 편이죠. 당신이 여기 해당한다 싶거든 논리적이거나 회피형인 파트너가 당신에게 귀 기울이기 쉬워지도록 타임아웃을 적극적으로 활용해 보세요. 다음에 나오는 샌디와 크리스티의 이야기는 이를 잘 보여 주는 예시입니다.

연애에서 샌디는 전형적인 불안형이었습니다. 화를 내면서 파트너 크리스티를 비난하는 방어기제를 썼고, 가끔은 물건을 던지기까지 했죠. 샌디는 감정을 마구 폭발시키는 순간에는 기분이 매우 짜릿하지만, 그러고 나서 크리스티에게 상처를 줬다는 생각이 들고 한참 동안 어질러진 것을 치우다 보면 끔찍한 기분이 든다고 고백했습니다. 그 순간에는 자신의 분노가 정당하게 느껴졌다 해도, 연인과 다시 연결되기를 원한다면 자신을 덮쳐오는 감정을 다른 식으로 다룰 방법을 찾아야 한다는 것을 샌디 자신도 알고 있었죠.

두 사람이 커플 상담을 하러 나를 찾아왔을 때 샌디와 나는 우선 그녀를 이런 폭발로 몰아넣는 두려움이 무엇인지 탐색했습니다. 샌디는 소통 단절에 겁을 먹을 만한 이유가 있었죠. 샌디의 부모가 서로 싸우느라 바빠서 다섯 자녀를 제대로 보살피지 못했거든요. 샌디의 역할은 부모님 사이에 끼어들어 다툼을 말리는 것이었습니다. 싸움이 일어나면 샌디는 잽싸게 끼어들어 둘을 멈추게 하려고 했죠. 그런다고 부모님이 싸움을 멈추지는 않았지만, 샌디는 포기하지 않았습니다.

이 패턴을 따라 샌디는 연애할 때도 흥분한 상태에서 갈등을 해결하려고 애썼지만, 공격받는다고 느낀 크리스티는 뒤로 물러서곤 했습니다. 싸우고 나면 혼자 곱씹을 시간이 필요했던 크리스티는 샌디에게 아무 말도 하지 않았죠. 그러면 샌디는 크리스티가 언제 다시 소통할 준비가 될지, 정말 준비가 되긴 하는지 몰라서 불안해하며 마음을 졸였습니다.

이 상황이 왜 그리 힘든지 샌디가 스스로 깨닫도록 돕기 위해 우리는 부모님이 싸우고 있을 때의 내면아이에게 초점을 맞췄습니다. 부모님의 관심을 끌지 못할 때 샌디는 완전히 공황 상태에 빠졌죠. 상담을 거치면서 크리스티 또한 싸운 뒤에 자신이 감정적으로 거리를 두면 샌디가 얼마나 힘들지 이해하고, 심지어 그럴 만하다고 받아들이게 되었습니다.

우리는 함께 샌디가 기분이 상할 때를 대비한 계획을 짰습니다. 샌디에게 이런 식으로 말할 것을 제안했죠. "나 지금 속이 상해서 화가 나려고 해. 그래서 잠깐 진정할 공간이 필요해." 그런 다음에는 이렇게 요청하기로 했죠. "이 얘기를 언제 다시 할지 시간을 정해 줄 수 있을까? 사랑해. 그리고 나는 자기가 내 옆에 있어 줄 거라는 확인이 필요해." 크리스티는 두어 시간 뒤, 아니면 다음 날 적당한 때로 시간을 정해 두면 자기도 안전하다고 느끼는 데 도움이 될 것 같다고 했습니다. 그리고 기꺼이 샌디에게 이렇게 말하겠다고 했죠. "당신은 나한테 아주 중요한 사람이야. 나도 사랑해. 생각할 시간이 조금 필요하니까 그 뒤에 얘기하기로 하자."

이런 대화를 나누는 의도는 두 사람이 똑같이 이 관계에 진심이라는 확신을 서로에게 심어 주는 데 있었습니다. 샌디는 이를 통해 자기 욕구가 크리스티에게도 중요하며 두 사람이 함께 문제를 해결하리라는 믿음을 얻을 수 있었죠. 그리고 자기 내면아이에게 이 관계가 어린 시절에 겪었던 감정적 방치와 얼마나 다른지 들려주었습니다. 그 덕분에 샌디는 악순환을 막고 한동안 핵심 상처의 치유에 집중할 수 있었습니다. 크리스티 또한 샌디가 차분해졌다는 것을 감지하면서 마음을 열어도 안전하다고 느꼈고요.

샌디는 자신이 중요한 사람이며 크리스티 역시 자기만큼 이 관계에 진심임을 알고 싶었고, 크리스티는 생각을 정리하고 마음을 가다듬어도 된다는 허락이 필요했습니다. 이 과정을 위해 미리 명확한 절차를 만들어 둔 덕분에 두 사람 모두 익숙한 방어 기제에 의존하지 않아도 될 정도로 안전하고 안정된 느낌을 받았죠. 그 결과 균열이 생긴 순간부터 보수가 끝날 때까지 계속 연결된 상태를 유지할 수 있었습니다.

몇 달 동안 많은 노력을 들이고 나자 샌디는 크리스티에게 직접 이렇게 말할 수 있을 정도로 안정을 찾았습니다. "나는 지금 내가 다섯 살 때 우리 부모님이 소리 지르던 때처럼 무서워. 나 좀 안아 줄래?" 이건 크리스티가 마음을 다해 들어 줄 수 있는 요청이었죠.

불안형 문어가 자기 신경계를 차분히 다스리는 법을 배우고 회피형 거북이가 마음을 열고 머리를 내미는 법을 배우면, 양쪽 모두 소통이 가능한 배 측 상태로 돌아가서 오해를 바로잡을 수 있게 됩니다. 물론 실제로 이렇게 행동하기는 말처럼 간단하지 않죠. 한창 흥분해 있거나 새로운 대처 방식을 막 시도하기 시작할 때는 특히 쉽지 않습니다.

　커플이 갈등에 대비해 계획을 세워 두었고 둘 중 한 명이 타임아웃을 요청한 상황에서 '이마고 커플 치료'에서 빌려 온 다음 방법을 활용하면, 다시 만나 이야기를 나눌 때 헤매지 않는 데 도움이 됩니다. 핵심은 상대방의 욕구에 대한 이해와 공감을 키우는 데 있지만, 마음을 터놓고 얘기하다 보면 애초에 균열을 일으켰던 문제의 해결책까지 덤으로 따라올 때도 많습니다.

연습 9

팀워크 키우기

　먼저 파트너와 함께 균열을 보수할 시간을 정합니다. 그러려면 서로 비난하지 않고 속내를 드러내며 소통할 만큼 마음이 차분해져야 하므로, 대화를 시도하기 전에 교감신경 활성화 상태에서 벗어나 배 측 상태로 전환될 때까지 시간을 충분히 두어야 합니다.

　지금 일어나는 극단적 반응은 당신의 상처받은 내면아이가 고통과 두려움을 다시 경험하고 있다는 뜻임을 기억하세요. 근본 원인을 발견하기 위해 감정을 최대한 깊은 곳까지 추적하다 보면 지금의 강렬한 감정은 사실 온전히 상대의 말이나 행동 탓이 아니라 자신의 과거 경험에서 나왔다는 사실을 알아차리게 되죠. 이상적으로는 타임아웃 동안 두 사람 모두 이 작업을 해 두는 것이 바람직합니다. 한쪽이 먼저 자기 감정을 온전히 책임지는 모습을 보이면 다른 쪽도 똑같이 할 가능성이 커집니다.

❶ 흥분이 가라앉아서 파트너와 마주 보고 이야기를 나눌 준비가 되었다면 먼저 자기 심장에 집중합니다. 가슴 가득 호흡을 불어 넣으며 무게 중심을 잡으세요. 그리고 자신에게 말해 줍니다. "우리는 같은 팀이야."

❷ 대화를 시작하면서 자신이 상대방에게 고맙게 여기는 점을 떠올린 다음 서로 소리 내어 말해 주세요. 내키는 만큼 여러 가지를 말해도 됩니다. 서로 감정이 상했을 때 이런 말을 하기가 당연히 쉽지 않지만, 억지로라도 시도하면 방어벽을 낮추고 열린 마음과 공감하는 태도로 소통하는 데 도움이 됩니다.

❸ 휴대전화의 타이머를 활용해서 서로 번갈아 가며 속상한 이유를 얘기하세요. 자기 차례가 되면 3분 이하로, 되도록 주어를 '나'로 하는 '나 전달법'을 써서 마음을 털어놓습니다. 예를 들어 이런 식입니다. "나는 당신이 문자에 답장하지 않으면 나를 사랑하지 않는다는 뜻일까 봐 겁이 나." 어린 시절의 경험과 관련된 감정을 알아차렸다면 그 얘기를 해도 됩니다. 자기 감정을 파트너 탓으로 돌리지 마세요. 그냥 상대가 예전에 상처 났던 자리를 밟았다고 알려 주기만 하면 됩니다.

❹ 이제 당신 파트너가 자신이 방금 들은 내용을 그대로 반복하며 당신 말을 제대로 들었는지 확인할 차례입니다. 옳고 그름을 따지거

나 자기 식으로 재해석하면 안 됩니다. 이마고 커플 치료에서는 이 방법을 '미러링mirroring' 또는 '반영 경청reflective listening'이라고 부릅니다.

❺ 한쪽이 말하고 다른 한쪽이 귀 기울인 다음, 들은 내용을 다시 말하기까지 끝냈다면 자리를 바꿉니다. 두 사람이 해야 할 일은 최선을 다해 파트너가 겪은 일을 제대로 보고, 듣고, 이해하려 노력하는 것입니다. 그렇게 하면 뇌의 '공명 회로resonance circuitry'가 활성화되어 상대방의 경험에 공감하기 쉬워집니다.

❻ 추가 단계로, 듣는 쪽이 인정해 주는 말 몇 마디를 보태는 것도 좋습니다. 이를테면 이런 식이죠. "얘기를 들어 보니 당신이 그런 식으로 느낀 것도 무리는 아닌 것 같아." 감정은 전부 진실이며, 상대방에게 논리적으로 동의하지 않아도 그 사람의 경험을 얼마든지 인정할 수 있다는 사실을 기억하세요.

❼ 둘 다 상대방의 경험에 진심으로 귀 기울이고 인정까지 하고 나면 이제 해결책을 마련해 볼 수도 있습니다. 이는 뭔가 구체적인 대책이나 행동일 수도 있지만, 그저 앞으로 상대방의 욕구에 더 신경 쓰겠다는 마음가짐을 서로 알려 주는 것으로 충분할 때도 있습니다.

상대방이 당신의 말을 반복해 준다는 단순한 행위가 아무도 보고, 듣고, 인정해 주지 않아서 생긴 옛 상처를 치료해 준다는 것은 참으로 놀라운 일입니다. 당신의 파트너는 이제 당신의 내면양육자 공동체의 목소리 가운데 하나가 되어 둘이 물리적으로 떨어져 있을 때도 당신과 함께하죠. 이 방법만으로도 관계가 완전히 달라져서 자기 감정을 상대 탓으로 돌리는 일이 현저히 줄어들었다는 커플도 적지 않습니다. 더 기꺼이 마음을 열어 약한 부분을 드러내고, 상대방과 더 깊은 친밀감을 형성할 수 있게 되기도 하고요.

💙 있는 그대로 사랑한다는 것

이 장의 첫머리에서 우리는 '완벽한' 사람은 없다는 점을 이야기했습니다. 우리는 각자 상처가 있고, 두 사람이 함께하다 보면 필연적으로 언젠가는 상대방의 아픈 곳을 자기도 모르게 건드리기 마련입니다. 타인과 오래가고 안정적이며 친밀한 관계를 맺는 열쇠는 상대방을 자신과 똑같이 다면적인 인간으로 바라보는 데 있습니다. 그러려면 어린 시절 형성된 상대방의 핵심 상처를 이해하려 노력하고, 지원을 받되 자기 힘으로 자기 상처를 치유하고, 누구나 각자 최선을 다하고 있음을 인정할 필요가 있죠. 궁극적으로 이는 나 자신과 파트너가 받아 마땅한 사랑과 인정을 서로 주고받는 방법이기도 합니다.

두 사람의 관계가 전투태세에 들어갈 조짐이 보일 때마다 이런 질문을 한번 해 보세요. "우리 관계의 강점은 뭘까? 시간이 지나면서 우리가 더 잘하게 된 것은? 커플로서 노력이 필요 없을 만큼 잘 맞는 영역은?" 이는 두 파트너가 함께 이야기하기에 매우 적합한 주제입니다.

진화적 특성에 따라 자율신경계는 우리가 위협으로 느끼는 경험에 초점을 맞추게 합니다. 그 위협이 이미 지나간 과거의 것이라도 말이죠. 하지만 치유 과정을 거치며 우리는 상대방에게서 자신이 좋아하는 점을 발견하고 거기에 기꺼이 찬사를 보내는 능력을 얻습니다. 그 사람 전체에 초점을 맞출 수 있게 된다는 뜻이죠. 내 연인이 어떤 영역에서는 최고가 아닐지도 모르지만, 그 사람을 다시는 내게 상처 주지 않을 단순한 사랑 기계로 바꿔 놓으려고 애쓰기보다는, 상대의 장점을 떠올림으로써 자신이 사랑하는 사람을 있는 그대로 받아들이는 편이 훨씬 바람직합니다.

이를 위해서 두 사람은 무엇보다도 우선 자기 채움이 필요하며, 각자 다른 사람들과도 믿음직한 관계를 일궈야 합니다. 그래야 불안의 폭풍이 몰아치거나 회피하고 싶은 충동이 소용돌이쳐도 중심을 잡고 버틸 능력이 생깁니다. 이런 든든한 토대 위에서서 아무리 고통스럽더라도 갈등이 생기면 해결하겠다는 의지를 다진다면 친구, 가족, 동료를 비롯한 '모든' 관계에서 맞닥뜨리는 굴곡을 헤쳐나가는 일이 한결 수월해질 테지요. 시간이 지나면서 이런 불협화음은 오히려 더 큰 신뢰와 친밀감을 쌓는 데 도움이 됩니다.

그 과정에서 당신은 갈등이 꼭 이별로(즉 버려짐으로) 이어지지는 않는다는 사실을 깨닫게 되죠. 감정은 다치기 쉽고, 번거롭고, 예측하기 어렵지만, 실은 우리에게 무엇이 필요한지 보여 주는 길잡이 역할을 하고 있을 뿐입니다. 자신의 핵심 상처와 방어기제를 온전히 책임짐으로써 우리는 어떻게 반응할지 스스로 선택할 수 있습니다.

다시 말하지만 그러기 위해서는 시간, 연습, 두 사람이 실제로 어떤 상황인지 알고자 하는 마음가짐이 필요합니다. 당신 자신뿐 아니라 상대방까지 있는 그대로의 온전한 사람으로 받아들이는 데 도움이 되는 연습법을 하나 더 배우면서 이 장을 마무리하기로 하죠.

연습 10
파트너를 심장으로 느끼기

4장에서 우리는 심장 지능에 접근해 감각을 탐색하고 자신의 내면세계와 소통하는 '심장 스캔'을 배웠습니다. 이번 수련법도 그와 비슷합니다. 우선 마음을 가볍게 가다듬은 뒤 다음 안내를 쭉 따라가면 됩니다. 시작하기 전에 누워서 내면으로 들어가기 알맞은 안전하고 조용한 장소를 찾으세요.

❶ 먼저 똑바로 누워 복부 깊숙이 숨을 크게 들이쉽니다. 들숨을 한 껏 채웠다가 내쉴 때는 끝까지 내쉬세요. 공기가 드나드는 것을 느끼면서 호흡에 집중합니다. 몸에 긴장이 풀리면서 안정되는 것이 느껴지면 심장 쪽으로 숨을 불어넣으세요.

❷ 자신의 상태를 감지하는 심장 지능을 온전히 느끼면서 당신이 감사하게 여기는 것에 집중해 보세요. 열심히 뛰고 있는 심장도, 당신을 웃게 하는 사소한 사건도 좋습니다. 감사를 표하면서 심장 중심으로 호흡을 불어넣습니다. 다음 단계로 넘어가기 전에 1~2분 그대로 머무르며 고마움의 에너지를 충분히 느낍니다.

❸ 이제 파트너의 모습을 떠올려 보세요. 파트너를 생각할 때 심장에 어떤 일이 일어나는지 관찰합니다. 파트너의 모습을 눈앞에 그려 보거나 그 사람의 에너지가 주는 존재감을 떠올리세요. 이 사람을 온전한 존재로서 느끼려고 해 보세요. 자꾸 개별적 부분에 비판적 관심이 쏠리는 느낌이 든다면 그냥 심장으로 다시 주의를 되돌리면 됩니다.

❹ 이제 당신이 사랑하는 이 사람을 떠올릴 때 몸에 어떤 감각이 느껴지는지 주목해 보세요. 몸이 열리고 소통하는 느낌이 드나요? 아니면 몸이 굳어지고 닫히는 느낌인가요? 가만히 관찰만 하세요. 느껴지는 감각에 판단을 덧붙일 필요는 없습니다.

❺ 지금 어떤 신체 감각이 느껴지나요? 내면에 파트너의 존재를 품고 있을 때 몸이 가볍거나 부드러워지나요? 아니면 텅 빈 느낌이거나 아무 느낌도 안 드나요? 저릿저릿함, 따뜻함, 차가움, 심지어 아

픔이 느껴질 수도 있습니다. 이런 감각이 몸의 어느 부분에서 느껴지는지에도 주목해 보세요.

❻ 지금 어떤 감정이 느껴지나요? 사랑, 분노, 억울함, 상냥함, 두려움, 또는 다른 어떤 것? 어쩌면 여러 감정이 섞여서 나타날지도 모릅니다. 갑자기 마음이 어지러워진다면 신체 감각을 느끼는 단계로 돌아가세요. 마음이 차분해지면 떠오르는 감정을 전부 놓아보내고 다시 심장에 초점을 맞춥니다.

❼ 두 사람은 어떤 식으로 연결되어 있나요? 당신과 파트너 사이에는 탁 트인 공간이 있을 수도, 일종의 장애물이 있을 수도 있습니다. 아니면 서로 겹쳐 있어서 두 사람을 명확히 구분하기 어려울 수도 있죠. 이 점에 주목해 보세요. 두 사람 사이의 공간에서는 어떤 색 또는 질감이 감지되나요? 관찰하는 동안 이 공간의 특성이 변화할 수도, 그렇지 않을 수도 있습니다. 어느 쪽이든 흘러가는 대로 놓아두세요.

❽ 두 사람의 관계에 대한 감각을 느끼고 있다 보면 두 사람이 과거에 겪은 상황, 또는 그 이전의 일이 떠오를지도 모릅니다. 기억이 떠오르면 그냥 떠올랐다 사라지도록 놔두세요. 그런 다음 심호흡을 한두 번 하며 심장으로 다시 돌아옵니다.

❾ 심장 주변 공간으로 돌아왔을 때 당신과 파트너 사이의 에너지 흐름에 주목합니다. 흐름에 막힘이 없다면 그 감각을 가만히 느끼세요. 막힌 느낌이라면 이 감각이 몸의 어느 부분에서 느껴지는지 감지해 보세요. 그 막힌 느낌을 어떻게든 하려고 하지 않고 그냥 놔

두면 어떤 일이 일어나나요? 굳이 뭔가를 바꾸려 하지 말고, 좋은지 나쁜지 판단하지도 말고 있는 그대로 느껴 보세요.

❿ 어느 시점에서든 자신이 이 순간의 경험에서 빠져나와 파트너가 지금 무엇을 하고 있는지 궁금해하는 것이 느껴진다면, 천천히 심호흡을 두어 번 하면서 심장으로 돌아오세요. 그런 다음 심장에서 파트너의 존재를 느끼는 신체적 경험 단계로 다시 돌아갑니다.

⓫ 심장 중심에 메시지를 요청한 다음 어떤 말이 떠오르는지 확인하세요. 그리고 당신이 떠올린 파트너에게도 집중력을 잃지 않고 파트너의 모습을 똑똑히 보는 데 도움이 될 메시지를 달라고 요청해 보세요. 명확한 답변이 올 수도, 오지 않을 수도 있습니다. 그저 요청해 보는 것만으로도 충분합니다.

⓬ 가능한 한 파트너를 전체적으로, 즉 자기 나름의 상처를 안은 사람으로 바라보려고 노력하고, 그 모습 그대로 받아들이세요. 그런 다음 심장에 파트너의 특별한 점 하나를 내게 보여 달라고 부탁합니다. 떠오른 장점에 집중해서 그 감각으로 의식을 꽉 채우세요. 그 상태로 잠시 머무르면서 사랑하는 사람의 긍정적 존재가 심장 안으로 들어오는 것을 느껴 보세요.

⓭ 이제 온전한 존재인 파트너의 모습을 다시 느끼면서 이렇게 함께하고 성장할 기회를 얻은 데 감사하는 마음을 잠시 음미합니다. 역시 온전한 존재인 당신 자신으로 돌아오면서 파트너의 이미지가 부드럽게 녹아 스며들게 하세요.

⓮ 편안히 긴장을 풀고 쉬면서, 다시 현실 공간으로 돌아갈 준비가

될 때까지 지금 경험한 것을 전부 흡수합니다. 그런 다음 천천히 눈을 뜨세요.

파트너의 존재를 바깥뿐만 아니라 내면에서도 경험하게 되면서 당신은 이제 두 사람 사이에 존재하는 친밀감의 깊이를 느끼는 동시에, 독립된 개인으로서 파트너의 존재를 받아들일 수 있게 되었습니다. 이런 일체성과 개별성의 조합이야말로 상호의존의 핵심입니다. 이를 정확히 말로 표현하기는 어렵지만, 일단 직접 경험하면 의심의 여지 없는 충족감을 느끼게 되죠. 상처를 자극받지 않고 파트너의 존재와 그 사람의 욕구를 지켜보는 법을 배우면, 초반의 열정이 사그라진 뒤에도 새롭고 지속 가능한 방식으로 다시 사랑에 빠질 수 있습니다.

상대방을 바꾸려 하고, 부서지지도 않은 것을 고치려 드는 사람들을 너무 자주 봅니다. 서로 사랑하는 관계에서는 절대 변하지 않는 것도 있다는 사실을 받아들이는 것이 중요합니다. 의사소통 방법을 개선하고 옛 상처를 치유해서 두 사람이 연결되는 방식에 근본적 변화를 일으킬 수도 있지만, 가끔은 우리 눈에 단점으로 보이는 상대의 특성을 그냥 받아들여야 할 때도 있지요.

이것 또한 출발점은 당신입니다. 당신이 스스로를 온전히 받아들일 수 있게 될수록 파트너를 온전히 받아들이는 일도 쉬워지기 때문이죠. 그때 비로소 당신은 적수가 아닌 한 팀으로서 두 사람의 진정한 모습을 바라볼 수 있게 됩니다. 불완전해서 더 완전한 두 사람, 깨달음을 통해 서로의 치유를 도우며 점점 깊어지는 친밀감을 향해 나아가는 두 사람을요.

9장

내가 준비되면
인연은
찾아온다

내면을 꼼꼼히 돌보고, 내적 지혜에 귀 기울이며,
자신을 위한 삶을 가꿔 나가다 보면 사랑이 저절로
찾아오게 하는 인간 자석이 된다고들 합니다.
오아시스 하나 보이지 않는 사막을 건너듯
절박하게 사랑을 찾는 대신, 생명력과 다정함을 끝없이
스스로 채워 공급하는 강과 같은 삶을 살게 된다는 뜻이죠.
당신 안에 늘 넉넉한 사랑이 흐르고 있음을 느끼게 되고,
이런 넉넉함은 다른 사람을 당신에게 불러오는
초대장 역할을 합니다.

　이제 우리는 함께하는 여정의 끝을 향해 다가가고 있습니다. 불안정한 애착 패턴이 몸에 각인되어 있다고 해도 당신에게는 상처를 치유하고, 자신을 채우고, 진정으로 당신을 지지해 주는 다양한 관계를 맺을 엄청난 잠재력이 있다는 사실을 스스로 깨닫기 시작했기를 바랍니다. 더불어 자신이 왜 그런 식으로 반응하는지를 이해하고, 이는 당신이 통제할 수 없는 여러 요소 탓임을 알았으면 좋겠습니다. 이런 새로운 관점에서 자신의 인생을 돌아보면 사랑하는 이에게, 그리고 인간이라면 누구나 짊어진 상처에 더 깊은 연민을 보일 수 있게 되지요.

　이 치유의 여정은 관계 안에서 어떤 일이 가능한지에 관한 당신의 시선을 바꾸어 놓을 겁니다. 사람은 각자 고통에 대응하는 자기만의 방식이 있습니다. 서로 다른 상처와 저마다의 역사를 안고 있죠. 불안 애착 패턴에 관해 함께 알아보면서 우리는 내면 아이를 만나 보살피고, 온전한 자신을 받아들이고, 감정적 지지를 보내 주는 이들을 내면으로 초대해 안전과 신뢰를 몸으로 느끼는 법을 배웠습니다. 이는 모든 사람이 갈구하고 필요로 하는 내적 안정감을 얻어 중심을 잡는 길입니다.

연인과의 관계가 마음을 깊이 치유해 줄 수도 있지만, 당신을 지지하는 다른 사람들과의 관계 역시 당신이 딛고 일어설 탄탄한 토대를 닦는 데 필요한 안식처를 제공합니다. 우리가 맺는 모든 관계는 자신을 비추는 거울과 같아서, 어느 부분이 치유되었으며 어떤 부분은 아직 더 보살핌이 필요한지 보여 주는 역할을 하지요. 이는 우리가 인간으로서 온전함을 느끼는 방향으로 나아가며 평생에 걸쳐 계속 걸어야 할 길입니다.

자기 채움 작업을 하며 당신은 자신과의 친밀감을 키워 나가기 시작한 셈이며, 이를 통해 장기적으로 커플 양쪽의 치유와 행복에 도움이 되는 관계를 가꿀 수 있습니다. 이런 종류의 상호의존이야말로 우리가 진정으로 원하는 관계이며, 당신은 그런 관계를 경험하기 위해 이미 착실히 나아가고 있습니다.

✿ 함께 성장하는 영혼의 파트너

자신을 채우고 알아차리는 방식으로 함께 성장하는 동시에,

두 개인이 각자 있는 그대로의 모습으로 깊은 친밀감을 느끼는 것이 바로 지금까지 설명했던 상호의존의 기술입니다. 나는 당신과 함께 서로를 치유하는 이 사람을 '영혼의 파트너'라고 부릅니다. 치유를 함께하며 당신이 새롭게 사랑하는 법을 배우게 해 줄 사람을 찾으려면 인간적인 면뿐 아니라 정신적인 면에서도 조화가 이루어져야 한다고 생각하기 때문이죠.

이런 관계에서 두 사람은 나란히 성장합니다. 그렇다고 늘 서로 완벽히 보폭이 맞아야 할 필요는 없습니다. 발이 꼬이는 것도 과정의 일부이자 인간적 측면이니까요. 앞서 살펴보았듯 이런 순간은 균열을 단단히 보수해 더 깊은 친밀감으로 이어갈 기회이기도 합니다.

내 경험상 영혼의 파트너를 만나는 일은 마음을 비우고, 알찬 우정과 당신을 지지해 주는 이들에게 집중하고, 자신이 준비되면 그런 사람이 알아서 나타날 거라고 믿으며 자연의 섭리에 편안히 맡길 때 이루어지는 경향이 있습니다. "찾기를 그만두면 찾는 것이 나타난다"라는 옛말이 들어맞을 때가 많다는 거죠. 이는 자신을 완성해 줄 사람을 찾으려고 하는 대신, 자기 삶의 모든 관계에서 지지받으며 치유되는 쪽으로 관심을 옮기기 때문입니다. 이것이 어떻게 이런 과정의 일부가 되어 줄 파트너를 만날 확률을 높이는지 이해하셨나요?

불안형은 대부분 자기 신경계의 긴장감을 높게 유지해 주는 상대를 찾으려고 끊임없이 애를 씁니다. 그런 긴장감이 옛 애착 패턴을 계속 돌아가게 하는 어린 시절의 환경을 연상시키기 때문이죠. 반대로 안전한 사람들과 있을 때 신경계는 점차 긴장을 풀고 마음을 열어 주변의 지지를 받아들이는 법을 배웁니다.

물론 낭만적 관계를 원하는 것은 완벽히 정상적이고 건강한 욕구입니다. 다른 사람들의 지지를 받으며 안정된 삶을 꾸리는 법을 배우면, 연인이 당신 삶에 들어올 때를 잘 대비할 수 있습니다. 현재 누군가와 사귀며 갈등을 겪고 있다면, 문제를 분명히 인식하고 연민 어린 시선으로 이 균열을 바라봄으로써 상대방을 더 깊이 이해하고 가까워질 기회를 얻게 될지도 모릅니다.

나는 사람들이 실제로 딱 적절한 때에 내게 찾아오며, 친구나 나를 지지해 주는 모든 사람이 내 인생에 등장하는 데는 자연의 섭리가 작용한다고 믿습니다. 또한 우리는 적절한 지지만 있으면 자기 안에서 더 깊은 안정감을 찾아내고 치유될 수 있는 존재입니다. 이런 따스한 소통은 우리가 맺는 모든 관계에서 안전함과 신뢰를 쌓는 데 도움이 되죠.

이 새로운 사랑법을 배우면서 두 사람이 더 깊은 곳까지 치유를 이어 나가면 둘의 낭만적 관계도 함께 성장합니다. 이는 양쪽의 내면아이에게도 가장 큰 변화의 기회죠. 커플 치유는 대개 문제를 알아차리고 기술을 갖춘 다음 고통을 유발했던 감정과 상황을 다시 경험하는 방식으로 진행되며, 균열이 생길 때마다 이제는 다른 방식으로 펼쳐지는 상황을 경험하게 됩니다.

예를 들어 어린 시절과 첫 결혼 생활의 경험 탓에 나는 지금의 파트너와 갈등이 생기면(아주 사소한 일이라도) 여전히 겁이 났습니다. 하지만 균열과 보수를 반복해서 거치며 갈등이 안전하다는 것, 내 욕구를 표현해도 된다는 것, 소통이 잠시 끊겨도 버려지는 게 아니라는 것을 배워 나갔죠. 간단히 말해 "이 사람은 아무 데도 가지 않는다"라는 사실을 깨달았다는 뜻입니다. 감정을 표현하고 내가 보는 진실을 말해도 괜찮다는 것, 우리 두 사람은 불완전한 그대로 완전할 수 있다는 것도 알게 되었습니다.

5장에서 배운 대로 온전한 자신을 받아들이는 작업을 거치면 온전한 모습 그대로 타인과 함께할 수 있게 됩니다. 자기 자신과의 내적 친밀감은 당신과 똑같이 마음을 여는 능력을 키운 사람과 만나서, 두 사람이 각자의 귀중하면서도 취약한 부분을 공유할 수 있도록 떠받쳐 주는 든든한 토대 역할을 하죠. 그가 문자 답장을 잊었을 때 두려움에 흔들리는 내 마음을 보여 줄 수 있고, 그 또한 내가 화를 낼 때 멀어지고 싶은 욕구를 느끼는 부분을 보여 줄 수 있을 때, 비로소 우리 사이에 두 사람의 상처를 보듬을 안전한 장소가 생겨났습니다.

만나기 시작한 지 얼마 되지 않았을 때 지금 내 파트너는 이렇게 물었습니다. "당신이 나를 믿는 데 얼마나 걸릴까?" 나는 그를 바라보고 대답했죠. "5년 정도." 농담하는 게 아니었습니다. 여러 면에서 이미 그를 믿고 있기는 했지만, 내 과거 탓에 건강한 관계가 펼쳐지는 '과정'을 믿는 법을 배워야 하리라고 예상했죠. 더불어 우리가 문제를 제대로 인식하고 함께 헤쳐 나갈 수 있기를 바랐습니다. 문제가 생기지 않는 관계란 없다는 사실을 알고 있었으니까요.

앞서 말했듯 나는 첫 결혼이 끝난 뒤 상당한 치유 작업을 거쳤지만, 파트너를 만나 다시 친밀한 관계를 맺으려면 그 작업을 완전히 새로운 차원으로 끌어올려야 했습니다. 핵심은 그를 믿는 것보다는 내가 상호의존이라는 춤을 배우도록 모두가 나를 도와주리라고 믿는 데 있었죠. 전에는 한번도, 부모님이나 첫 남편과도 이런 관계를 경험해 본 적이 없었거든요. 그래서 "관계는 위험하고 내게 상처를 주는 거야"라는 내 신념을 "나는 이제 이 춤을 함께 배울 파트너가 있어"로 바꿔야 했습니다.

매일 나는 두려움을 놓아 보내고 함께 성장하자는 우리의 합의를 진심으로 믿을 방법을 찾았죠. 시간이 지나면서 내 행동을 지배하던 과거에서 차츰 벗어난 나는 점점 더 그와 함께 현재를 살게 되었습니다.

해가 갈수록 서로 헌신하겠다는 우리의 합의는 더 굳건해졌고, 궂은날에도 꾸준히 서로를 향한 신뢰를 쌓았습니다. 그래도 여전히 힘든 날은 있습니다. 인스타그램이나 다른 소셜 미디어에서 우리를 본 사람들은 우리가 완벽한 관계를 유지하고 있다고 여길지도 모릅니다. 어떤 면에서는 사실이고요. 문제가 전혀 없기 때문이 아니라 문제를 함께 해결하자는 '상호 협약'을 충실히 이행하고 있기 때문이죠.

모든 관계에는 굴곡이 있기 마련이고, 이걸 겪다 보면 가장 오래되고 가장 고통스러운 감정이 수면 위로 올라오기도 합니다. 이 점을 무시하고 완벽한 관계를 이상화하는 것은 완전히 헛된 일이죠. 훌륭한 관계란 문제 하나 없이 순탄한 것이 아니라 과제를 던져 주고 성장시키는 관계를 가리키니까요.

이 여행을 시작한 당신은 앞으로도 계속 자신의 심장 지능과 접촉하게 됩니다. 시간이 흐르면 자신이 부족하다거나 나쁜 쪽으로 남들과 다르다는 생각은 어느새 당신이 온 세상과 자연스럽게 연결되어 있다는 느낌으로 바뀔 겁니다. 사람은 누구나 삶을 통해 성장하고, 당신과 똑같이 과속방지턱에 부딪히고 해결책을 찾으려 애쓰며 살아간다는 사실을 알게 될 테니까요. 이 책을 읽고 있는 독자 여러분 가운데에는 틀림없이 옛 연인, 심지어 지금의 연인에게 받은 상처를 치유하는 중인 분도 많을 겁니다. 여정이 펼쳐지면서 여러분은 이 오래된 고통을 받아들여 치유하는 데서 오는 가뿐함을 느끼게 되겠지요.

과학적 분석에 따르면 인간을 구성하는 성분은 우주 먼지와 93퍼센트 이상 일치한다고 합니다.[1] 그래서인지 나는 서로 도움이 되는 관계를 하늘의 별자리로 비유하기를 즐깁니다. 모두 연결되어 계속 빛날 수 있도록 서로 지지해 주고 있으니까요.

더불어 나는 타인의 지지 속에서 자기 심장 지능에 대한 신뢰를 키워 나갈수록 세상이 당신을 원래 걸어야 하는 길에 더 가까이 데려다준다고 믿습니다. 그 덕분에 살면서 가끔 의미 있는 우연을 경험하기도 하죠. 심리학자 카를 융은 이를 '동시성

synchronicity'이라고 불렀습니다.[2] 당신이 올바른 길로 가고 있음을 보여 주려고 마치 미리 짠 것처럼 좋은 일이 일어나고, 이를 도무지 믿을 수 없어서 절로 웃음이 났던 적이 있지 않나요? 그럴 때는 뭘 애써서 하지 않아도 만사가 알아서 풀리는 것처럼 보입니다. 아주 단순하게는 당신이 의문이나 소망, 욕구 등을 품기만 했는데도 완벽한 타이밍에 해결책이 떡 하니 나타날 때도 있죠. 라디오에서 당신의 마음을 읽은 듯한 노래가 우연히 흘러나오거나, 책을 읽다가 당신이 방금 했던 경험에 딱 들어맞는 것처럼 느껴지는 문장이 툭 튀어나올 때도 있고요.

이렇게 내면을 꼼꼼히 돌보고, 내적 지혜에 귀 기울이며, 자신을 위한 삶을 가꿔 나가다 보면 사랑이 저절로 찾아오게 하는 인간 자석이 된다고들 합니다. 오아시스 하나 보이지 않는 사막을 건너듯 절박하게 사랑을 찾는 대신, 생명력과 다정함을 끝없이 스스로 채워 공급하는 강과 같은 삶을 살게 된다는 뜻이죠. 당신 안에 늘 넉넉한 사랑이 흐르고 있음을 느끼게 되고, 이런 넉넉함은 다른 사람을 당신에게 불러오는 초대장 역할을 합니다. 이 모든 것이 너무 막연하게 들린다면 다음에 나오는 노엘의 이야기를 들어 보기 바랍니다.

❀ 마음을 비울 때 나타나는 인연

서른여섯 살인 노엘은 자기 나이면 삶에서 특정한 지점에 도달해야만 한다는 생각을 버린 내담자였습니다. 하지만 처음부터 그랬던 건 절대 아니었죠. 커다란 고통에 빠진 채 처음으로 나를 찾아왔을 때 노엘은 심한 우울증을 겪으며 고통을 잊기 위해 낮술을 마시고 있었습니다.

첫 번째 상담에서 노엘은 마음 깊은 곳에서 자기 짝이 아니라고 느꼈기에 최근에 사귀었던 연인과 막 헤어진 참이라고 했죠. 다시 싱글이 된 노엘은 자신이 망가졌으며 다시는 '자기 사람'을 만나지 못할 것 같다고 느꼈습니다. 처음 만났을 때 두 사람은 길고 행복한 밀월 기간을 즐기며 함께 여행을 많이 다녔지만, 노엘이 남자 친구의 집에서 같이 살게 되고 그로 인해 친밀감에 큰 변화가 생기면서 균열이 드러나기 시작했죠.

그는 노엘과 적당히 함께 시간을 보내기는 했지만 자기 속내를 보여 주려 하지는 않았습니다. 노엘은 잘 모르는 사람, 그것도 일상생활에 관련된 문제를 전부 자기 뜻대로 통제하려는 사람과 함께 사는 기분을 느꼈습니다. 시간이 흐르자 그는 점점 자기 일에 집중했고, 노엘은 이 관계에서 혼자 남겨진 것처럼 느끼며 그가 돌아오기를 하염없이 기다리는 시간이 늘어났습니다. 무척 안타깝지만, 노엘에게는 이 관계를 끝낼 지혜가 있었죠. 둘은 캘리포니아에 살고 있었고, 헤어진 뒤 노엘은 가족과 가까이 있기 위해 과감하게 다시 플로리다로 이사했습니다.

하지만 그와 헤어지고 물리적 거리를 벌린 뒤에도 노엘의 내면아이와 어른 자아는 여전히 그 사람에 대한 생각과 둘이 함께 꾸리는 미래라는 가능성에 매달렸습니다. 서른여섯이 된 노엘은 가정을 꾸린다는 자신의 꿈이 산산이 부서졌다고 느꼈죠. 유기 상처의 고통을 고스란히 뒤집어쓴 내면아이의 눈에는 전 남자 친구만이 이 아픔을 달래 줄 수 있는 사람으로 보였습니다.

어른으로서의 꿈과 내면아이가 둘 다 그와 깊이 얽혀 있었기에, 나를 만나러 왔을 때 노엘의 불안 애착 체계는 완전히 활성화한 상태였죠. 노엘과 나는 어린 시절의 애착 관련 상처를 치유하는 힘든 작업을 하는 동시에, 노엘이 그 사람을 만나기 전에 다른 이들과 맺고 있던 관계를 탐색했습니다.

노엘은 그와 만나기 바로 전에는 누구를 사귀는 상태가 아니었는데도 자기 삶이 매우 만족스러웠다고 털어놓았습니다. 캘리포니아의 한 아파트에서 룸메이트 다섯 명과 함께 살았고, 퇴근해서 집에 돌아와 사람들과 어울렸던 기억이 난다고 했죠. 이 이야기를 하며 표정이 즐거워지고 몸에 긴장이 풀리는 것으로 보아 노엘은 이 관계에서 힘을 얻었음이 분명했습니다. 그러다 전 남자 친구를 만났고, 그와의 관계를 진전시키려는 생각에 결국 그 집에서 나와서 남자 친구와 함께 살게 되었던 거죠. 슬프게도 친구들과의 연락은 끊어졌고 노엘이 좋아했던 공동체 환경도 사라졌기에, 그녀의 내면아이는 충족감을 주는 유일한 원천인 연인에게 초점을 맞출 수밖에 없었습니다.

그래서 우선 그녀가 자신을 채우도록 돕고 내면아이를 지지할 새로운 방법을 찾는 치유가 필요했습니다. 더불어 어른 자아는 자신이 원했던 삶이라는 개념을 잃게 된 것을 충분히 애도해야 했죠. 그 관계에서 벗어나 앞으로 나아가기 위해 노엘은 특정 나이가 되면 결혼해서 뛰어다니는 아이들에게 둘러싸여야 한다는 목표부터 내려놓았습니다. 자신이 원했던 모든 것의 열쇠가 전 남자 친구라는 환상을 버림으로써 노엘은 단순하면서도 정신이 번쩍 드는 사실을 받아들이게 되었습니다. 우리는 모든 결과를 통제할 수 없으며 인생이 정해진 시간표에 딱 맞춰 진행되리라 기대해서는 안 된다는 사실을요.

불안해진 사람은 침착함을 유지하려는 방편으로 타인의 감정이나 생각, 행동을 통제해서 키를 쥐고 자기 불안을 잠재우는 쪽으로 뱃머리를 돌리려고 거듭 시도하기도 합니다. 하지만 불가능한 것을 가능케 하려는 이런 시도는 불안이 열병처럼 우리 몸 안을 떠돌게 할 뿐입니다. 이런 이유로 그냥 '놓아 보낸다'는 것은 말처럼 쉽지 않죠. 내면에 든든한 자원을 갖춰 조금씩 키에서 손을 떼고 뒤로 물러서서 흘러가는 대로 내버려 두어야 비로소 가능해지는 일입니다.

함께 작업하는 동안 노엘은 헤어진 연인을 향한 그리움 탓에 자신에게 우울증이 생긴 것이 아님을 알았습니다. 그녀가 깊이 상심했던 원인은 사실 계속 품어 왔던 미래에 대한 꿈을 상실했기 때문이었죠. 또한 노엘은 자신을 이해해 주었던 룸메이트들이 자기 내면양육자 공동체에 편입되었고, 물리적으로 곁에 있지 않아도 그들에게 기댈 수 있음을 알아차리기 시작했습니다. 그때의 경험이 몸에 깃들어 있기에 노엘은 자신이 그 다섯 여성과 얼마나 행복하게 살았으며 지금도 매일 그들을 얼마나 그리워하고 있는지 느낄 수 있었죠.

버려졌다는 핵심 상처에서 조금씩 해방되면서 노엘은 전 남자 친구가 상징하는 깨어진 꿈을 놓아 보내게 되었습니다. 나아가 그와 아이를 가졌다고 해도 더욱 외로워지는 결말을 맞이했을지 모른다는 점도 깨달았죠.

모든 진정한 치유가 그렇듯 의미 있는 관계라는 미래로 향하는 이 과정에는 가정을 꾸리겠다는 꿈을 잃은 것을 애도하는 시간도 필요했습니다. 슬픔이 파도처럼 밀려왔다 빠져나가는 동안 노엘은 마음을 열고 편안히 치유 작업을 계속하며 외부 세계에서 일어나는 수많은 변화를 받아들였죠. 자신이 받는 지지를 깨달은 덕분에 불안과 고통을 달래려고 술을 마실 필요도 없게 되었고요.

치유가 진행될수록 노엘의 세계는 넓어졌습니다. 하지만 마법이라고 부를 만한 가장 큰 변화는 노엘이 충족감을 느끼려면 이맘때쯤 아기를 꼭 가져야 한다는 생각을 버렸을 때 일어났죠. 알 수 없는 미래에 집중하는 대신 노엘은 '지금 당장' 여기 있는 것에 관심을 쏟으면서 현재 자신에게 즐거움을 주는 것을 진정으로 음미하게 되었습니다. 가족같이 느껴지는 이들에게 의지하고, 반려견도 입양했고요. 노엘이 세 살짜리 잘생긴 래브라도 리트리버를 상담실에 데려왔을 때, 나는 입이 귀에 걸리도록 웃고 있는 노엘의 표정에서 신뢰의 호르몬인 옥시토신이 펑펑 쏟아지고 있음을 느낄 수 있었습니다. 노엘은 자신에게 남자가 필요한지, 심지어 자기가 정말 아이를 원하는지도 잘 모르겠고 지금 이대로 너무나 행복하다고 말했죠.

그런데 놀랍게도 아홉 달도 채 지나지 않아서 노엘은 장점을 잔뜩 지닌 연인을 새로 만났고, 멋진 상호의존 관계를 키워 나가게 되었습니다. 게다가 둘의 새로운 관계는 기존의 가족과 공동체에 자연스럽게 녹아들었죠. 지난번에 남자 친구를 제외한 모든 인간관계를 잘라내도록 몰고 갔던 불안은 많이 치유되어, 이제 노엘은 스스로 그럴 필요가 없다고 믿게 되었습니다.

그러던 어느 날 상담실에서 노엘은 있는 줄도 몰랐던 더 좋은 계획이 자신을 위해 마련되어 있었던 것 같다고 이야기했습니다. 자신이 완벽히 준비해 놓았다고 여겼던 옛 삶을 놓아 보내고 상상도 못 했던 놀랍고 새로운 미래가 펼쳐지는 것을 받아들이도록 지지해 준 세상에 감사한다고요.

☀ 인생도 사랑도 정해진 길은 없다

자신을 열심히 채우고 나면 우리는 사랑이라는 개념, 한때 사랑이라고 느꼈거나 사랑처럼 보였던 것을 쫓기를 그만두고, 자신을 지지해 주는 '모든' 관계를 통해 바로 지금 사랑을 불러들이게 됩니다. 이 과정은 자기 몸 안에서 단단히 중심을 잡고 심장 지능의 목소리를 따르면서 시작되죠.

자기 채움이 진행될수록 사랑을 얻으려고 싸우거나 자신의 가치를 증명할 필요가 없어집니다. 자신이 원래부터 가치 있음을 느끼고, 그 사실을 확인해 줄 사람들을 받아들이게 되기 때문이죠. 그러다 보면 자연히 내면양육자 공동체의 존재감도 강해져 자기 안에서 사랑을 느끼게 됩니다. '운명의 상대'를 찾겠다는 욕구도, 삶의 어떤 시기에는 어느 지점에 도달해야 한다는 생각도 사라집니다. 내면아이의 옛 감정이 표면으로 떠올라도 이제는 귀 기울여 주고 안심시켜 주는 데 필요한 내적, 외적 자원이 두루 갖춰져 있죠. 이렇게 지속적 치유는 숨쉬기나 양치질처럼 자연스럽게 우리 삶의 일부로 자리 잡습니다.

시간표에 맞춰 연애하고 결혼해야 한다는 압박을 주는 것은 우리 안의 불안 애착 체계뿐만이 아닙니다. 사회 역시 우리 인생이 어떤 식으로 흘러가야 한다고 설교하죠. 우리는 대학에 가고, 직장에 다니고, 결혼을 하고, 아이를 가져야 합니다. 끝없이 이어지는 이 목록 속의 항목들을 원하지 않으면 어딘가 잘못된 사람 취급을 받습니다. 그 결과 이상적 목표에 도달하지 못하면 실패한 것이고, 이혼을 하면 제대로 해내지 못한 것이라고 느끼는 사람이 많죠. 특정 나이까지 계속 미혼이면 자신에게 문제가 있는지 의심합니다. 이 이상화된 일정표는 세대에서 세대로 전해집니다.

하지만 사랑에 정해진 틀 따위는 없습니다. 우리 삶이 나아가야만 하는 정해진 길도 없죠. 사람마다 다른 각자의 길을 공감과 이해로 받아들이고 자신의 자연스러운 소망과 욕구에 초점을 맞출 때, 우리는 사회가 강요하는 고정관념과 틀에서 벗어날 수 있습니다. 우리 문화가 훨씬 다양한 인생 경로를 포용하는 방향으로 조금씩 나아가고 있는 것은 맞지만, 옛 관습은 쉽게 사라지지 않죠. 가족의 기준과 사회적 이상에 압박을 느껴 상담실을 찾아오는 사람들 또한 여전히 적지 않습니다.

결혼식은 아름다운 축하 자리지만, 두 사람의 됨됨이나 관계의 본질을 바꾸지는 못합니다. 우리는 모두 인생의 서로 다른 단계에서 나아가고, 성장하고, 변화하고 있습니다. 그리고 삶은 결혼 여부와 상관없이, 낭만적 파트너의 유무와도 관계없이 계속 펼쳐집니다. 앞서 살펴본 대로 비혼이어도 얼마든지 다양하고 애정 넘치는 관계를 맺을 수 있습니다. 지금 혼자든, 이혼했든, 불행한 연애를 하고 있든, 파트너와 상호의존을 위해 노력하는 중이든 상관없이, 당신은 성장하고 치유되기 위해 있어야 할 바로 그 자리에 서 있음을 기억하세요.

💚 불안을 잠재우는 자연의 위로

사랑이 지닌 변화의 힘은 엄청나게 다양한 모습으로 나타난다는 점을 한번 생각해 봤으면 좋겠습니다. 우리는 어릴 적부터 부모와 가족, 그 밖에 우리를 지지하는 공동체와 공동 조절을 해야 하는 존재지만, 사실은 자연과도 공동 조절을 할 능력이 있습니다. 우리는 매일 나무와 함께 숨을 쉽니다. 우리의 들숨이 식물의 날숨, 우리의 날숨이 식물의 들숨이죠. 이 점을 인지하면 모든 생명과의 자연스러운 상호의존 관계를 알아차리기 시작하는 셈입니다.

1980년대부터 일본에서는 점점 기술 중심으로 변해 가는 삶과 거기에 악영향을 받은 우리 몸과 감정, 인간관계를 치유할 해독제로 숲의 기운을 쐬는 삼림욕이 주목받았습니다.[3] 아마 당시 사람들은 나무와 함께 있으면 몸 안의 뭔가가 달라지는 것을 느꼈을 겁니다. 최근 연구에 따르면 삼림욕은 혈압 및 스트레스 호르몬 저하, 수면 촉진, 분노 진정, 면역 체계 강화, 심장 건강 증진, 심박 간격 확대, 우울감 완화 등의 효과가 있다고 합니다. 그중에서도 불안 애착형에게 가장 중요한 것은 나무들 사이에 있으면 자율신경계가 차분해지는 효과가 있다는 사실이죠.

간단히 말해 숲속에서 두 시간쯤 거닐면 아주 오랜 친구와 시간을 보낸 것처럼 마음이 평화롭고 행복해집니다. 휴대전화나 카메라 없이 숲의 경치와 향기, 소리를 한껏 받아들이면 자율신경계가 안정되어 자연과 하나 되는 느낌을 맛볼 수 있게 됩니다. 등산이나 운동이 아니라, 그냥 자연스럽게 느껴지는 속도로 걷기만 하면 됩니다. 그러는 동안 우리 신경계는 일상생활로 가지고 돌아갈 수 있는 무언가를 배웁니다.

이 이야기를 왜 꺼냈는지 궁금하신가요? 어떤 순간에 당신이 아무리 홀로 떨어져 있다고 느끼더라도 언제나 당신을 지지해 주는 자연이 있음을 잊지 말라고 알려 드리고 싶어서입니다.

예를 들어 나는 주로 바다에서 자연과의 공동 조절을 경험합니다. 기분이 어떻든 따스하게 흔들리는 바닷물에 들어가면 몸 전체가 끊임없는 파도의 리듬에 떠받쳐지는 느낌이 들죠. 물의 움직임이 몸 안으로 전해져 나를 진정시키면서 차분한 깨달음의 순간으로 이끌어 줍니다. 이렇게 긴장이 풀리면 불안한 생각도 잠잠해져서, 수면에 비치는 그림자와 반짝반짝 부서지는 햇빛까지 전부 눈에 담을 수 있게 되는 것이 놀라울 따름이죠. 게다가 이를 경험하기 위해서 꼭 바다에 가야 할 필요는 없습니다. 어린 시절부터 몇 시간이고 수영장에서 첨벙거리거나 긴장을 풀려고 목욕을 했던 내게 물은 양육자와 같았다고 할 수 있죠. 과거의 기억과 연결된 이런 느낌 또한 내 내적 지원 체계의 일부입니다.

여기서 잠깐 멈춰서 당신을 위로하고 보듬어 주는 자연을 느꼈던 기억을 불러내 보기로 하죠. 당신은 어디에 있나요? 뭐가 보이나요? 무슨 냄새가 나나요? 피부와 머리카락에는 어떤 감촉이 느껴지나요? 호흡과 심장 박동에는 어떤 일이 일어나나요? 우리 몸이 기억하고 있는 이런 장소 역시 모두 내적 자원이 됩니다. 기억은 실제로 자연에서 보내는 시간을 대신할 수는 없지만, 우리가 스트레스를 느끼는 순간 항상 곁에 있습니다. 파도의 리듬에 대한 기억이 언제든 내가 잠시 쉬며 이 소중한 경험을 다시 들여다볼 때마다 내게 안식처를 제공해 주는 것처럼요.

이는 자연과 연결되어 있을 때 우리가 자기 자신보다 훨씬 큰 무언가의 일부이며, 자연계 전체와 서로 얽혀 있음을 느끼기 때문입니다. 이럴 때 우리는 안전하게 폭 감싸이는 느낌을 받으며 오감을 통해 자연에 연결되고, 좀 더 심오한 의미의 친밀감을 발견합니다. 받아들일 준비만 되어 있다면 자연의 위로는 우리의 치유 작업에서 강력한 효과를 발휘합니다. 완벽한 리듬에 맞춰 박동하며 호흡하는 자연은 우리가 다시 균형을 잡는 방법을 찾도록 자기 에너지를 아낌없이 제공하며 언제나 우리 곁에 있으니까요.

물론 자연을 접하기가 늘 쉽지만은 않죠. 바다에 뛰어들 수 없을 때면 나는 그냥 신발을 벗고 풀밭에 발을 묻습니다. 발밑의 대지에 접촉하며 늘 나를 떠받쳐 주는 든든함을 느끼죠. 그렇게 5분만 있어도 훨씬 중심이 잡힌 느낌이 듭니다. 몸 전체의 긴장이 풀리고, 일로 돌아가서도 기분 좋은 느낌이 몸에 남아 있죠. 나처럼 물을 좋아하는 사람이라면 목욕을 길게 하면서 마음을 차분히 가라앉힐 수도 있습니다. 이리저리 탐색해서 자신에게 잘 맞는 방법을 찾아 보세요.

당신을 지지하는 사람들, 파트너, 자연과 공동 조절을 하면서 안전하다는 내면의 감각 느낌을 키우면 불안을 줄이는 데 큰 도움이 됩니다. 더불어 인간으로 산다는 것의 진실 하나를 직접 경험하게 되지요. 자연의 섭리가 우리를 수많은 관계에 기대어 지지받고 행복을 얻는 존재로 만들었다는 진실 말입니다.

❤️ 불안 애착의 장점

"애착 유형을 바꿀 수 있나요?"라는 질문을 늘 듣습니다. 답은 "그렇다"입니다. 자신을 채우는 내면 작업을 꾸준히 하며 안전하고 도움 되는 인간관계를 맺으면 안정형의 토대를 마련할 수 있죠. 그래도 여전히 다른 사람들보다는 쉽게 불안해지지 않느냐고요? 그 답 또한 "그렇다"입니다. 불안은 당신이 관계를 잃지 않으려면 촉각을 세워야 한다고 알려 주는 지극히 익숙한 방어기제이므로, 관계에서 특정 사건이 일어나면 언제든 활성화될 수 있습니다. 다년간의 치유를 거친 뒤에도 말이죠. 하지만 당신이 지금 배우는 모든 것, 내면을 치유하려고 들이는 노력, 따뜻한 사람들이나 자연이나 동물과 맺는 관계는 전부 불안이 깨어날 때를 대비한 자원이 됩니다.

자기 채움에 기울이는 모든 노력은 이미 뇌와 신체에 새로운 신경 경로를 만들어서 당신의 애착 패턴을 바꾸고 있습니다. 더

불어 안정되고 애정 넘치는 사람들을 곁에 둠으로써 당신은 어렸을 때 필요했던 보살핌을 지금 받고 있죠. 시간이 지나면 외부에서 사랑과 지지를 받을 수 있다는 자신감도 생겨납니다. 그래서 진정한 상호의존이 가능하리라는 느낌을 갖고 연애를 시작할 수 있죠. 상처가 치유되고 있으므로 새로운 관계에서는 과거의 두려움이나 고통보다는 현재에 초점을 맞춘 반응을 보이게 될 겁니다.

당신에게 다가온 연인이 당신보다 안정적인 애착 패턴을 지닌 사람이라면 그 사람이 일상생활에서나 스트레스를 받을 때 소통하는 방식이 당신의 치유에 도움을 줍니다. 이 사람은 균열과 보수에 경험이 많을 가능성이 크며, 관계에서 커다란 불화를 초래할 만한 옛 상처를 안고 있을 확률도 상당히 낮습니다. 그래서 당신이 안정감을 느끼게 해 줄 토대이자 상호의존이라는 춤을 기꺼이 함께할 동반자가 될 수 있죠.

새로운 연인이 회피형이라면 두 사람은 자신이 상대방에게 자극받아 활성화될 수 있음을 인정하고 함께 치유에 힘쓸 필요가 있습니다. 파트너도 기꺼이 그럴 마음이 있다면, 함께 성장하는 풍성한 관계로 이어질 여지도 큽니다.

실제로 애착 체계는 평생에 걸쳐 변화합니다. '신경 가소성'이라고 불리는 뇌의 특성 덕분이죠. 우리는 본능적으로 절대 끊어지지 않는 따스한 연결을 원하므로 새롭게 친밀감을 얻을 기회가 생기면 바로 반응합니다. 이런 관계에서 안전함, 서로를 향해 열린 마음, 애정 어린 지지를 느낄 때마다 뇌는 안정 애착과 관련된 새 회로를 만들어 내죠. 내면아이와 함께하는 모든 치유 작업과 이런 종류의 지지가 결합하면 뇌에서는 자연히 안정감을 형성하는 변화가 일어납니다.

하지만 애착 유형을 바꾸는 데만 너무 초점을 맞추는 것은 권장하지 않습니다. 이것이 오히려 불안을 자극할 수 있기 때문이죠. 그보다는 우리가 함께 작업하며 당신의 다양한 부분을 따뜻하게 받아들였듯 자기 애착 체계를 있는 그대로 품어 주기를 권합니다. 알고 보면 불안 애착에도 그 나름의 다양한 장점이 있답니다.

불안 애착 유형에 속한다는 것은 당신이 예민한 감각과 너그러운 마음, 엄청난 공감 능력을 갖추었다는 뜻입니다. 불안형의 에너지를 설명하기 위해 내가 문어를 예로 들었을 때 어쩌면 당신은 "웩, 문어라니"라고 생각했을지도 모르겠네요. 하지만 보호해 줄 껍데기가 없어 상처받기 쉬운 이 생물은 놀라운 지능을 발달시켰죠. 문어는 몸 색깔과 모양, 질감까지 바꿔 위장하고, 포식자에게 붙잡힌 다리를 끊어 낸 다음 새 다리를 만들고, 아주 작은 구멍도 통과해서 탈출하고, 학습 과제를 아주 빨리 배우고, 심지어 인간과 상호작용하는 능력까지 있습니다. 이와 똑같이 상처받기 쉬운 당신의 내면아이도 어린 시절 자신을 보호하고 부모님을 조금이라도 더 가까이 두기 위해 똑똑하게 적응한 것뿐입니다.

이제 따스한 지지를 얻은 내면아이는 자신이 받는 사랑과 보살핌에도 똑같이 잘 적응할 테지요. 자기 욕구를 채우기 위해 자신을 희생할 필요가 없어졌으니 예민함을 타인을 위해 사용할 수 있습니다. 스스로 채워진 상태에서 타인에게 지혜와 너그러움이 담긴 보살핌을 줄 수 있죠. 내적, 외적 경계선도 선명하고 유연해져서 자기 내면세계와 주변 사람들 양쪽에 애정 어린 관심을 쏟을 수 있고요.

또 하나의 장점은 불안형이 대부분 변화에 열려 있다는 점입니다. 불안형은 회피형처럼 숨기보다는 손을 뻗는 데 익숙한 사람들이고, 그래서 핵심 상처를 치유할 때 타인에게 도움받기를 꺼리지 않는 경향이 있습니다. 대체로 가족 내에서 저항보다는 협력이 낫다는 점을 학습했기에 타인의 도움에도 마음을 열 가능성이 크죠. 확장형 에너지 덕분에 주변 사람들이 제공하는 공동 조절을 받아들이기도 더 쉽습니다. 종합해 보면 어린 시절 안전을 위해 키웠던 바로 그 능력 덕분에 불안형은 두려움과 불안정함만 줄이면 치유와 상호의존 관계를 위한 이상적인 파트너가 될 수 있습니다.

우리 문화는 독립성과 자주성이 매우 중요한 가치라고 가르칩니다. 그래야 강하고 똑똑한 어른이 된다고요. 하지만 인간은 그런 식으로 만들어지지 않았습니다. 여러 번 강조했듯 소통은 생물학적 필연이며, 인간의 몸과 마음은 안전하고 따뜻한 관계 맺기를 기대하도록 진화했습니다. 불안형이 유리한 점 중 하나는 애착 체계 전체가 관계를 맺고 그것을 지키는 데 특화되어 있다는 것입니다. 어린 시절의 경험에서 생겨난 핵심 상처 탓에 타인을 믿는 데 어려움을 느끼기는 하지만요.

이제 상처를 치유하며 어떤 것이 건강한 관계인지 배우고 나면, 자신의 욕구를 자연스럽게 받아들이고 타인에게 의지하는 것이 건강하다는 사실을 깨달아 상호의존 관계를 맺는 자신의 타고난 능력을 발휘할 수 있게 될 겁니다.

❤️ 사랑하고 사랑받을 권리

이 책의 시작 부분에서 나는 사랑이야말로 세상에서 가장 이로우며 변화를 이끄는 에너지라고 말한 바 있습니다. 사랑은 모든 인류를 한데 묶어 주는 끈이자 세상 만물을 창조하는 그물입니다. 사랑하고 사랑받는 것, 타인과의 관계에서 가치 있고, 안전하고, 지지받는다고 느끼는 것은 인간으로 태어난 우리의 권리죠. 내가 이 책에서 내내 풀어 놓았던 치유에 관한 이야기는 전부 우리가 인간으로서 가장 자연스러운 행위를 하도록, 즉 자기 자신 및 타인과 조건 없는 사랑을 나누도록 하기 위해서입니다.

우리는 자신을 남에게 내주는 방식으로 적응하느라 생겨난 불균형을 바로잡기 위해 먼저 잠시 걸음을 멈추고 자기 내면세계부터 돌봐야 했습니다. 나는 이 치유가 당신의 현재와 미래 인간관계에 이로운 영향을 미치기를, 당신이 간절히 원하던 안정되고 오래가는 사랑을 찾고 유지하는 데 도움이 되기를 바랍니다.

함께하는 시간이 마무리되는 지금, 이 책에서 우리가 해 왔던 작업을 일종의 정신적 기지개라고 생각하면 어떨까 합니다. 네, 우리는 싱크대 안에 쌓인 더러운 설거짓감 같은 문제도 살펴봤습니다. 버려질 때 느끼는 인간적 고통 같은 진지한 문제도 다뤘죠. 그러는 동안 삶에서 어떤 시련이 닥쳐와도 의지할 수 있는 사랑을 자기 내면에서 발견했으리라 믿습니다. 그리고 물론 이과정은 당신을 진심으로 사랑하고 지지하는 파트너를 만날 확률도 높여 줍니다. 당신은 진정한 사랑을 할 능력과 받을 가치를 둘 다 갖추고 있음을 절대로 잊지 마세요.

내 바람은 당신이 치유를 계속해 나가며 회복 탄력성과 지혜가 솟는 깊은 샘을 발견하는 것입니다. 이것은 자신을 새로운 방식으로 경험할 용기를 내고, 자신과 자기 삶을 더 열정적이고 다정하며 이해심 어린 눈으로 바라볼 때 가능해집니다. 그곳에서 당신은 자신을 사랑하고 지지해 주었던 모든 사람이 영원히 당신의 일부가 되었음을 느끼고, 내면에서 오는 새로운 안정감을 경험하게 됩니다.

모든 일을 미리 파악해 두지 않아도 괜찮다는 사실을 꼭 기억하세요. 다음에 무슨 일이 일어날지 늘 마음 졸이지 않아도 될 만큼 당신은 안전하니까요. 이렇게만 한다면 자기 세계가 넓어지는 것을 느끼며 다시 삶을 즐겨도 괜찮다는 것을 알게 될 겁니다.

또한, 나는 당신이 자기 몸의 지혜와 접촉해서 심장에 귀 기울임으로써 감정을 새롭게 느끼는 법을 배우고, 마치 고향에 돌아온 듯이 온전한 자기 자신이 되는 방법을 기억해 내기를 바랍니다.

이제 자기 길을 걸어갈 당신을 배웅하며, 자신을 희생해야만 하고 욕구를 채우지 못하는 관계에서 과감히 벗어나는 당신의 모습을 그려 봅니다. 안심하고 목소리를 높이는 모습, 이제 더는 사랑인 줄 알았던 부스러기 따위를 얻으려고 자신의 일부를 내놓지 않겠다고 선언하는 모습이 눈에 선합니다. 이제는 당신이 그런 것보다 훨씬 가치 있는 사람임을 깨달았으면 좋겠습니다.

자기 채움을 위한 여정은 언제나 길고 험난하며, 치유는 조금씩 조금씩 단계별로 이루어집니다. 늘 쉽지만은 않고, 때로는 아프기도 합니다. 하지만 온전한 자신을 받아들이고 사랑하는 데서 오는 기쁨은 이 과정에 쏟아붓는 모든 노력만큼의 가치가 있죠. 그러는 동안 사랑을 찾으려면 스스로 사랑이 되어야 하고, 당신을 지지하는 모든 존재가 당신에게 사랑을 보여 주도록 허락해야 한다는 사실을 깨닫게 됩니다. 이는 목표가 아니라 끝없이 이어지는 과정입니다.

이 과정이 진행될수록 당신은 이미 가진 것, 지금 그대로의 자신을 공유해도 괜찮은 안전하고 자연스러운 관계를 맺을 수 있죠. 더불어 자기 안에서 안전함과 편안한 안정감을 느끼려면 어떻게 해야 하는지 더 선명하게 통찰해서, 내부 세계와 외부 세계 양쪽에서 더 깊이 소통하고 진정한 친밀감을 경험하겠지요.

내가 진짜로 바라는 것을 한번 말해 볼까요? 당신이 계속 마음을 열고 치유를 멈추지 않으면 좋겠습니다. 이 길에서 만나는 다른 이들의 도움을 마다하지 않으면 좋겠습니다. 그 도움이 당신에게 필요한 것을 채워 고통을 조금씩 사라지게 하기를, 사랑하고 사랑받는 새로운 길을 열어 주기를 진심으로 바랍니다. 자기 자신에게로, 충족감 넘치는 관계가 있는 삶으로 돌아가는 여행의 첫머리에서 나를 믿고 길잡이이자 동반자로 삼아 준 당신에게 크나큰 감사를 전합니다. 내 마음에서 당신의 마음으로 이어지는 이 길을 함께 걸을 수 있어 진심으로 영광이었습니다.

감사의 말

———— ✦✦✦ ————

이 책의 집필 과정은 힘들면서도 보람찬 여정이었습니다. 처음 시작할 때는 사실 거의 혼자였지만, 필요했던 도움의 손길들이 속속 찾아오더군요. 케일라 클라크Cayla Clark는 내가 툭툭 쏟아내는 생각의 흐름을 솜씨 좋게 다듬어 초고 작성에 큰 도움을 주었습니다. 그 뒤에도 나는 접근 방식을 고민하고 출판 업계라는 낯선 세상에 겁을 먹어 전전긍긍하느라 상당히 뜸을 들였습니다. 그 시기에는 이 책의 어떤 메시지가 내게 중요한지 기억하라며 응원단장 역할을 해 준 섀넌 카이저Shannon Kaiser가 있었습니다. 섀넌은 내가 유능한 대리인 캐시 슈나이더Kathy Schneider를 만날 때까지 계속 내 등을 밀어주었죠. 섀넌의 믿음 덕분에 나는 매일 앞으로 나아갈 수 있었습니다.

꼭 알맞은 인재는 계속 나타났습니다. 루비 워링턴Ruby Warrington은 이 책에서 '멋진 언니'의 목소리를 담당해 주었습니다. 우리는 함께 원고를 고쳐 썼고, 루비의 도움 덕분에 창의력을 펼치며 즐겁게 작업할 수 있었습니다. 이 책에 생기를 불어넣어 준 루비에게 고맙다는 말을 전합니다. 그다음엔 책에 따스한 에너지를 더해 준 보니 바데노크Bonnie Badenoch가 찾아왔죠. 보니는 인간관계 관련 신경생물학에 대한 지식으로 이 책에 과학적 근거를 마련해 주었고, 책의 핵심 메시지인 치유 과정에 연민과 다정함도 보태 주었습니다. 내용을 명확하게 정리하도록 도와주었을 뿐 아니라 내게 필요했던 확신과 위안을 준 보니에게 감사를 표합니다.

열정과 관심을 보여 준 출판사 타처페리지TarcherPerigee에도 감사의 말을 전합니다. 특히 내 담당 편집자 새러 카더Sara Carder에게 고맙다고 말하고 싶습니다. 당신의 눈썰미와 여러 제안은 이 책이 지금의 모습을 갖추는 데 큰 도움이 되었네요. 단계마다 나를 도와주고 지원을 아끼지 않은 내 프로젝트 매니저 멜리사 몬탈보Melissa Montalvo에게도 감사를 표합니다.

이 책에는 자신의 저서로 내게 영감을 준 수많은 학자의 에너지도 가득 담겨 있습니다. 하빌 헨드릭스와 헬렌 헌트, 보니 바데노크, 대니얼 시겔, 스티븐 포지스, 존 볼비와 메리 에인스워스, 카를 융. 오랫동안 나를 격려하며 다년간의 경험에서 우러난 지혜를 공유해 준 동료는 이름을 일일이 거론할 수도 없을 만큼 많습니다. 치유로 향하는 길을 함께 걷도록 허락해 준 내담자들의 용기 또한 매일 내게 영감을 줍니다. 나는 여러분 각자에게 정말 많은 것을 배웠고, 여러분이 들려준 이야기가 이 책에 생명을 불어넣어 주었습니다.

우리 부모님, 블레어 파카스Blayre Farkas, 앨런 스티븐스Alan Stevens, 크리스티나 아칸젤로Christina Arcangelo, 리세트 산지오바니 Licette Sangiovanni, 지나 모파Gina Moffa를 비롯해서 나를 지지해 준 가족과 친지 여러분께도 감사의 말을 전합니다. 누구보다도 매일 함께하는 치유가 어떤 것인지 알려 준 내 영혼의 짝 스벤 프리거Sven Frigger에게 감사를 표하고 싶습니다. 당신은 내가 가능하리라 생각지 못했던 방식으로 내 곁에 있어 주었고, 내가 상상하지도 못했던 사랑을 내게 보여 주었죠. 당신의 사랑이 없었다면 나는 이 책을 쓸 마음조차 먹지 않았을 거예요. 당신은 계속 나와 함께 성장하고 궂은날에 오히려 더 나를 사랑해 주죠. 가장 깊은 감사는 사랑하는 당신 몫입니다.

인생은 놀라운 수수께끼로 가득하며, 글을 써서 사람들이 읽도록 세상에 내보내는 일에는 불확실성과 두려움, 긴장감이 따른다는 사실을 배웠습니다. 엄청난 인내심과 '팀'이 필요한 일이죠. 내 '팀'이 되어 주신 모든 분께 진심으로 감사를 표합니다.

프롤로그

1 Melody Beattie, *Codependent No More: How to Stop Controlling Others and Start Caring for Yourself* (Center City, MN: Hazelden Publishing, 1992), 29–31.

2 Daniel J. Siegel, *Mindsight* (New York: Bantam Books, 2011), 55.

1장

1 Saul Mcleod, "Bowlby's Attachment Theory," *Simply Psychology*, February 5, 2017. https://www.simplypsychology.org/ bowlby.html.

2 Phillip R. Shaver and Cindy Hazan, "A Biased Overview of the Study of Love," *Journal of Social and Personal Relationships* 5, no. 4 (November 1988): 473–501, https://doi.org/10.1177/0265407588054005; Sara H. Konrath et al., "Changes in Adult Attachment Styles in American College Students Over Time: A Meta-Analysis," *Personality and Social Psychology Review* 18, no. 4 (April 2014): 333–334, https://doi.org/10.1177/1088868314530516.

3 Stephen W. Porges, *The Pocket Guide to the Polyvagal Theory: The Transformative Power of Feeling Safe* (New York: W. W. Norton & Company, 2017), 5–8.

4 Stephen W. Porges, *The Polyvagal Theory: Neurophysiological Foundations of Emotions, Attachment, Communication, Self-regulation* (New York: W. W. Norton & Company, 2011), 11-13.

5 Porges, *The Pocket Guide to the Polyvagal Theory*, 5–7.

6 Deb Dana, *Polyvagal Exercises for Safety and Connection: 50 Client-Centered Practices* (New York: W. W. Norton & Company, 2020), 16.

음

7 Dana, *Polyvagal Exercises for Safety and Connection*, 8–9.

8 Kathy L. Kain and Stephen J. Terrell, *Nurturing Resilience: Helping Clients Move Forward from Developmental Trauma—An Integrative Somatic Approach* (Berkeley, CA: North Atlantic Books, 2018), 20–22.

9 Daniel J. Siegel, *Pocket Guide to Interpersonal Biology: An Integrative Handbook of the Mind* (New York: W. W. Norton & Company, 2012), 8-1–8-8; Siegel, *Mindsight*, 5.

10 "Marriage and Divorce," American Psychological Association, accessed April 2, 2021, https://www.apa.org/topics/divorce- child-custody.

11 Siegel, *Mindsight*, 59–62.

2장

1 Kain and Terrell, *Nurturing Resilience*, 34–35.

2 Jeff Greensite, *An Introduction to Quantum Theory* (Philadelphia: IOP Publishing, 2017), 19-1–19-15; Zamzuri Idris, "Quantum Physics Perspective on Electromagnetic and Quantum Fields Inside the Brain," *Malaysian Journal of Medical Sciences* 27, no. 1 (February 2020): 1–5, https://doi.org/10.21315/mjms2020.27.1.1.

3 Bonnie Badenoch, *Being a Brain-wise Therapist* (New York: W. W. Norton & Company, 2008), 60.

3장

1 Amir Levine and Rachel Heller, *Attached: The New Science of Adult Attachment and How It Can Help You Find—and Keep—Love* (New York: TarcherPerigee, 2011), 80–81.

2 Levine and Heller, *Attached*, 116–117.

3 Elinor Greenberg, "Why Is It So Hard to Leave the Narcissist in Your Life?" *Psychology Today*, January 31, 2018, https://www.psychologytoday.com/us/blog/understanding-narcissism/201801/why-is-it-so-hard-leave-the-narcissist-in-your-life; Craig Malkin, *Rethinking Narcissism* (New York: HarperCollins Publishers, 2015), 134–135.

4 Elsa Ronningstam, "An Update on Narcissistic Personality Disorder,"

Current Opinion in Psychiatry, 26, no. 1 (January 2013): 102–106, https:// doi.org/10.1097/YCO.0b013e328359979c; Paroma Mitra and Dimy Fluyau, "Narcissistic Personality Disorder" (Treasure Island, FL: StatPearls Publishing, 2020), 1, https://www.ncbi.nlm.nih.gov/books/NBK556001/.

5   Brenda Schaeffer, *Is It Love or Is It Addiction?* 3rd ed. (Center City, MN: Hazelden, 2009), 103; Siegel, *Mindsight*, 44.

6   Bonnie Badenoch, *The Heart of Trauma* (New York: W. W. Norton & Company, 2018), 115; Levine and Heller, *Attached*, 251–252; Schaeffer, *Is It Love or Is It Addiction?*, 45.

4장

1   Badenoch, *The Heart of Trauma*, 58; Porges, *The Pocket Guide to the Polyvagal Theory*, 15.

2   Lynn Carroll, "Heart Scan Meditation," Therapy Space, permission date March 9, 2021.

5장

1   Daniel P. Brown and David S. Elliot, *Attachment Disturbances in Adults: Treatment for Comprehensive Repair* (New York: W. W. Norton & Company, 2016), 292.

2   Siegel, *Mindsight*, 17–19, 227.

6장

1   Kamini Desai, *Yoga Nidra: The Art of Transformational Sleep* (Twin Lakes, WI: Lotus Press, 2017), 45–50.

2   Haiying Shao and Ming-Sheng Zhou, "Cardiovascular Action of Oxytocin," *Journal of Autacoids and Hormones*, 3, no. 1 (November 2014): 1, https:// doi.org/10.4172/2161-0479.1000e124.

7장

1   Lauren Brent et al. "The Neuroethology of Friendship," *Annals of the New York Academy of Sciences*, 1316, no. 1 (May 2014): 1–17, https://

doi.org/10.1111/nyas.12315; Julianne Holt-Lunstad, Theodore Robles, and David A. Sbarra, "Advancing Social Connection as a Public Health Priority in the United States," *American Psychologist*, 72, no. 6 (September 2017): 12–13, https://doi.org/10.1037/amp0000103; Porges, *The Polyvagal Theory*, 284–289; Siegel, *Mindsight*, 17.

2   Sue Johnson, *Hold Me Tight: Seven Conversations for a Lifetime of Love* (New York: Little Brown Spark, 2008), 21.

8장

1   Ed Tronick and Marjorie Beeghly, "Infants' Meaning-making and the Development of Mental Health Problems," *American Psychologist*, 66, no. 2 (July 2011): 107–119, https://doi.org/10.1037/a0021631; Chloe Leclere et al. "Why Synchrony Matters During Mother-Child Interactions: A Systematic Review," *PlOS One*, 9, no. 12 (December 2014): 11–17, https://doi:10.1371/journal.pone.0113571.

2   Harville Hendrix and Helen LaKelly Hunt, *Getting the Love You Want: A Guide for Couples* (New York: St. Martin's Griffin, 2019), 79–81.

9장

1   American Physical Society, "How Much of the Human Body Is Made Up of Stardust?" *Physics Central*, accessed April 5, 2021, https://www.physicscentral.com/explore/poster-stardust.cfm; SDSS/APOGEE, "The Elements of Life Mapped Across the Milky Way," Sloan Digital Sky Survey, January 5, 2017, https://www.sdss.org/press-releases/the-elements-of-life-mapped-across-the-milky-way-by-sdssapogee/.

2   Eugene Pascal, *Jung to Live By* (New York: Warner Books, Inc., 1992), 200–205.

3   Qing Li, *The Japanese Art and Science of Shinrin-yoku—Forest Bathing: How Trees Can Help You Find Health and Happiness* (New York: Viking, 2018), 57–77.